Heibonsha Library

江戸の読書会

JN197261

Heibonsha Library

江戸の読書会

会読の思想史

前田 勉

平凡社

本著作は、二〇一二年一〇月、平凡社選書の一冊として刊行されたものです。

目次

本書の引用文は、読解の便を考慮して、適宜、振り仮名、句読点を補うなどした。原文が漢文のものは、読み下し文に直した。

また、引用中の［　］は、引用者の注記である。

政治的公共性は文芸的公共性の中から姿を現わしてくる。
それは公論をつうじて、国家を社会の要求へ媒介する。

（ハーバーマス『公共性の構造転換』）

はじめに

明治の自由民権運動の時代は「学習熱の時代」であった、と評したのは、民衆思想史のパイオニア色川大吉である。一八八〇年代、現在、名前が判明しているだけでも、二〇〇〇社を超えるという全国各地の民権結社では、演説会や討論会が催され、国会開設の政治的な活動をするばかりか、定期的な読書会も開かれ、政治・法律・経済などの西欧近代思想の翻訳書を読み合い、議論を闘わせた。この時代の民権結社のほとんどは「学習結社的な性格」を備えていたのである（色川大吉『自由民権』、岩波新書、一九八一年）。斬髪して間もない武士や町人・農民たちは、演説会や読書会のなかで西欧近代の自由や平等の思想を学び、自らの頭で新しい国家のあるべき姿を考え、その枠組みとなる憲法の草案をも作っていった。そうした私擬憲法草案のなかでも、色川大吉らが史料を掘り起こし紹介した「五日市《いつかいち》憲法草案」（『日本帝国憲法』）は、多くの人権条項を明記している点で、高知の植木枝盛の『東洋大日本国国憲案』と並び称される輝かしい成果である。

この「五日市憲法草案」を生んだ五日市では、「五日市学術討論会」という「討論」主体の結社が作られ、五日、一五日、二五日の毎月三回、「政治、法律、経済其他百般ノ学術上意義深遠ニシテ容易ニ解シ能ハサル」テーマについて討論することを定めていた。そのテーマは、たとえば、「自由を得るの近道は智力にあるのか、腕力にあるのか」、「貴族を廃すべきかどうか」、「女帝を立てるかどうかの可否」、「不治の患者が苦痛に堪えかねて死を求める時、医員が立ち合いの上、これを薬殺すべしという明文を法律に掲げるかどうかの可否」、「離婚を許すかどうかの可否」など、実に多岐にわたっている。この討論会では、「議論が伯仲し賛否相半ばするようなテーマをわざわざ選んで徹底討議する。最初に発議した者は反対論者に呼応するような答弁をしてはならず、あくまで自分が最初にあげた論旨を貫いて答弁すべしという。一種のディベートといえる形式である。ここでも会員資格には厳しい条件を付している。「専ラ虚心平意ヲ旨トシ、決シテ暴慢ノ行為アル可カラズ」と自制を求め、それが守れない者は、会員の過半数の同意で退去させられ」たという（新井勝紘「自由民権と結社」、福田アジオ編『結衆・結社の日本史』、山川出版社、二〇〇六年、所収）。また五日市近郊の南多摩郡鶴川村の責善会という学習結社でも、その規則（明治一一年五月）によれば、第二日曜日を会日と定め、平等主義を原則として、相互批正、討論という運営方式をとり、討論の方法を細かく規定し、自由に討論できるように工夫していた。

明治の自由民権運動の時代、このような政治的なテーマを議論・討論をする学習結社が、全国各地に生まれた。たとえば、小田県（現在の岡山県の一部）の「蛙鳴群《あめいぐん》」という結社も、そのような学習結社の一つである。それは、明治七年（一八七四）、自由民権運動の出発点となった民選議院設立の建白書が提出されたその年に、窪田次郎が近在の同志一九人とともに結成した学習結社である。窪田はこれより前から、各府県に民選議会を置いて、それを全国的な国会につなげるという壮大な政治構想のもとに、地方議会開設運動に尽力していた地方名望家だった。彼はその運動のなかで、足元の地方議会を熟議の場として成り立たしめるためには、人々の自己啓発が必要であると考えるにいたった。窪田によれば、「無智ノ平民」は「無智無識ノ卑野人タルヲ忘レ、過《アヤマツ》テ天地ノ小主宰ヲ以テ自ラ任」じて、高遠な議論にはせるばかりで、「道理ヲ弁《ワキマ》ヘ世態ニ通スル者無」いからである。自らもその「無智ノ平民」の一人であるという自覚のもとに、窪田はこの「蛙鳴群」という奇妙な名前の学習結社を創設したのである。この名前は、生まれ育った小田県にひっかけ、自分たちが田圃に鳴いている有象無象《うぞうむぞう》の蛙にすぎない、と大言壮語を戒《いまし》めつつ、だが言うべきことはともにケロケロと声をあげるのだという強い意思の表明だった。

「蛙鳴群」の規約によれば、月一回、会員たちは昼間に集まり、午前一〇時から一二時までの二時間の読書会で、「法律書会読」をし、午後からは「雑鳴」する討論会を開くことになっていた。集会日は、各自、弁当持参で、集会の最中は、煙草・煎餅・薬剤以外の飲み食いは厳禁、二日酔いで出席するなどもってのほかだった。ここでも会員同士には、平等主義の原則が貫かれていた。それは集会の席順に端的に表現されている。五名の役員は中央の席に座るが、そのほかの会員たちは「長幼尊卑ヲ分《ワカ》タズ、悉皆団子《ダンゴ》ノ事」（第一〇条）とあるように、尊卑の差別なく、平等に丸くなって車座に座ることを定めていた。

午後の討論会では、さまざまなテーマが取り上げられた。「小田県蛙鳴会宿題」には、月一回の集会日の前に出されていた「宿題」が記されているが、明治八年（一八七五）後半期をみると、七月「租税改正論」、八月「沿革ト変革トハ実地上ニ於テ孰《イツレ》カ是ナルノ弁」、九月「民権ハ何ノ処ヨリ生スル乎ノ答」、一〇月「教育会社方法 幷《ナラビニ》 規則ノ艸案」、一一月「県下ノ病院・中学校ノ設ハ、猶早シ、既ニ可ナリノ弁」、一二月「紙幣論」とある。税金・紙幣、民権のような全国的な経済・政治問題から県下の病院や中学校のような身近な地域の問題まで、五日市学術討論会と同じように、さまざまなテーマが討論されていたことがわかる。

従来、こうした学習結社の討論は、スピーチを「演説」、ディベートを「討論」と翻訳した福沢諭吉らが中心となった、明治初期の明六社や三田の演説会から生まれたものだ、と理解されてきた。そのため、五日市学術討論会のような「民主的な運営方法」と「討論方法」も、「儒学の学習方法とは大きく異なる」もので、「旧来の儒教主義の教養につちかわれた豪農層にとっては、いままでにない斬新な学習方法」であったと解釈されてきた（渡辺奨『村落の明治維新研究――豪農民権の源流と文明開化』、三一書房、一九八四年）。たしかに、演説は明治の新しいパフォーマンスとして高く評価されるべきものだが、「一種のディベートといえる形式」の討論会などは、はたして本当に、明治になってから始まったものなのであろうか。

ここで示唆を与えるのは、蛙鳴群の午前中に設定されていた「法律書会読」をするという読書会である。この「会読《かいどく》」は、定期的に集まって、複数の参加者があらかじめ決めておいた一冊のテキストを、討論しながら読み合う共同読書の方法であって、江戸時代、全国各地の藩校や私塾などで広く行われていた、ごく一般的なものだった。普通、民権期の学習結社が読書会を行うときには、この会読方法によって、参加者みなが討論しながら西欧翻訳書などを読み合っていたのである。「五日市憲法草案」とも関係の深い多摩地域の学習結社のひとつでも、「会読」を明記した次のような会則が定められていた。

本会ハ政事法律経済等ノ学課ヲ修ムルヲ以テ主旨トシ、若《モシ》クハ右書類ニ因《ヨ》リ会読質疑ヲナシ、且学術上ノ演舌討論ヲナス所トス、（「多摩講学会規則」、明治一六年一〇月一〇日）

会読は明治一〇年代には、ごくありふれた読書方法であった。しかし、にもかかわらず、演説会のような斬新なパフォーマンスの陰に隠れてしまって、今日、目を向ける人はほとんどいない。それどころか、会読という読書方法が存在していたことすら忘れ去られてしまっている。

そのため、なんとなく、演説会や討論会と同じく、参加者が対等に討論しながらテキストを読み合うような読書会も、明治になって生まれたのだろうとすまされてきたのである。

思うに、こうした臆断を助長する一因は、もともと、会読という共同読書の方法が、『論語』や『孟子』のような儒学の経書を読むためのものだったことにあるだろう。今日、多くの人々がイメージする儒学とは、君臣・父子・夫婦の上下貴賤の名分を教える固陋守旧《ころうしゅきゅう》の体制教学であって、自由と平等を唱える自由民権思想とは対極的なものである。事実、明治の啓蒙思想家のホープ福沢諭吉は、一生涯、人々の胸中深くしみこんだ「儒魂」という「惑溺」と闘わなくてはならなかった。そんな儒学の読書方法が、J・S・ミルの『自由之理』（中村敬宇訳）などを読み合った自由民権運動の学習結社につながるなど、ありうるはずがない、と考えられてきたのである。

しかし、そう思い込んでいる人は、儒学の学習方法について、あまりよく知らないのではないか。儒学の学習方法といえば、せいぜい素読《そどく》と講釈ぐらいと考えているのではないか。年端《としは》もいかない幼い生徒が窮屈そうに先生の前に座り、先生の口真似をして、「子曰《のたま》わく、学びて時にこれを習う、また説《よろこ》ばしからずや。朋《とも》あり、遠方より来たる、また楽しからずや」と復唱している素読、そして、威厳ある先生がきちんと正座した生徒たちの前で、儒学の経書の文章の意味を講じ、生徒たちは先生の一言一句を聞き洩らさず、ひたすら筆記している講釈、これが大方の儒学の学習方法のイメージだろう。

たしかに素読と講釈は、先生から生徒への一方向的な教授・学習方法であって、上下貴賤の身分的秩序の忠孝道徳を教える儒学にまことにふさわしい。ところが、会読は、そうした上から下への一方向的な教授方法ではなく、基本的には生徒たちが対等の立場で、相互に討論しながらテキストを読み合うものであった。そこでは、先生は生徒たちの討論を見守り、判定する第三者的な立場にいることが通例だったのである。こんな読書方法が江戸時代、藩校や私塾のなかで盛んに行われ、活発な討論が行われていたという事実は、案外、知られていないのではないか。そのため、お互い対等な立場で討論するという民主的な行為は、文明開化期に移入された西欧の新しいパフォーマンスだ、と思い込んでいるのではなかろうか。

もちろん、儒学の書物を読むことと西欧思想の書物を読むこととの間には、かりに同じ読書方法で読まれたにしても、思想内容という点では、天と地ほどのひらきがある。まして、儒学テキストを討論しながら読み合う読書会と、政治的問題を論じ合う民権結社の演説会・討論会との間には、大きな飛躍があるといってよい。しかし、そうだとしても、西欧の法律学や経済学の書物を読んだり、政治的な演説や討論をしたりすることは、江戸時代以来の共同読書＝会読の場での経験を抜きにしては考えられないだろう。むしろ、そうした経験・伝統があったからこそ、西欧の新しい学問や演説などのパフォーマンスを受けいれることができたのではないか。

本書では、この会読する共同読書会が江戸時代のいつごろ生まれたのか、そして、その後、私塾や藩校のなかでどのように展開し、水戸藩の藤田東湖や長州藩の吉田松陰らの志士たちが、尊王攘夷や公議輿論を唱え、藩や身分の枠を飛び越えて横議・横行する幕末にいたったのか、さらに、明治の新しい「学制」のもとで全国各地に建てられた小学校や、自由民権期の学習結社にどのように受け継がれていったのか、を明らかにする。換言すれば、儒学の書物の読書会のなかから政治的な討論の場が現れてくる過程を明らかにすることをめざしている。その意味で、本書は会読という観点からする、江戸から明治への政治・教育思想史の試みである。

このような共同読書会から政治的な討論の場への変化は、よく知られたドイツの政治哲学者ユルゲン・ハーバーマスの公共性の問題ともつながっている。ハーバーマスは、一八世紀ヨーロッパ世界に、サロンやコーヒーハウスのなかで文芸作品について議論し合う文芸的公共性がうちたてられ、そのなかから、政治的論議を通して、国家と対抗する政治的公共性が現れてくると論じていたからである。ハーバーマスによれば、「公権力の公共性が私人たちの政治的論議の的になり、それが結局は公権力から全く奪取されるようになる前にも、公権力の公共性の傘の下で非政治的形態の公共性が形成される。これが、政治的機能をもつ公共性の前駆をなす文芸的公共性なのである」（『公共性の構造転換』、細谷貞雄・山田正行訳、未来社、一九七三年）という。このハーバーマスのテーゼをうけて、読書会の役割を強調しているのは、シュテファン゠ルートヴィヒ・ホフマンである(『市民社会と民主主義』、山本秀行訳、岩波書店、二〇〇九年)。ホフマンによれば、一八世紀から一九世紀にかけて、西欧世界には読書サークルが生まれてくるという。絶対王政の時代、自由と平等を求めた人々が、読書サークルという自発的な結社を作るのである。ホフマンによれば、「ロジェ・シャルチエが強調するように、ヨーロッパのどこでも、そうした読書サークルや協会の会員たちは、たとえ身分が違っていたとしても、おたがいに平等であった。彼らは、より文明化されたふるまいの高いレヴェルに到達しようと、お互いに協力しあうことを望み、国家の枠をこえる新しい社会空間を創りだした。そうした新しい社会空間では、ヨーロッパの啓蒙思想のテクストや理念が流通し、批判的に論議された」という。こうした空間は、読書協会やフリーメイソンの会所のようなネットワークばかりか、コーヒーハウスやサロンのような非公式の形態の社交として、ヨーロッパ世界全体に広がっていた。

ホフマンは、こうした自発的なアソシエーションが、イギリスやアメリカ、フランスのような強力な中産階級゠ブルジョワジーが存在しなかった中央ヨーロッパやロシアにも存在したことを論じているが、本書のもくろみは、江戸時代の会読する読書集団のなかから、いかに明治時代の民権結社のような政治的問題を討論する自発的なアソシエーションが生まれていったのか、その過程をたどることによって、ヨーロッパのみならず、東アジアの片隅に位置する島国日本でも、読書会が大きな思想的な役割を果たしたことを示すことにある。

第一章　会読の形態と原理

1　江戸時代になぜ儒学は学ばれたのか

江戸時代には、『論語』や『孟子』などの儒学の経書を読むこと、すなわち読書することがイコール学問だった。この時代、儒学関係の書物のほかにも、仏教書・神道書・兵学書などの硬派の書物から、商売・農業などのハウツーものの実用書、さらに浮世草子・黄表紙・読本などの軟派の書物まで、多種多様の書物が木版出版された。もちろん、軟派のほうは、もっぱら娯楽のために読むのであって、学問するとはいわない。やはり、学問は高尚なものである。その点、天下国家を治める政治と自己一身を修める道徳を教える儒学書の読解は、文句なく学問そのものだった。

江戸時代、そんな堅苦しい儒学書を、武士ばかりか、町人や百姓までもが熱心に読み、学問に励んだという現象は注目されてよい。事実、今田洋三『江戸の本屋さん』（NHKブックス、一九七七年／平凡社ライブラリー、二〇〇九年）によれば、儒学書には一定の読者層があったのである。とくに『五常訓』や『養生訓』のような通俗的な教訓書ともいうべき貝原益軒の十訓もの（いわゆる益軒本）は、村々の庄屋たちにも広く読まれた。江戸後期には、平仮名によって意味と読み方を懇切に示した、渓世尊の『経典余師』を読んで、四書・五経を自学自習し素読する者までも現れた（鈴木俊幸『江戸の読書熱』、平凡社選書、二〇〇七年）。そもそもなぜ、江戸時代の人々は、そんな高尚な儒学の書物を読み、学問したのであろうか。まず、この問題について考えてみよう。

立身出世のための学問――中国・朝鮮

中国や朝鮮であれば、その答えはあっけないほど簡単である。一言でいえば、儒学を学ぶことによって、立身出世ができたからである。もともと儒学では、「身を立て道を行ひ、名を後世に揚げ、以て父母を顕すは、孝の終りなり」（『孝経』）とあるように、立身出世は自分の名誉ばかりか、立派な息子を生み育てた両親の名誉として世間に広く光りかがやき、親孝行を成し遂げるものだ、と称揚されていた。中国や朝鮮では、高級官僚になることがその立身出世の最終の目標だった。基本的には万人に開かれた官吏登用試験である科挙が、これを制度的に保障していたのである。つまり、儒学を学び、全国統一試験である科挙に合格することによって、めでたく高級官僚となり、社会的名誉と富を得ることができたのである。これが中国や朝鮮における儒学普及の最大の理由である。

実際、中国では、皇帝自らがあからさまに権勢と富裕の効用をあげて学問を奨励していた。宋王朝の第三代皇帝真宗は、学問を勧める文章のなかで（『古文真宝前集』巻一、勧学文）、次のように諭《さと》している。

家を富ますに良田を買ふを用ひざれ　書中自《おのづ》から千鍾《せんしょう》の粟《ぞく》有り
居を安んずるに高堂を架するを用ひざれ　書中自から黄金の屋有り
門を出づるに人の随ふこと無きを恨む莫《な》かれ　書中車馬多くして簇《むらが》るが如し
妻を娶《めと》るに良媒《りょうばい》無きことを恨む莫かれ　書中女有り顔《かほ》玉の如し
男児平生の志を遂げんと欲せば　六経窓前に向つて読め

勉強すれば、富も、豪邸も、地位も、美女もすべて手にはいる。立身出世の志を果たそうとするならば、ひたすら経書の勉強をしなさい。まさに立身出世こそが、学問の大きな目標であった。江戸時代の代表的な儒学者、荻生徂徠の後継者である太宰春台が、「総ジテ中華ノ風ハ、古ヨリ今ノ世ニ至ル迄、学問才芸ニ因《ヨッ》テ立身シテ、庶民ノ子モ爵禄ヲ得、富貴ニ進ムガ故ニ、人々競テ学問ヲ励ム也」（『経済録』巻六）と看破していたとおりである。

しかし、厄介なことが一つあった。それは、元代以降、科挙の試験問題となった朱子学が「聖人」を目指す学問だった点にある。そこでは、権勢や富裕、ましてや、見目麗《みめうるわ》しい美女を求めるなどという汚れた欲望は、天理に反した人欲として非難されていたからである。科挙合格のための学問などは、暗記と文章を弄ぶ「記誦詞章」（『大学章句』序）の軽蔑すべき学問にすぎなかった。貧困のうちに陋巷《ろうこう》に死んだ、孔子の愛弟子顔淵のように、人に知られるためではなく、「己れの為めにする」（『論語』憲問篇）学問こそが、堯・舜の聖王や孔子・孟子の「道統」に列《つら》なる道学者の追い求めるべきものだったのである。

だが、いくら「記誦詞章」の学問だと蔑まれても、科挙の受験科目なのだから、そのために勉強する者が大勢となったことはどうしようもない。幼いころから、儒学の経書を丸暗記して（経書の正文だけでも、五七万字に及ぶ）、科挙に用いられた独特の文体である八股文《はっこぶん》を作文する能力を磨き、州における解試、国の役所である礼部の行う省試、皇帝が行う殿試の三段階の超難関試験を突破して、科挙に合格し、高級官僚となる。それによって、それこそ、「勧学文」にあるように、「千鍾の粟」、「黄金の屋」、多くの「車馬」、玉の如き顔の美女を手に入れることができた。このあたりの中国の事情について、寛政の三博士の一人古賀精里の長子である、佐賀藩弘道館教授の古賀穀堂（一七七七―一八三六、安永六―天保七）は次のように述べている。

学問の道は、『大学』の八条目にあるように、修身から治国平天下までの道筋を知り、行うことであって、これ以外の名利に拘《こだ》わるような意味などない。しかし、末世の風俗のせいか、古代と比べれば、甚だ軽薄になってしまい、名利を離れて学問をする者は、「千人ノ一人、万人ノ一人」にすぎない。中国では、学問が盛んに行われているといっても、文章詩賦によって科挙に及第して官途につき、大いに立身出世することができるためであって、だれ勧めるとなく、自然と天下に学問がはやるようになって、仁義の道も行われやすくなり、文明の風俗も万国に冠たるものになったのだ（『学政管見』、一八〇九年）。

名利に拘泥しない理想的な学問と名利から出発する現実的な学問とを分けたうえで、だからといって、名利を求めることを頭から否定せず、科挙によって、結果的に学問が盛んになり、風俗も文明化するのだ、と説いているところは、「国家有用ノ人材」（『学政管見』）育成を目指した佐賀藩の藩校改革を推し進めた穀堂らしい、現実主義的な見方であるといえるだろう。それはともかくも、「己れの為めにする」ことを信条とする朱子学者といえども、学問の本場中国でも、名利を離れて学問をする人など、千人に一人、万人に一人だ、と醒めた見方をしていたのである。

科挙のない国の学問

江戸時代の儒学を考えるにあたって、まず押さえておかねばならないことは、江戸幕府が、学問することを名誉や利益から動機づける科挙を実施しなかったという点である。後に述べるように、一八世紀終わりごろ、寛政年間に、幕府でも素読吟味や学問吟味を行い、科挙に似た制度を作るが、それは官吏登用のためというよりは、学問奨励のための便法にすぎなかった。これに合格したからといって、ある程度の名誉は得られたかもしれないが、栄達の道が一挙に開かれたわけではない。家老の息子は家老、下級武士の子は下級武士であって、いくら勉強して学問に励んでも、中国や朝鮮のように、高級官吏になるチャンスが訪れるわけではなかった。そのため、江戸後期になっても、たとえば、京都の町儒者猪《い》飼敬所《かいけいしょ》（一七六一―一八四五、宝暦一一―弘化二）は、次のような切実な質問を弟子から受けざるを得なかった。

漢土ノ人ハ、学問シテ其竟《オハリ》ハ君ニ仕ヘ、天下ノ政ヲ執《トツ》テ天下ヲ安《ヤスン》セント欲ス。是正面ナリ。時ニ遇不遇アリ。仕《ツカ》ヘテ志ヲ得サルモアリ、不レ仕シテ没スルモアリ。不レ仕シテ没スル人ニ、賢者モアラン。上ニ堯舜アラハ、出テ仕フルナラン。本邦ノ人ハ、学問シタリトモ、仕ヘテ国政ヲ執ル人ハ、藩国ト雖《イヘド》モ希《マレ》ナリ。況《イハン》ヤ天下ノ政ヲヤ。タダ記室［右筆］、講官、句読師ノ員ニ具《ソナハ》ルノミ。仕ヘスシテ儒業ヲナス人、詩文風流ノ徒トナルハ論ナシ。況ヤ無《ブ》頼《ライ》ノ行ヲナス文人詩客ハ、素《モト》ヨリ論スルニ足ラス。経義ヲ専《モツパラ》トシ、実学ヲナス人トテモ、其門人ヲ教諭ノ傍《カタハラ》、著述ヲ以テ生涯ノ業トシ、我家トテハ、微々タル小宅ヲ治ムルノミ。徳業モ功徳モ、施行スヘキ場ナシ。タトヒ門人数百アリトモ、有用ノ実学ヲスル人ハ、絶《タエ》テ少キモノナレハ、列国ノ政ヲ助クヘキ徳沢モナシ。浮屠《フト》［僧侶］ノ愚俗ヲ教化スルニ比スレハ、其功徳浅少ナルハ、何ソヤ。（『猪飼敬所先生書柬集』巻一）

たしかに江戸後期になると、藩校の教官（講官、句読師）という就職口はあったが、それとても、薄給の身に甘んじなくてはならなかった。イギリスの社会学者R・P・ドーアは、江戸時代の藩校教師の俸給を調査して、「一般にはこれら［藩校の］専門の学者の身分は低いものだった。教務の長の給与はせいぜい三〇〇石止りが普通だったが、これは通常は中どころの武士の扶持《ふち》に相当するものである。他の教師たちは、一般には下級の武士——藩主に直接目通りを許されない者——と考えられている身分に該当した」と結論し、「学識の市場価格は時代を通じて下落を続けていたものと考えてもよさそうであるが、それは恐らく、需要の伸びが供給のそれを上廻っていたことを反映しているのだろう」（『江戸時代の教育』、松居弘道訳、岩波書店、一九七〇年）と付け加えている。だから、ひどい場合には、「子弟学ヲ好ム者アレハ、父兄之ヲ恐《オ》ドシテ、今ニ儒者ニセラルルトテ、之ヲ戒ムルニ至ル」（安井息軒『睡余漫筆』巻上）ほどであったという。こうした現状を憤って、「無頼ノ行ヲナス文人詩客」となって世間を白眼視するか、あるいは、「門人ヲ教諭ノ傍、著述ヲ以テ生涯ノ業トシ、我家トテハ、微々タル小宅ヲ治」むる学者生活に満足するか、どちらにしても、科挙のある中国のように「君ニ仕ヘ、天下ノ政ヲ執テ天下ヲ安」んずる大望を抱いても、そんな夢は実現不可能だった。もちろん、こうした清貧な生き方は、もともと「己れの為めにする」学問を志したのだから当然だ、と諦観することもできたはずだが、生身の人間、そう簡単ではなかったろう。中国とても、名利を離れて学問をする奇特な者は、千人に一人、万人に一人だったではないか。

江戸時代になぜ儒学は学ばれたか

もしそうだとすれば、経済的利益や社会的権勢を得られないにもかかわらず、儒学に励む人々が江戸時代に現れたのはなぜかという問題は、一層不可解な謎として浮かんでくるだろう。実は、この問題は江戸思想史の大問題である。と大上段にいっても、そんな問題はあまりに自明なのではないかという反論もあるだろう。なにしろ江戸時代は、強固な身分制社会の時代なのだから、上下貴賤の身分秩序を正当化する体制教学である儒学が広まるのは当然だ、というわけである。こうした見方からすれば、朱子学の「上下定分の理」は、上下貴賤の身分秩序を天地自然の理と人間の本性としての理（性即理）の二重の意味で根拠づけた教説として、真っ先に非難の槍玉にあげられることになる（丸山眞男『日本政治思想史研究』、東京大学出版会、一九五二年）。しかし、本当にそうであろうか。

かつて、儒学嫌いの津田左右吉が、「儒家の道徳教は、古往今来、嘗《かつ》て我が国民の道徳生活を支配したことが無かつた」（『儒教の実践道徳』）と、儒学はたんなる知識として受容されたままでで、感情をともなう実生活にまで浸透しなかったと指弾していたことは、よく知られている。江戸時代、儒学と江戸の人々の実生活との間には、大きな乖離があったからである。「仁」とともに儒学で重んじられた「礼」（日常の作法・儀礼から政治制度までの外的規範）は、実生活のなかで実行されることはなかった。たとえば、儒学の根本道徳である親孝行の「礼」である、三年の服喪にしてもそうである。三代将軍家光以来、キリシタン禁圧のための寺請制度が施行されている近世社会では、足かけ三年間も職場や家業を放棄して喪に服す禁欲的な生活を営むことなど、実際、不可能だったたし、また当時の人々の常識を超える奇矯な行為だった。このような儒学が身分秩序を根拠づけたなどと、簡単にはいえない。

津田はまた、江戸時代、学者の知識と実生活の分離が生じ、その間を縮めようとして、風俗論や養子論などのさまざまな議論が起こったが、しかし結局、「こんな議論は実生活には一向接触しないことであり、従つて毫《がう》も世を動かすものでは無いが、知識によつて実生活を動かすことが出来ないとすれば、思想の上もしくは文字の上に於いて、現実の社会を知識の形式にあてはめようとするのが、一般の儒者にとつては、せめてもの心やりであるので、それは一転すれば、知識上の遊戯に堕する虞《おそれ》さへある。やかましい名分論なども其の一例と見られる」（『文学に現はれたる我が国民思想の研究』平民文学の時代、第一篇第二〇章）とも説いていた。

津田のいう、「思想の上もしくは文字の上に於いて、現実の社会を知識の形式にあてはめようとする」試みが、渡辺浩が豊富な資料をもとに詳細に明らかにした、近世社会への儒学の不適合性の現れにほかならない（『近世日本社会と宋学』、東京大学出版会、一九八五年）。たとえば、学者たちは、「封建」「士農工商」「華夷」「士」「家」「礼」などの儒学の基本的な用語を現実の徳川社会にあてはめようと苦心したのである。もともと、それらは古代中国の用語であって、津田がいうように、「支那人特殊の民族性と社会状態から発生した思想」（前掲書）であるのだから、時代も国も異なる徳川社会にすんなりとあてはまるわけではない。しかし逆に江戸思想史のなかでは、こうした中国や朝鮮にはなかった知識と社会との間のギャップがあるからこそ、「少数にしろ、宋学を思想として受けとめ、真率に自己の精神と行為の規範とし、政治と社会の原理としようとする者の現れたとき、そこには数々の矛盾・軋轢・衝突が生じたのである」（渡辺前掲書）。

では、儒学が体制教学であったかどうかは、ひとまず措いて、こうした「矛盾・軋轢・衝突」にもかかわらず、少数者にしろ、真率に儒学を学んだ者がいた事実があるとすれば、彼らが儒学を学んだ理由はどこにあったのだろうか。

その一つの理由は、文字通り、真面目に聖人に成ることを目指したからだろう。「聖人学んで至るべし」というスローガンがあるように、誰もが聖人＝完璧な人格者になることができるのだという朱子学の教えは、「普通の俗人でも聖人になれるとする自信過剰の説」（ドーア『江戸時代の教育』）ではあったが、江戸時代の儒者たちは天から賦与された本性としての天理を信じぬいて、そのようなスローガンを生きる目標にしたのである。

　たとえば、近江聖人と呼ばれた中江藤樹（一六〇八―四八、慶長一三―慶安一）である。彼は、若いころには、同僚に「孔子殿《どの》」（『藤樹先生年譜』）と周囲の人々から揶揄《やゆ》されながら、上下貴賤の身分秩序のなかで、身を修めることに全身全霊をつくした。実際、不平等な身分制度の世界の中で、万人に等しく賦与された本性において、人間は平等であり、ひとは誰でも聖人になれるという考えは魅力的だった。近江聖人中江藤樹、伊藤仁斎、新井白石、みなこの目標に魅かれたといえるだろう。藤樹がそれを知った時の感動は、次のように伝えられている。一一歳の時、藤樹は『大学』の「天子より以て庶人に至るまで、壱是《いっし》に［例外なく］皆身を修むるを以て本と為す」という一節を読んで、「嘆ジテ曰ハク、聖人学デ至ルベシ。生民ノタメニ、此経ヲ遺《ノコ》セルハ、何ノ幸ゾヤ。コ、ニヲイテ感涙袖ヲウルヲシテヤマズ。是ヨリ聖賢ヲ期待スルノ志」（『藤樹先生行状』）をもったのだという。さらに、この中江藤樹の主著『翁問答』を読んで、俺もと発憤したのが、「鎖国下の日本が生んだ代表的な知識人」（加藤周一）である新井白石（一六五七―一七二五、明暦三―享保一〇）だった。

十七歳の時に至て同じやうにめしつかはれし、わか侍のもとにゆきしに、案［机］の上に書あるを見れば、翁問答と題せしもの也。いかなる事をやしるしぬらむと思ひて、借ることを得て、家に携《たづさへ》帰りて見けるにこそ、初て聖人の道といふものある事をばしりけれ。これより此道にこゝろざし切なりけれど、師とすべき人もあらず。（『折たく柴の記』巻上）

また、石門心学の創始者として知られる石田梅岩（一六八五—一七四四、貞享二—延享一）もまた、そうした聖人を目指した一人であったといえるだろう。藤樹らは、たとえ「門人ヲ教諭ノ傍、著述ヲ以テ生涯ノ業トシ、我家トテハ、微々タル小宅ヲ治ムル」つましい暮らしぶりであっても、道徳的に完璧な人格者＝聖人に成ることを自己一生の目標にした。「己れの為めにする」真実の学問を追究したのである。

江戸時代、儒学を学んでも何の物質的利益もあるわけではなかった。しかし、逆説的だが、だからこそ、純粋に朱子学や陽明学を学び、聖人を目指したともいえる。儒学を学んだからといって、経済的・社会的なメリットはなかったにもかかわらず、儒学を学ぼうとしたのは、それだけ、聖人への希求が強かったといえるだろう。それは、厳格なタテの身分秩序のなかでの平等への願望だと言い換えてもよい。しかし、それゆえに「矛盾・軋轢・衝突」を引き起こさざるをえなかったのである。

儒学を学んだ、もう一つの理由は、いつの日か、政治を担うチャンスが訪れることを夢見て、経世済民の事業を練り上げることを自己の使命と考えていたからだろう。もともと儒学には、修己（道徳）と治人（政治）の二つの焦点があるが、聖人になることを目指した藤樹や梅岩が、前者に傾いていたとすれば、聖人になることを否定し、朱子学の「自信過剰の説」を木端微塵《こっぱみじん》に粉砕した荻生徂徠（一六六六―一七二八、寛文六―享保一三）は、後者の側面を強調したといえる。徂徠によれば、聖人は、中国古代の堯・舜のような天下国家を治める礼楽刑政を作為した偉大な先王たちをさすのであって、凡庸な人々が学んで至ることのできるような道徳的な目標では、断じてない。徂徠の後継者、太宰春台（一六八〇―一七四七、延宝八―延享四）は、聖人の道とは天下国家を治める政治の道だという徂徠の立場から、現実世界は、中国も日本も、そうした「先王ノ道」が実現していないと嘆き、もし今、「英雄豪傑ノ人有テ、上ニ用ヒラレ」て、「先王ノ道」を実行できるならば、万民がその恩沢をこうむることができるだろうと述べる。もちろん、この「英雄豪傑ノ人」とは、春台自身にほかならないのだが、今はその時ではないと悔しがり、「学ビ得タル屠竜ノ芸」をいたずらに「土中ノ物トナルベキモ惜」しいので、せめて「筆ニ録シテ、筐［はこ］中ニ蔵置」く、と述べて、江戸後期の代表的な経世論の著作『経済録』を書いたのである。

今あげた、儒学をなぜ学ぶかの二つの理由は、儒学思想の意味内容にかかわっている。儒学者のテキストを熟読・精読して、その意味内容を内在的に理解する方法によって、江戸時代の儒学の存在意義を明らかにしようとするところから浮かびあがってくる理由である。聖人になることを一途《いちず》に志した中江藤樹を例にとれば、藤樹が儒学のどこに魅力を感じたのかを探れば、藤樹の儒学理解のユニークさのみならず、儒学が江戸時代に学ばれた理由もわかるはずだというわけである。同じように、荻生徂徠や太宰春台が、上に立つ者が身を修めて道徳的な政治をすれば、自然と下々の民もみなそれになびき従い教化される、という朱子学の楽天的な政治論にあきたらず、中国古代の作為された「聖人の道」を求めたのは、なぜだったのだろうか、その政治論の特色はどのようなものなのか、そのような特色ある政治論を形成できた思想的な資源はどこにあったのだろうか。あるいは、近世日本の朱子学者や陽明学者の思想と、もともとの中国の朱子学や陽明学との間には、どのような偏差があり、その偏差が生まれる理由はどこにあったのだろうか。これらの問題を明らかにし、渡辺浩のいう「数々の矛盾・軋轢・衝突」のドラマを再現してみれば、江戸時代の儒学普及の理由もわかるというわけである。こうした儒学テキストの理解の仕方は、それ自体、興味あるものである。私もこうした内在的内容理解の方法によって、近世日本の国家が武士（軍人）の支配する兵営国家であったことに着目し、それを合理化する兵学思想との関連のなかで、江戸時代の儒学の特色を考えたことがあるが（拙著『近世日本の儒学と兵学』、ぺりかん社、一九九六年、『兵学と朱子学・蘭学・国学』、平凡社選書、二〇〇六年、参照）、本書では、もっと別のアプローチから挑戦してみたい。

なぜ学問をするのか——別のアプローチ

福沢諭吉（一八三五—一九〇一、天保六—明治三四）の『福翁自伝』のエピソードは、その示唆を与えてくれる。『福翁自伝』といえば、そのなかで福沢が「門閥制度は親の敵《かたき》」である、と言ったことはよく知られている。福沢の父親は豊前国（大分県）中津藩の下級武士で、大坂の蔵屋敷の役人であった。学問を好み、ひとかどの人物であったにもかかわらず、門閥制度のもとで、一生涯、軽輩の役人に甘んじざるをえなかった。次男であった福沢を寺に入れようとしたのも、僧侶であれば、たとえ下級武士出身であっても、それ相当の社会的地位を手に入れることができるからだった。福沢は、下級武士であるがゆえに、「空しく不平を呑んで世を去」った亡父の心情を忖度《そんたく》して、「門閥制度は親の敵」であると断じたのである。実際、福沢は『旧藩情』のなかで、中津藩の門閥制度を記述しているが、それによれば、武士の中にも、上士と下士があり、その間には高い壁があって、下士から上士に上昇した者は、二五〇年の間に数えるほどしかいなかったという。下士は上士に道路で出会えば、雨の中でも「下駄を脱いで平伏」し、話し言葉も、住む家の玄関も、何もかもちゃんと定型化され決められていた。

福沢は、この中津藩の「門閥制度」のなかで、腕白な幼少期を送ったのだが、さすがに一四、五歳になって、近所のみんなが本を読んでいるのに、自分独り読まないのは、外聞が悪いと恥ずかしく思い、漢学塾に通いはじめたという。ところが、漢学塾では、天賦の文才があったため、「漢学者の前座ぐらい」になったという。福沢はとくに歴史が好きで、『春秋左氏伝』は一度も通読したと豪語している。

私が注目するのは、この漢学塾が「門閥制度」の支配する実生活とは別空間だったという点である。福沢によれば、実生活においては、「私などが上士族に対して「アナタが如何《どう》なすつて、斯《こ》うなすつて」と云へば、先方では「貴様が爾《そ》う為《し》やつて、斯う為やれ」と云ふやうな風で、万事其通りで、何でもない只小供の戯れの遊ぶにも門閥が付て廻」ったのであるが、「其癖、今の貴様とか何とか云ふ上士族の子弟と、学校に行て読書会読と云ふやうな事になれば、何時でも此方《こっち》が勝つ。学問ばかりでない、腕力でも負けはしない。夫れが其交際、朋友互に交つて遊ぶ小供遊びの間にも、ちやんと門閥と云ふものを持て横風至極だから、小供心に腹が立《たっ》て堪《たま》らぬ」という。漢学塾での「読書会読」においては、上士も下士もなく、勝負して、勝ち負けがはっきりする。福沢にとって塾は、いつでも勝ちを占めることができる、日ごろの鬱憤《うっぷん》を晴らせる場だったのである。もちろん、塾から一歩外に出れば、一挙手一投足すべて「門閥制度」の仕来りに従わなくてはならない、その屈辱感が、福沢の「門閥制度」への反発・憤懣をますます強めていったことは言うまでもない。それにしても、「読書会読」の場が、門閥制度の実生活と異なって、実力で勝負できる場であったことは重要である。

この「読書会読」は、『福翁自伝』のなかで、もう一度出てくる。大坂の蘭学塾、緒方洪庵の適塾における猛烈な勉学時代を回想した箇所である。自由を求めて中津を飛び出した福沢は、緒方洪庵の適塾でオランダ語を学び、そこで、オランダ語原書の会読をした。中津藩での漢学塾同様に、適塾でもまったく同じ会読が行われていたのである。

この会読において塾生たちが互いに切磋《せっさ》琢磨《たくま》した様子は、『福翁自伝』に生き生きと描かれている。適塾の修業方法は、オランダ語の初級文法書の素読と講釈の段階が終わると、原書を会読させるのだという。福沢によれば、「会読と云ふことは、生徒が十人なら十人、十五人なら十五人に、会頭が一人あつて、其会読するのを聞て居て、出来不出来に依て、白玉を附けたり黒玉を附けたりすると云ふ趣向」であって、会読前の予習では、テキストとなる「会読本の不審は一字半句も他人に質問するを許さず、又質問を試みるやうな卑劣な者」もいなかったという。そのため、月六回の会読の前日には、「如何な懶惰生でも大抵寝ることはない。ヅーフ部屋と云ふ字引のある部屋に、五人も十人も群をなして無言で字引を引きつゝ勉強して居」たという。この会読の場では、オランダ書の読解力が競われ、福沢はその場で、めきめき頭角を現したのである。このような「正味の実力」のみによって評価される場が会読だった。

福沢の回想から示唆されるように、学問する場は「門閥制度」の実生活とは異なっていたこと、ここに、儒学、より広く言えば、蘭学を含めた学問がなぜ学ばれたのかという問題にたいする答えのヒントがあるのではないか。科挙のために儒学を学んだのではなく、逆説的だが、身分制度の実生活が厳としてあったために学ばれたのだ。学問に社会的な権勢や富裕を求めても、近世日本では獲得することはできない。にもかかわらず学ばれたのは、学問の場が「門閥制度」の実生活とは異なる空間、自己の「正味の実力」のみを競う空間だったからではなかったか。

さらに福沢の回想のなかでより重要なことは、そうした「正味の実力」を競う学習方法が「読書会読」であったという点である。会読とは、一つのテキストを複数の人々が討論し合いながら読むという共同読書の方法なので、「正味の実力」が討論の過程であらわになる。「今の貴様とか何とか云ふ上士族の子弟と、学校に行て読書会読と云ふやうな事になれば、何時でも此方が勝つ」ことができる場なのである。

会読――共同の読書方法

本書は儒学テキストの意味内容ではなく、いかに書物を読んだのかという形式的な読み方に注目する。この点、読書の社会史を提起しているロジェ・シャルチエが、「読むという行為は、たんに抽象的な知的行為なのではない。それは、身体を用いる行為であって、空間のうちに印づけられており、自己あるいは他者との関係におかれている」（『読書の文化史』、福井憲彦訳、新曜社、一九九二年）と説いて、「一人で隠遁的に内密になされる読書と、公開の場でなされる読書との対照的差違」（同右）について注意をうながしたことは、よく知られている。現代社会では、「読書はすぐれて内的な行為である」が、ヨーロッパ世界では一六世紀から一九世紀のあいだには、「乗合馬車から居酒屋まで、サロンから学会まで、友人との会合から家庭の集いまで、他人のために朗読することが普通の行為」（同右）であったと指摘していた。

こうした「公開の場でなされる読書」として、これまでも、声を出して本を読む音読の問題が注目されてきた。日本でも明治初期まで、本は黙読ではなく、音読して読まれたことに、孤独で内密な近代読者とは異なる、書物の享受形態を見出そうとしたのである（前田愛『近代読者の成立』、有精堂、一九七三年／岩波現代文庫、二〇〇一年）。しかし「公開の場でなされる読書」という観点からみて面白いことは、この黙読─音読問題とともに、江戸後期には、一人で読むか、共同で読むか、どちらがよい読み方なのかが、より直截に問題とされていた点である。儒学者で、漢詩人としても有名な江村北海（一七一三─八八、正徳三─天明八）の『授業編』（一七八三年刊）には、「書ヲヨムニ、声ヲアゲテヨムガヨキヤ、黙シテヨムガヨロシキヤト問フ人アリ」という黙読─音読問題とともに、「書ヲヨムニ、我独リ読《ヨム》ガヨキカ、人ト共ニヨミテ、世ニイフ会読スルガヨキヤト問《トフ》人アリ」とあるように、独りか、「会読」による共同か、という問題がストレートに提出されているのである。

現代のわれわれは、素読や講釈という読み方については、ある程度、想像できるのだが、この共同の読書方法である「世ニイフ会読」は、教育史の研究者以外、ほとんど知らない。ところが、江戸時代、この会読という共同読書の方法は、民間の自主的な読書会、私塾、藩校のなかで、ごくありふれたものだった。しかも、それは江戸時代にとどまらず、先に見たように、明治になっても盛んに行われ、自由民権期の学習結社にまで及んでいたのである。しかし、明治の中頃には、急速に衰え、読書は独りで黙読する読み方が当たり前になってゆく。一体、江戸時代、なぜ流行し、明治になると、かくも急速に衰退してしまったのだろうか。本書の課題は、この会読という「姿を消してしまった慣行を再発見する任務」(シャルチエ前掲書)を果たすことにある。

2　三つの学習方法

福沢諭吉が学んだ緒方洪庵の適塾は、オランダ語修得のための私塾であったが、そこでは、素読、講釈、会読の学習方法が行われていた。江戸後期になると、儒学を学ぶ全国各地の藩校や私塾においても、素読、講釈、会読の三つの学習方法が確立され、段階的に行われるようになっていた。適塾は、そうした儒学の一般的な学習方法をそのままオランダ書籍に適用していたにすぎない。もちろん、蘭学を教えていた藩校でも同様だった。たとえば、幕末の長州藩の藩校明倫館内に設けられた洋学所である博習堂（ここは、適塾で学んだ大村益次郎が教授となっていた）では、オランダ語の文法書のテキスト『和蘭文典 前編』は「先素読ヲ授ケ記憶セシメ、而《シカ》シテ後《ノチ》明ラカニ其文意ヲ講釈」し、文章論のテキスト『和蘭文典 後編』も「素読一遍ヲ授ケ直ニ講釈」することが定められ、これをマスターした後に「会読規則」にのっとって会読が行われていた（『日本教育史資料』2冊、七六三頁。以下、冊号、頁数を略記する）。蘭学のみならず、国学もまた同じである。その意味で、蘭学や国学の学習方法は、慣行化した儒学の学習方法を準用したものだったのである（武田勘治『近世日本 学習方法の研究』、講談社、一九六九年）。そこでまず、蘭学や国学にも適用可能だった、儒学の三つの学習・読書の方法について見てみよう。

素　読

素読は句読《くとう》・誦読《しょうどく》ともよばれた。和文では「すよみ・そよみ」と読まれ、漢文で書かれた藩校の規則などでは、句読・誦読の語を用いた。読書の初級段階として、七、八歳ごろから始め、漢文の意味内容を解釈せずに、ただ声をあげて、文字のみを読み習い、暗誦することをめざした。具体的には、先生が一人一人の生徒の前で、一人一人の進み具合に応じて、テキストの漢字一字一字を「字突き棒」で指しながら、ゆっくり読み、生徒はそれを復誦する。次の回までに、今日の分を暗誦してきて、先生の前で、スラスラ誤りなく読むことができれば、先に進むことができる。もし間違って覚えていたりすれば、もう一度前に戻って、正しく読めるようにしたうえで、先に進む。こうしてテキストを丸暗記するのである。

もちろん、意味内容を解釈しないといっても、返り点や送り仮名のあるテキストを訓読によって読むので、まったく意味が理解できないというわけではない。たとえば、『論語』であれば、「子曰わく、学びて時にこれを習う、また説《よろこ》ばしからずや」と読むのであって、中国語で読みあげるわけではない。そこに含意されている深遠な意味はわからなかったにしても、ある程度は理解できただろう。ただ、素読の段階では、そうした理解は付随的なもので、ひたすら暗誦し、テキストの棒暗記が求められた。

暗記すべきテキストの順序は、朱子学でいえば、『大学』→『論語』→『孟子』→『中庸』(以上、四書)であった。この四書のほかに、『孝経』『小学』『近思録』、さらに『三字経』などを使用する藩校もあった。学ぶべきテキストの順序は、必ずしも固定されてはいなかった。たとえば、儒学の学習について初心者に教えている『授業編』のなかで、江村北海は、最初は文字の数も少ないうえに、難しい字もないので、読みやすく覚えやすい『孝経』から始めろと説いている。加えて、テキストも、本文の文字が大きく、註釈もついていないような、児童が読みやすいものを使えと注意している。『大学』は『孝経』をマスターしてから後にとりかかるべきもので、その理由も、文字が少なく、児童が退屈しないからだった。学問を始めたばかりの素読の段階で一番大事なことは、書物を「イトヒ嫌フ心」をもたせないようにすることだと注意している（『授業編』巻二）。ただ、『大学』マスター後の順番は、『論語』『孟子』『中庸』であって、変わりない。そして、四書が終われば、『小学』を読んでもよいという。

北海は、『大学』の文字数は少ないというが、貝原益軒（一六三〇―一七一四、寛永七―正徳四）によれば、『大学』の総文字数は一八五一字である。かなりの量である。これに続く、『論語』は一万二七〇〇字、『孟子』は三万四六八五字、『中庸』は三五六八字で、四書だけでも五万二八〇四字になる。一日に一〇〇字を熟誦して、「そらによみ、そらにかく」ことができるようになれば、五二八日ですべてが終わる。これを月に換算すれば、一七ヶ月一八日なので、一年半で達成できるのだという。これに加えて、五経のうち、『書経』の「純粋なる数篇」、『詩経』と『易経』は全文、『礼記』九万九〇〇〇字のうち、「其精要なる文字」三〇〇〇字、『春秋左氏伝』の「最要用なる文を数万言」を、日課を定めて一〇〇遍熟読すれば、「文学におゐて、恐らくは世に類」がないであろうという（『和俗童子訓』巻三）。

一八世紀初めの益軒の場合、これは、「世に類」ない学者の目指すべき目標であって、すべての人に要求したわけではない。しかし、幕末になると、単なる努力目標ではなく、到達すべき義務となっていた。たとえば、幕末の安政元年（一八五四）に設立された備後国（広島県）福山藩の藩校誠之館の場合、素読の暗誦すべき内容は年齢ごとに定められていて、その到達度が試験された。年四回、三・六・九・一二月の八日に、「句読考試」すなわち、素読試験が行われたのである。その試験では、八歳の時に、『孝経』を卒業しておかねばならなかった。初め二、三葉（四、六頁）ごとの試験を受け、全部、終わると、今度はまとめの意味で、半冊に分けて二度の試験を受けた。この試験で、一度も読み間違いがなかったならば、賞賜《しょうし》があった。ただ学力に応じて、初めから半冊、あるいは一冊まるごとの試験を受けてもよかった。次に九歳の時には『大学』と『中庸』の試験で、『大学』の場合は半分、『中庸』の場合は三分割して、合計五回のうち二回、間違いがなければ、賞賜があった。一〇歳の時には『論語』、一一歳の時には『孟子』を卒業せねばならなかった。『論語』（一〇巻、四冊）、『孟子』（一四巻、四冊）の場合は、それぞれ一冊ずつ四回のうち二回、間違いがなければ、賞賜があった。これで、めでたく四書を卒業して、次に五経が始まる。一二、三歳で、『易経』『詩経』『書経』『春秋』を卒業し、一四歳の時に『礼記《らいき》』を卒業するのだという（資料2冊、六四一頁）。ここまで、八歳から一四歳の七年間で、一応、四書・五経を丸暗記したことになる。

この福山藩の事例は、藩主阿部正弘の主導した学問奨励策の成果であって、すべての藩にあてはまるものではない。多くの藩では、四書どまり、それどころか、『論語』どまりであったというのが実情だろう。そのうえ、かりに四書まで到達したとしても、科挙のない日本では、それによって立身出世への道が開かれるというわけではなかった。福山藩の事例が示しているように、賞賜といっても、たかだか半紙一束にすぎなかった。そんなお褒めの記念品を目当てに暗記しても、すぐに忘れてしまうのが、悲しいかな、凡人の習いだったろう。七、八歳から素読を始めて、二五、六歳までに四書・五経に及んだとしても、「光陰箭《ヤ》ノ如ク」あれやこれやしているうちに妻を娶り、子もでき、「家事ノ心配」に読書もできず、「役儀」を務め「彼レ是レノ苦心」をしているうちに、「始メ習ヒシ四書ナドハ、点々ニ覚エテ居ル所モ有ランカ、五経ニ至テハ、瀟灑《サツパリ》忘レルナリ」（正司考祺『経済問答秘録』巻四）というのが、現実だったろう。

だから、肥前国有田の商人正司考祺《しょうじこうき》（一七九三―一八五七、寛政五―安政四）は「始メ素読セシ艱難ハ、労シテ功無シ」（『経済問答秘録』巻四）と断じているが、しかし、そうではない、こうした素読も、結果的に人格形成にとって積極的な意味があったという解釈もありうる。現代の近世日本教育史学者、辻本雅史によれば、素読の意義／意味とは、テキストを丸ごと暗誦することによって、身体に取り込むこと、「テキストの身体化」であるという。この身体化された言語は、自らの言語と一体化され、所有されることによって、自らの思考と言語に活用できるようになるというのである（『思想と教育のメディア史』、ぺりかん社、二〇一一年）。しかし、これは理想論であって、暗記が不得意な凡人には、苦痛以外のなにものでもなかったろう。それでも、幼少期に、そうした苦痛や困難を克服した経験自体が、将来の人格形成にとって大きな糧となる、これこそ素読を課す意味なのだという、少し強引な解釈もあるだろう。後に述べるように、それは、「故意に作り出し、勝手に定めた困難——つまり、それを乗り越えたという事実が、それを解決したという内的満足以外のいかなる利点も持たないような困難——を解決するという喜び」（カイヨワ『遊びと人間』、清水幾太郎・霧生和夫訳、岩波書店、一九七〇年）をともなうものであったからである。しかし、これは意図せざる結果であって、儒学を学ぶ本来の目的では、もちろんない。

講　釈

さて、素読の段階が無事、終了すると、一五歳前後から講釈が開始された。先生が生徒たちの前で、経書の一章、あるいは一節ずつを講解して聴かせる、口頭で行われた一斉授業である。江村北海の『授業編』によれば、「講釈トハ、何ニテモアレ、講ズルトコロノ書ノ本文・註解ヲ併セテ、其字義・文義ヲ解釈シテ云聞スコトニテ、其要、省明」にあるという。「大抵一章、モシ長キ章タラバ半章、又至テ短キ章ナラバ、二三章ニモイタルベシ、字義・文義ヲクワシク和解シテ、俗耳ニ入リヤスカラシメ、今日ノ人情世態ニ親切ニシテ、聴人ノ程々ニ従ヒ、益アリテ害ナキヤウニ云キカスヲ主トスベシ、サラバトテ、詼諧《カイカイ》ノ談、バサラノ語、卑陋ノ諺ナドヲ用ユベカラズ、又講談ニ託シテ時世ヲ非議シ、他ノ学派ヲ排斥スルヤウノ事ヲ戒メテ云ベカラズ」（『授業編』巻四）と注意されている。

江戸時代、この講釈は山崎闇斎の学派のなかで、広く行われるようになった。山崎闇斎（一六一八―八二、元和四―天和二）は、近世日本の代表的な朱子学者であるとともに、垂加神道というユニークな儒家神道を創始したことでも知られるが（拙著『近世神道と国学』、ぺりかん社、二〇〇二年）、彼が講釈を行った理由は、闇斎の学問の性格とも深くかかわっている。闇斎は朱子の学問を「述べて作らず」（『論語』述而篇）の精神で学び、朱子その人に成りきることをめざした人物である。そのため、朱子に成りきった（と自認する）闇斎は、中国古代の聖賢から朱子に受け継がれてきたという「道統」の体現者となって、講釈したのである。だから、弟子たちは、ひたすら闇斎の一語一句を、生きている聖人の言葉として受け止めなくてはならなかった。

事実、闇斎の講釈は厳格で有名だった。その厳しさは、弟子たちに恐れられた。闇斎が講釈するときには、「音吐《おんと》鐘の如く、面容怒るが如し」で、聴講する生徒たちは、顔をあげて仰ぎ見ることとさえできなかった。生徒たちはひそかに、「瞑目して先生を一想すれば、欲念頓《とみ》に消え」

てしまうと語り合ったという（『先哲叢談』巻三）。この峻厳な先生は、生きているうちに自らの霊魂を自らで祀りあげて、垂加霊社という神様になって、自分が神道の講釈の場に出て来るときには、鈴を鳴らして、まさに生き神様のお出ましという舞台装置をしつらえて、弟子たちに臨んだこともあった。生徒たちがひたすら、一言漏らさず筆記したのも、むべなるかなである。

この闇斎の講釈風景は極端だが、講釈が上から下への説教であるという本質をあらわにしてはいる。ここでは、もう少し理解を深めるために、荻生徂徠の講釈批判を紹介したい。徂徠は、「予《わ》れ講を悪《にく》む。毎《つね》に学者を戒めて、講説を聴かざらしむ」（『訳文筌蹄初編』巻首）と自ら述べているように、講釈嫌いとして知られている。徂徠の初期の作品『訳文筌蹄《せんてい》初編』の題言には、講釈の害を一〇項目にわたって論じているが、なかでも重要なことは、聴講者が自分で「思」うこと、考えることをしなくなってしまう点にあった。徂徠によれば、講釈する側も、「字詁・句意」「章旨・篇法」「正義・旁義」「註家の同異」「故事・佳話」「文字の来歴」など、およそ本文に関係することであれば何でも、お店を開くように並べていって、一つでも足りないところがあると、それを恥だと思うようになる。そのうえ、聴講者が飽きてしまうのではないかと心配して、美声によって喜ばせたり、時には笑い話を交えながら、居眠りなどさせまいとするのであるから、聴く者が自ら何も考えなくなってしまうのも当然である。懇切丁寧、用意周到、理解の助けによかれと老婆心ですることが、学習者にとっては逆効果となってしまうのである。

ただ、ここで注意しておきたいことは、徂徠は、学問を学ぶための専門家向けの講釈の有効性を批判したのであって、愚かな者たちへの道徳的教化のための講釈を否定したわけではなかったという点である。徂徠によれば、もともと中国のいわゆる「講」は、日本の仏教者の「説法」に近いものだという。文章の意味や文字の細かいところにこだわらずに、譬《たと》え話を用いたり、事例をあげたりして、道徳や仁義を納得させて、聴く者を感動させ、善行をうながすものである。徂徠によれば、これは、すぐれた人物を教育するためのものではないが、学ぶ時間のない為政者や無学な者たちの前で行うには適しているというのである。

徂徠がいう「講」、すなわち僧侶の説法のような講釈は、藩校のなかでは、月並《つきなみ》講釈と呼ばれていたものに相当する。これは月々の定例日に、藩内の人々のために開かれた儒学書の講釈であって、江戸幕府では、五代将軍徳川綱吉の時代、林羅山の孫林鳳岡《ほうこう》の私塾であったころの半官半民の昌平黌《しょうへいこう》で行われるようになった。好学の将軍であった綱吉は、元禄四年（一六九一）に、それまで上野忍岡にあった林家の塾を神田湯島に移転して、聖堂（孔子を祀る春秋二回の釈奠《せきてん》と公開講釈を行うための施設）と学舎（林家の私塾）、それに仰高門《ぎょうこうもん》を建設した。元禄五年に、この仰高門の東舎で、林鳳岡がはじめて儒学書を講釈して以来、ここが公開の講釈場となった。さらに八代将軍徳川吉宗は、享保二年（一七一七）九月から、仰高門の講釈を日講制として、休日なしに毎日、午前一〇時から一二時までの間、林家の門人に講釈を行わせた。これへの聴講は、武士でも庶民でも、自分の都合のよい日に、聞きたい講釈だけを自由に選んでよかった。

徂徠が批判していたのは、このような不特定多数の無学な聴衆に聞かせる説法講釈が、そのまま学問者の学習方法として無自覚なままに用いられていたことにあった。徂徠の考えからすれば、学問は自ら疑問を持ち、主体的・能動的に考えることが大事なのであって、なんでもかでも懇切丁寧に教えられるべきものではないというわけである。ここには、徂徠独特の学問観があるのだが、この点については後に述べよう。

こうした徂徠の批判にもかかわらず、江戸時代、学問のための講釈ばかりか、道徳的教化のための講釈説法は、幕府はもとより、藩校のなかでも廃《すた》れることはなかった。たとえば、金沢藩の藩校明倫堂が、寛政年間の創設当初は藩士ばかりか、領内の町人・百姓までも聴聞を許していたのは、そこで行われる講釈が道徳的な教化をめざしたものだったからである。事実、初代藩校教授として招聘されたのは、京都の儒者新井白蛾（一七一五—九二、正徳五—寛政四）であった。白蛾は談義本『老子形気《かたぎ》』の著作もある儒者で、道徳的な教訓を平易に説いていたのである。

江戸時代、石田梅岩（一六八五—一七四四、貞享二—延享一）は京都で出入り自由の講釈を行ったことで有名である。彼は自己の悟りの体験をもとに、不特定多数の人々に講釈をした。その講釈は、儒学の経文と注解をもとにしながらも、それに関する逸話や比喩を巧みに使って、教訓を与えるものであった。梅岩の弟子手嶋堵庵《とあん》以後は、口話による道話の語りとなり、全国の心学講舎のなかで広く行われた。また、「太平記読み」と神道講釈も、題材を『太平記』にとるか、神道にするかの別はあるにしても、無学な武士や庶民教化の講釈であることに変わりなかった。前者の「太平記読み」のネタ本になったのが『太平記秘伝理尽鈔』であり（若尾政希『「太平記読み」の時代』、平凡社選書、一九九九年）、後者の神道講釈の代表者が享保期に京坂地方で活躍した増穂残口《ますほざんこう》（一六五五―一七四二、承応四―寛保二）であった。また、折衷学者細井平洲（一七二八―一八〇一、享保一三―享和一）が百姓・町人にたいする平易な言葉で行った講釈も、不特定多数を対象としていた。天明三年（一七八三）に名古屋で行われた平洲の講釈では、なんと、二四〇〇名の聴衆が集まったといわれている。

会　読

一五歳ごろの講釈と併行して、あるいは、その後に行われたのが、本書の眼目である会読である。会読は、素読を終了した同程度の学力をもつ上級者が「一室に集つて、所定の経典の、所定の章句を中心として、互いに問題を持ち出したり、意見を闘わせたりして、集団研究をする共同学習の方式」（石川謙『学校の発達』、岩崎書店、一九五一年）である。会読には、テキストを読む会読と講ずる会読があるが（この点は後に述べる）、ここでは、藩校で一般的に行われていた、講ずる会読である輪講について見ておこう。

輪講は七、八人、多くて一〇人程度の生徒が一グループとなり、その日の順番を籤《くじ》などで決め、前から指定されていたテキストの当該箇所を読んで、講義をする。その後に、他の者がその読みや講述について疑問を出したり、問題点を質問したりする。講者はそれらに答え、積極的な討論を行う。これを順次、講義する箇所と人を代えて繰り返していくもので、先生は討論の間、終始黙っていて、意見が対立したり、疑問がどうしても解決しなかったりしたときに、判定を下すにすぎない。ここでは、基本的に生徒同士の切磋琢磨が求められている。会読の手順を記している藩校の規則をあげておけば、次のようである。

会読ノ方法ハ、毎回生徒抽籤ヲナシ、当籤ノ順序ヲ定メ、順次講義ヲナシ、互ニ難問論議シ、其疑義ニ渉リ審《ツマビラカ》ナラサルモノハ、教師一々之ヲ訳義ス。而シテ其用書ハ、同時ニ書経以下ノ書目ヲ講スルニ非ス。一書ヲ卒《オ》ヘ始メテ、他ニ移ルノ法トス。

（旧柳川藩、伝習館、資料3冊、四八頁）

この会読は、いわば車座の討論会だった。その様子は、小田急電鉄の創始者である利光《としみつ》鶴松（一八六三―一九四五、文久三―昭和二〇）が、明治初期の漢学塾での修業時代を回想したなかに描かれている。利光鶴松は、大分県の貧しい家を飛び出し、漢学塾に住み込みながら苦学した。この時代の漢学塾は、無月謝・手弁当で、風呂焚きやその他の家事・雑務を引き受けて住み込み、生徒として勉強することが可能だったので、そうした役をかって出たのだという。その利光が漢学塾の学習風景を次のように回想している。

輪講トハ、討論会ノ如キモノニテ、同階級ノ塾生ガ車座ナリニ座席ニ就キ、其内ノ一人ガ、予メ定メラレタル書物ノ或部分ヲ講義スレバ、其終ルヲ待チテ他ノモノガ、交々《コモゴモ》質問ヲ発シ、互ニ論難弁駁ヲ交換シテ学問スルノ法ナリ。輪講ノ会頭ハ会頭席ニ居リテ其討論ヲ聴キ、終結ノ後各自ノ説ニ批判ヲ加ヘ、其当否ヲ審査宣告スルナリ。

（『利光鶴松翁手記』、小田急電鉄株式会社編、一九五七年）

会読は、明治になった後も、全国各地の漢学塾では続けられていた。このこと自体、論ずべき問題であるが、ここでは、会読が「討論会」であったという点に注目したい。藩校では、この討論の方法が事細かに規定されていた。そのなかでも、もっとも詳しい金沢藩明倫堂の「入学生学的」の一節を紹介しよう。「学的」とは校則のことである。

会読之法は畢竟《ひつきやう》道理を論し明白の処に落着いたし候ために、互に虚心を以可レ致ニ討論一《もつてとうろんいたすべき》義《ぎ》に候処、中には彼我をさしはさみ、可レ致ニ勝劣一之心盛《さかん》に相成、弁舌の末を争ひ審問慎思の工夫も無レ之《これなく》、妄《みだり》に己を是《ぜ》とし人を非とする心有レ之《これあり》候事、見苦敷《みぐるしき》事に候、且又自分一得有レ之候とて、矜誇《きようこ》の色をあらはし候事。他人疎漏の誤りを妄に非笑致し候事。自分の非を飾り他説に雷同致し候事。鹵莽《ろまう》に会得《ゑとく》の顔をなし他説をうはへ《（上辺）》に聞なし候事。大抵に自分を是として疑ひを不レ発事。疑敷義《うたがはしきぎ》ありとも自分にまかせてやすんずる事。人の煩を憚《はばか》り不レ致二質問一事。未熟なるを恥て言を不レ出事。此等之類一事も有レ之候ては上達の道は無レ之候間、自分を省察いたし堅く慎み可レ申候事。

（資料2冊、一九四頁）

会読の方法は、帰するところ、道理を論じて、明白な結論にいたるために、お互い虚心に討論すべきものである。それなのに、なかには彼我の間に優劣をつけようと競争心をもやして、弁舌の末梢的な問題を争い、くわしく調べ、たずねたり、つつしんで思う工夫（『中庸』）もしない者がいる。また、みだりに自分の意見を正しいとし、他人の意見を間違いとする心をもつことは、見苦しいことである。そのうえまた、自分の一得があると矜誇の色をあらわすこと、他人の疎漏の誤りを妄りにそしり笑うこと、自分の非を飾り、他説に付和雷同すること、軽率にもわかった顔をして、他説を表面的にしか聞かないこと、大抵、自分を是として疑いを発しないこと、疑わしいことがあっても自分勝手に解釈して安心していること、他人を煩わせることを憚って質問をしないこと、未熟であることを恥じて言葉を出さないこと、これらに類することが一つでもあれば、上達の道はないので、自分を省察して堅く慎むべきこと。

この「入学生学的」の一節は、「道理」を探究して「討論」する会読の場が、「勝劣」を争う競争の場に陥りやすかったこと、そうならないために、自分の意見をかたくなに主張することなく、異説をも受け容れる「虚心」が求められていることなど、会読の原理的な問題にかかわる点を説いている。それらについては後に述べることにして、ここでは、会読が活発な「討論」の場であったことを確認しておきたい。まさに「輪講トハ、討論会ノ如キモノ」なのである。

段階別の学習テキスト

以上で素読・講釈・会読の三つの学習方法の概略を述べてきたが、さらに学習テキストについて付け加えておけば、年齢と学力の進展とともに、素読から講釈、会読へと段階的に学習方法を変えていくとともに、テキストもより難解な書に移って行った。たとえば、前橋藩の博喩堂の場合、句読（素読）の書目は、先に見たように、小学・四書・五経であるが、講解（講釈）の書目は小学（本注）、四書（章句・集註）、近思録、詩経（集伝）、書経（集伝）、易経（本義）、孝経（刊誤）、太極図説、通書、西銘、白鹿洞書院掲示、文公家礼とあり、素読段階で暗誦した四書・五経を朱子学の注釈をもとに講釈を受けることになる。

さらに、輪講（講ずる会読）の書目は、春秋（胡伝）、春秋左氏伝（杜註）、礼記《らいき》（集説）、易学啓蒙、蒙求《もうぎゅう》であり、会読（読む会読）の書目は、三礼《さんらい》（鄭注）、儀礼経伝通解、大戴礼《だたいれい》、春秋（公羊伝・穀梁伝）、孔子家語、国語、史記、前漢書、後漢書、三国志、通鑑綱目《つがんこうもく》、唐鑑、貞観政要《じょうがんせいよう》、宋名臣言行録、伊洛淵源録、周程張朱之書、大学衍義、大学衍義補、文章軌範である（資料1冊、五七三頁）。読む会読では、歴史書が中心となる傾向があるといえるだろう。

これまで述べてきた三つの学習方法のうち、おそらく、素読と講釈については、ある程度、知っていた人が多いだろう。また、会読については、もし知っていたとしても、先に触れた福沢諭吉が活写した緒方洪庵の適塾の光景から、蘭学の専売特許だと思い込んでいた人もいるかもしれない。個別指導の素読と一斉授業の講釈は、どちらにしても先生から生徒への一方的な教授方法であって、いかにも上下貴賤の身分秩序を絶対のものとする体制的な儒学にふさわしく、これにたいして、生徒同士が対等に討論し、切磋琢磨して学び合う会読は、福沢諭吉のようなオランダ書籍を学ぶ、開明的な蘭学にふさわしいように思える。ところが、先に述べたように、福沢諭吉自身が故郷中津の漢学塾のなかで「読書会読」をしていたのであって、適塾に入学して、はじめて経験した新奇な学習・読書方法ではなかった。繰り返すが、適塾は儒学の学習・読書方法を活用したにすぎなかったのである。

私塾・藩校と寺子屋

ここまで素読—講釈—会読の三つの学習方法を見てきたが、一つお断りしておきたいことがある。それは、この三つの学習方法は基本的に私塾や全国の藩校で行われたものであって、庶民の寺子屋（手習塾）の読み・書き・算盤の学習方法ではなかったという点である。

もともと江戸時代、武士教育の藩校と百姓・町人たち庶民教育の寺子屋とは、別系統の機関だったが、本書はもっぱら前者のみを対象として、後者を取りあげない。なぜかといえば単純で、寺子屋では会読が行われていなかったからである。寺子屋においても、読みの場合、儒学のテキストの素読が行われるような場合はあったにしても、主なテキストは、商売往来、百姓往来などの往来物であった。そのうえ、上級者向けの学習方法である会読まで行うことは、六〜八歳に入学して、二、三年間の短い就学期間では、ほとんど不可能だった。これにたいして、藩校は、入学年齢こそ七、八歳で同じだが、卒業年齢は明確には定まっていない。だいたい一五歳以下が藩校全体の二九％、二〇歳未満までで五〇％、二〇歳卒業までいれると六三％になると指摘されている（石川松太郎『藩校と寺子屋』、教育社、一九七八年）。その意味では、本書は、江戸時代の教育全体をカバーするものではなく、主に武士教育を取り扱う部分的な考察ということになる。

もちろん、江戸後期には、全国で数万校（石川謙は、明治一六年に文部省が府県に命じて行った調査報告をまとめた『日本教育史資料』から、総数一万一二三七とするが、高橋敏は、この数字には調査漏れがあって、実態はこの数倍になると推定している。高橋敏『江戸の教育力』、ちくま新書、二〇〇七年）もあった寺子屋の存在を取り扱わないといっても、寺子屋の教育的役割、たとえば、庶民の識字力の獲得を評価していないというわけではない。しかし、近世と近代とのつながりという点からいえば、寺子屋以上に、藩校の役割は決定的に重要であると考えている。

というのは、藩校教育は、明治になって西欧の学校体系を受け容れる際の基盤となったからである。この点について、日本教育史研究者は次のように指摘している。「啓蒙学者たちによって西洋各国の「学校」という教育機関が明治の日本人に新しく紹介されたとき、それを理解し、まがりなりにもこれをこなすことができたのは、この藩立の武士の学校の伝統があったからといっても過言」ではなく、後に述べるように、一斉授業、試験や日常成績によって進級を決定する等級制、学校体系を初等から高等へと序列をつけて編成する考え方、固定した小教場で授業をするという形態などは、すでに藩校のなかで行われていて、「幕末の藩校は、多くの点で欧米近代国家の学校のそれと大差のないところまできていた」のである（勝田守一・中内敏夫『日本の学校』、岩波新書、一九六四年）。近代日本の学校の起点となった明治五年（一八七二）の「学制」もまた、その教育方法という点からいえば、会読＝輪講を採用している。「同時代の日本人が輸入された西洋の近代学校のなかに藩校を読みとり、後者の精神で前者を同化するようになっていったのは、しごく当然のなりゆきであった」（同右）とされる所以である。

もし、このように近代日本の学校体系が藩校に連続していたとすれば、われわれが寺子屋の教育方法に郷愁を感ずるのも、ある程度、納得できるだろう。そこでは、貧しくはあるが、どこか優しいお師匠さまが、一人一人の子どもの年齢や学習進度に応じて個別指導をして、個々人の個性や学力を無視するような一斉授業など行わなかった。そのため、師匠と生徒の間には、おのずと人間的情愛が生まれ、自主的で個性豊かな教育が展開されていたというのである。渡辺崋山が描くところの寺子屋風景は、そうした伸びやかな学習の様子を伝えてあますところがない。こうした郷愁には、システム化された現代教育にたいする反発が潜んでいることは見やすい。そこに、現代に失われてしまったものを求めるといってもよいだろう。もともと、われわれが歴史に魅かれる理由の一つは、失われたものの再発見にあるのだから、こうした寺子屋讃美も、むべなるかなである。しかし、失われたものは、なにも寺子屋ばかりではない。武士教育機関であった藩校にもあるのではないか。藩校が近代日本の学校体系につながるといっても、当然のことながら、後に述べるように断絶面もある。ひょっとしたら、そこに、近代日本になって寺子屋が消滅したことによって失われたもの（その一つが、教育における人格的な交流）と同じような意味で、現代のわれわれが見直すべきものがあるかもしれない。本書はそれを見つけ出そうとする試みでもある。

書物の普及という条件

藩校と寺子屋の違いとともに、もう一つ付け加えておきたいことがある。それは、会読が成立する前提には、書物の普及という江戸期の社会的・文化的な現象があったという点である。諸写本の校合ということも会読の場で行われたので、すべてがすべてというわけではないが、印刷技術の向上によって、大量印刷された書物が容易に手に入るようになったことが、会読の前提条件だった。会読前に予習をするにしても、また、会読の討論の際に参加者一人一人が同じテキストを読み合うためにも、自らがテキストを所持していなければできないからである。もちろん、『解体新書』の会読のように、貴重書を共同で会読する場合には、印刷された書物であっても、複数の人々が所持することは難しかっただろう。しかし、それにしても、オランダの書物が海を渡って、長崎を経由して、江戸に住む一介の医者のもとにまで届いていたというのも、書物の普及という点からは量的な普及ではないにしても、江戸社会の書物文化の世界性を示すものであるとはいえる。

3　会読の三つの原理

さて、素読・講釈・会読のうち、本書の焦点である会読について、もう少し見てみよう。会読は、複数の人が定期的に集まって、一つのテキストを討論しながら共同で読み合う読書・学習方法である。この方法には、相互コミュニケーション性、対等性、結社性という三つの原理があった。これまですでに、この三つの原理をもつ会読の場が、門閥制度の近世日本国家のなかで、きわめて特異な空間であったことを示唆してきたが、この点について考えてみたい。

相互コミュニケーション性

会読の第一の原理は、金沢藩の明倫堂の規則に見られるような、参加者お互いの「討論」を積極的に奨励するという相互コミュニケーション性である。この原理が特筆されるべき理由は、近世日本の国家が、上意下達の一方向的なタテの人間関係を基本にしていたからである。

上意下達のタテの人間関係が基本であった理由は、近世日本の国家が兵営国家であって、軍隊組織が秩序のモデルだったことに起因する（拙著『近世日本の儒学と兵学』『兵学と朱子学・蘭学・国学』参照）。もともと、近世日本の国家は戦国時代の軍隊組織をそのまま凍結させた体制であった。そのため、命令―服従の軍隊組織の原理がそのまま天下国家を治める原理として通用したのである。そこでは、将軍を頂点とする統治者の命令は絶対であって、一切の批判は許されなかった。「武家はその武力を以て天下を取得《とりえ》たるものなれば、ひたすらに武威を張り輝やかし、下民をおどし、推しつけへしつけ帰服させて、国家を治むるにも、只もの威光と格式との両《ふた》つを恃《たの》みとして政《まつりごと》をした」（堀景山『不尽言』）のである。将軍の「御威光」「武威」の前では、すべての人々はただただ平伏するしかなかった。幕府の基本法である最初の武家諸法度には、「治に乱を忘れず、何ぞ修錬に励まざらんや」と警告し、「法は是れ礼節の本なり。法を以て理を破り、理を以て法を破らざれ。法に背くの類、其の科《とが》、軽からず」と、「理」よりも「法」を優先するのだという威圧的な文句が含まれていた。五代将軍徳川綱吉の生類憐みの令のように、人間よりも動物の命のほうが大事だとは、なんとも馬鹿げている、道理に反することだ、と思っても、それを口に出すことはできず、将軍の命令であるかぎり、従わなくてはならなかったのである。もし従わないと、有無《うむ》を言わさず罰せられた。実際、この悪法によって罪に処せられたものは、何十万にも及ぶといわれている（新井白石『折たく柴の記』巻中）。将軍を頂点とする、将軍→大名→藩士→百姓・町人への一方向的な命令―服従のタテの人間関係、福沢諭吉のいう「権力の偏重」が、「交際の至大なるものより至小なるものに及び、大小を問はず公私に拘《かか》はらず、苟《いやしく》も爰《ここ》に交際あれば其権力偏重ならざるはな」く（『文明論之概略』巻五）、日本列島全体を覆っていたのである。

　こうした兵営国家のなかでは、「道理を論し明白の処に落着いたし候ために、互に虚心を以可レ致二討論一義」（前掲、明倫堂入学生学的）とあるように、「道理」を求めてお互い「討論」するなど、日常的な行為ではなかった。むしろ、そうした「討論」を避けて黙っていることが、習い性となっていた。「物言えば唇寒し秋の風」（芭蕉）、「口は禍のもと」、「少し智慧ある者は、当代を諷するものなり。災の基なり。口をたしなむ者は、善世には用ひられ、悪世には刑戮をまぬがるゝものなり」（『葉隠』聞書一）といわれるように、余計なことを言わず、黙って忍従する習慣が精神の奥底まで浸潤していたのである。

ところが、会読の場では、沈黙せずに、口を開いて討論することを勧めていた。これは、「互に虚心を以可レ致二討論一義」とする金沢藩明倫堂のみの特別な勧めではなく、広く藩校のなかでは、一般的なことであった。

会読席予メ其書ヲ熟読シ、其義ヲ尋思シ、疑義アレハ、紙簽ヲ貼シ、会ニ臨ンテ、諸先ニ質問スヘシ。先輩委曲ニ告諭シ、満坐諦聴シテ、問フ所ノ浅近ヲ嗤笑《シショウ》スル勿《ナカ》レ。恐クハ初学、羞《ハヂ》テ復《マ》タ問ハサラン。同等儕輩《サイハイ》ニ至テハ、往復論弁少モ遜譲セス、切磋琢磨ヲ要トス。但シ雷同勦説、我意争心等、深ク謹戒ヲ加フヘシ。尚《ナホ》退会後モ、覆読一過スルハ、益アルコト少カラス。（伊勢、久居藩校、学則、資料1冊、一〇三頁）

会読輪講は、須《すべから》く力を極め問難論究すべし。経を執り会講するに、疑ひ有らば必ず問ひ、問ひ有らば必ず究め、究めざれば措《お》かざるなり。大抵の学者の憂ひは、己の知らざるを愧《は》づるに在り。疑ひを抱きて問はざるは、蓋《けだ》し心に解《と》く者なり。故に講学の益は、専ら論究するに在り。論究すれば、則ち一知半解の弊無く、或は能《よ》く未発の旨を獲《え》、或は能く言外の意を見る。凡《およ》そ口言はんと欲して、言ふこと能《あた》はざる者は、必ず能く言ふに至りて後に止む。仁に当りては師にも譲らず。師弟の問難討論は、声色倶《とも》に厲《はげ》しきに至るも、亦《ま》た責めざる所なり。但し務めて勝を好むの心を去りて、非を悟らば即服す。方《まさ》に是れ君子の争ひなり。（浜松藩、経誼館掲示、資料1冊、四三〇頁）

課業之下読、懇《ネンゴロ》ニ相尽シ、且銘々業本屹《キッ》ト持参、業ニ臨ミ、決テ隠黙之体無レ之、互ニ討論疑問等盛ニ致サレヘキ事。（米沢藩、当直頭申合箇条追加規則、資料1冊、七七三頁）

もちろん意地悪い見方をすれば、こうした討論の勧めは「隠黙之体」であったことの裏返しだという解釈もなりたつ。討論は建前であって、実際はそれほど活発な討論などなかったのではないかという反論もできるだろう。残念ながら、どれほどの討論が行われたのか、会読の現場に立ちあえないので、それを知ることはできない。しかし、百歩譲って、かりにそうだったとしても（もちろん、そうではなかったろう）、討論が建前としてでも正面に掲げられていることが重要である。というのは、前述のように、通説的には「討論」は明治になって西欧から移入された外来のコミュニケーション形式だとされているからである。

福沢諭吉が明治六年（一八七三）に『会議弁』を著し、さらにスピーチ（speech）を「演説」、ディベート（debate）を「討論」と翻訳したことが契機となって、議論を闘わせる「討論」が近代日本に紹介されたというのである。丸山眞男は次のように言っている。

「われわれは討議を以って政治活動の路上に横たわる障害物とはみないで、むしろ賢明に行動するための不可欠の前提とみなす」とアテネ民主政治の最盛期にペリクレスは誇らかに宣言している。開いた社会を閉じた社会から区別するもっとも大きな標識は自由討議、自主的集団の形成、及びその間の競争と闘争である。周知のように、わが国では討議・演説・会議・可決・否決・競争というような訳語は、いずれも維新当時において福沢諭吉ら洋学者の苦心の造語にかかるものであり、そうした言葉がそれまでなかったということは、とりも直さずそれに相当する社会的実体が広汎に欠けていたことを物語っている。

（「開国」、初出『講座現代倫理』11、一九五九年、『忠誠と反逆』、筑摩書房、一九九二年、所収）

後にもみるように、江戸時代の村の寄合の話し合いなどでは、たしかに反対意見を表明して論駁するような討論を避けていた。だから、討論などは、江戸時代にはなかったのだという通説は十分、説得力もあるのだが、「会読之法は畢竟道理を論し明白の処に落着いたし候ために、互に虚心を以可ㇾ致㆓討論㆒義に候」、「師弟の問難討論は、声色倶に厲しきに至るも、亦た責めざる所なり」、「決テ隠黙之体無ㇾ之、互ニ討論疑問等盛ニ致サレヘキ事」と、「討論」の勧めが厳に事実としてある以上、そのような勧めをする会読の存在は江戸思想史のなかで注目しなくてはならない。

対等性

会読の第二の原理は、「討論」においては、参加者の貴賤尊卑の別なく、平等な関係のもとで行うという対等性である。先に紹介した利光鶴松のいう「車座」は、対等性の象徴的な具現だったといえるだろう。もう一つ、「車座」の資料をあげておこう。肥前・小城藩の教則のなかにも、「会読ハ教諭ノ前ニ於テ、毎組ノ生徒団坐シ、抽籤ヲ以テ一名若《モシ》クハ数名ヲシテ已定ノ章ニ就キ、其意義ヲ講セシメ互ニ相批シテ、教諭ノ判定ヲ乞フ」（資料3冊、一六一頁）とある。生徒は「団坐」、丸くなって座って、お互い対等な立場から相互批判をするのである。

この対等な討論は生徒間ばかりではなく、「師弟の問難討論は、声色倶に厲《はげ》しきに至るも、亦た責めざる所なり」（前掲、経誼館掲示）とあるように、師弟間でも同様である。講ずる会読＝輪講では、先生は第三者の立場にいて、生徒相互の討論を見守って、最後に判定を下したのだが、読む会読では、師弟の関係そのものもなくなって、参加者全員が対等であった（読む会読と講ずる会読の違いについては、後に述べる）。「先生［春台］、徂来と講論して合はざれば、必ず再三、論弁して、明らかならざれば措かず」（『紫芝園稿』附録、松崎惟時「春台先生行状」）とあるように、師の徂徠との間でも「論弁」し合った太宰春台の読む会読では、「尊卑先後に拘《かか》はらず」問いを発することが規則化されていた。

諸君子の会業は、須《すべから》く専心講習を要とすべし。如《も》し一書を読まば、宜《よろ》しく輪番に一人之《こ》れを読みて、諸人謹み之れを聴くべし。若し疑義有らば、須く一節の終るを待ちて、之れを講究すべし。尊卑先後に拘はらず、皆な発問することを得。只だ宜しく謙遜すべし。

（『春台先生紫芝園後稿』巻一五）

会読の場は、こうした対等な者同士の実力だけが試される場であった。先に緒方洪庵の適塾の会読を紹介したように、オランダ語原書の読解力のみが競われ、「正味の実力」のみによって評価される場が会読であった。そこは、「門閥制度」の実生活とは異なる、対等な人間同士の場だったのである。

先に見たように、科挙のない近世日本で、儒学が学ばれた一つの理由に、聖人になることへの強い希求があった。「普通の俗人でも聖人になれるとする自信過剰の説」（ドーア）である朱子学が学ばれた所以だった。たとえば、長崎の町人学者西川如見（一六四八―一七二四、慶安一―享保九）は、「畢竟人間は根本の所に尊卑有べき理なし。唯生立《そだち》によると知べし。傾城《けいせい》は多くは下賤なる者の子なれども、幼少より風流にみがき立る故に、諸人を誑《たぶらかす》ほどの姿風俗となれり。況や人間本心の上におゐて、何ぞ貴賤の差別あらん」（『町人嚢』巻四）と説いていた。この「人間本心」の平等の立場から、「公家・武家」「高貴の人」「貴人の血脈」にたいする「名もなき町人・百姓の子」「下賤士民の子」「凡卑の血脈」にも、人間的な成長の可能性を認め、どんな身分の低い者であっても、道徳的に完璧な人格者になれるのだと説いたのである。もちろん、そうした人格者は「忠義」「孝行」の人であって、身分秩序に反するものではなかった。しかし、そうだとしても、だれよりも立派な人間になろうとする点で、身分秩序のなかでの屈折した平等化への希求であったといえる。

こうした平等化への希求心を想起すれば、参加者が対等な立場で討論し合う会読の場は、もっとストレートに平等化が実現できる場だったといえるだろう。会読の場は、福沢諭吉が「其癖、今の貴様とか何とか云ふ上士族の子弟と、学校に行て読書会読と云ふやうな事になれば、何時でも此方が勝つ」というように、「門閥制度」の家柄や身分でがんじがらめの実生活とは異なる、「正味の実力」だけがものをいう特別な場だったのである。

ここでは、会読における対等性に関して、『特命全権大使米欧回覧実記』の著者久米邦武（一八三九―一九三一、天保一〇―昭和六）が経験した、鍋島閑叟《かんそう》のエピソードを紹介しておこう。久米邦武の『米欧回覧実記』は、明治初年の岩倉使節団の公式報告書として有名である。久米は佐賀藩の出身であった。明治新政府を担ったのは薩長土肥といわれるが、肥前佐賀藩は、江藤新平、大隈重信、副島種臣などの多くの俊秀が輩出した。久米邦武もその一人で、後に東京帝国大学教授となったが、「神道は祭天の古俗」と論じて問題化したため、辞任したことでも知られる。

幕末の佐賀藩がこうした優秀な藩士を生み出すことができたのは、英明な藩主・鍋島閑叟のもと、藩校弘道館で、全国諸藩のなかでも最も激しい会読と競争をさせたことに起因するといってよい。藩校での成績の悪いものは職が与えられないほどの厳しさだったのである。閑叟自身も、自ら会読を行ったが、ここで注目したいエピソードとは、その閑叟が出席する会読での出来事である。

その時の会読のメンバーは、閑叟のほかにも、閑叟の息子、藩の重役、そして、藩校弘道館からは助教と選抜された優秀な生徒たち（久米もそのなかの一人）であった。『唐鑑』を会読し、「破格の言動も許された」という。久米によれば、「藩の法式では、藩主の起居態度は近従も他に洩さぬを誓ひ、筆跡は焼き捨て、面前では低頭平身して其の顔容を見る能はなかつたが、会読には列座の国老は素《もと》より、国主世子に直面して言論を交換するので、公の真面目に接するを得た」という。会読では、「公の封建郡県の得失の問」「後世の儒学の論説は心理に偏つた変形のものであるとの論」「周公が礼文を制した得失の論」「源平興廃の論」「海防論」など、さまざまな論題が議論されたが、そのなかで海防論を討論していた時のこと、久米邦武は、「日本の如き海国では離島まで防禦するのは不可能である。故に其等は一時的に委《ゆだ》ね、彼が便要の海岸に寄せ来るを打ち砕く防備をするのがよろしい」といったところ、閑叟は久米の言い終わらないうちに、大声をあげて、「ナニ離島を敵に渡すと云ふのか、伊王島には砲台もあり、戍《じゅ》衛《えい》の兵もある、其を夷国船に渡すとは以ての外である」と叱責したという。会読の席が終わったあと、藩の重役が、会読の会頭を務めていた弘道館の助教に、「今日の久米の失答が公の怒に触れたのは自分より御詑《おわび》を申し上げる」と親切にも口添えをしてくれたのだが、会頭は、「書生が会読で失答したとして御詑には及びません」と答えて、事なきを得たという(『久米博士九十年回顧録』、早稲田大学出版部、一九三四年)。

藩主と藩校生徒との間で、閑叟がむきになって久米に反論しているように、対等な討論がなされていることは瞠目に値する。そして、「書生が会読で失答したとして御詑には及びません」と毅然と答えた会頭は、この対等な会読空間の独立性を宣言しているともいえよう。

結社性

第三の原理は、読書を目的とし、期日を決め、一定の場所で行うことを規則に定めて、複数の人々が自発的に集会するという結社性である。結社とは規則を守る自発的な集団のことである。太宰春台は「紫芝園規条」を作り、また蘭学者青地林宗(一七七五―一八三三、安永四―天保四)は、同好者を集め、オランダ語の訳語について討議するための同志会を結成し規約を作った(後出)。そうした会読に参加する自分たちの集団を「社中」と呼んだ。たとえば、荻生徂徠の門人同士は、徂徠の居宅が茅場《かやば》町にあったので、茅の別字「蘐」をとって「蘐園《けんえん》社中」と呼んだ。同様に、「蘭学社中」はオランダ書籍を、本居宣長の「鈴屋《すずのや》社中」は日本の古典を読むための結社である。

藩校のなかで、会読が学習方法としてとり入れられるようになると、日を定めて、藩校教師も出席する公的な会読を行うとともに、生徒間での私的な会読も容認され、むしろ積極的に勧められるようになる。そうした私的な会読集団もまた、「社」と称することがあった。「読書の益は専ら会読輪講に在り」と説いていた塩谷宕陰《しおのやとういん》（一八〇九―六七、文化六―慶応三）の手になる、浜松藩経誼館掲示には、「館中の会日には、宜しく各々社を結びて以て講習すべし」と、藩校内での自主的な結社をうながしていた。

また、会読＝輪講を教育方法の中心においた広瀬淡窓（一七八二―一八五六、天明二―安政三）の私塾咸宜園《かんぎえん》でも、生徒間で自主的な結社を作ることを求めたことがあった。九州各地の天領を統括支配する日田郡代による成績評価や教員人事への露骨な介入事件があったとき、淡窓はその干渉への対抗手段として、生徒間で結社を作るよう指導したのである。

［天保五年七月］廿一日、初メ官府ヨリ塾政変革アリシヨリ、旧法尽《コトゴト》ク廃シ、人心洶々《キヨウキヨウ》トシテ、事ヲ事トスルモノナシ。此日入室ノ徒数輩ヲ招キ、我カ旨ヲ諭シ、災厄ニ逢フト雖モ、志ヲ墜《オト》サス、自ラ励ムヘキコトヲ申シ諭シ、私ニ社ヲ結ヒ、出精スヘキコトヲ托シタリ。諸人其旨ヲ領ス。此日宗仙長トナリ、五人志ヲ同シウシ、事ヲ約シ、社ヲ結ヘリ。号シテ日新社ト云フ。廿二日、廻瀾社起ル。来真長トナル。一社四人ナリ。廿四日、必端

社起ル。勲平長トナル。同盟四人ナリ。三省社起ル。龍信長トナル。一社八人ナリ。
（『懐旧楼筆記』巻三四）

七月二一日に、五人の同志が集まり「日新社」が、同月二二日に、四人の同志の「廻瀾社」、同月二四日に同盟四人の「必端社」、八人の「三省社」、さらに翌月四日には、同盟三人の「克己社」（同右）が、結成されている。淡窓は、郡代に評価や人事の専権事項が奪われてしまった時点で、生徒間で自主的な結社を作らせることによって、「災厄ニ逢フト雖モ」、独立した学びの場を確保しようとしたのである。

一八世紀から一九世紀にかけて、近世日本では、さまざまな場で「何々社」「何々連」といったサロンが開かれていた（田中優子『江戸はネットワーク』、平凡社、一九九三年／平凡社ライブラリー、二〇〇八年）。揖斐高《いびたかし》は、「そうしたサロンでは、都市的な自由を共通の基盤としつつ、地縁的・血縁的な共同体の規制から解放され、士農工商という封建的な階級からも逸脱した場が形成されることになった」（「近世文人とその結社」、福田アジオ編『結衆・結社の日本史』）と指摘している。会読結社もまた、近世日本のなかに叢生したさまざまなサロンの一つといえるが、後に見るように、漢詩や狂歌のような遊びの性格をもっていたことは重要である。当時の漢詩文の結社流行にたいしては、もちろん批判もあった。

加様《かやう》ニ彼輩ハ身上にかゝる事ゆへに、同社会集しては、攘臂扼腕《じやうひやくわん》もすべし。時の貴要弁にそれに阿諛《あゆ》する人に対して、同社を吾党といふ。さすればいよいよ人の側目睥睨《そくもくへいげい》に逢ふ。七子などのいへるは、右のとほりにて、実ある事ぞ。それさへ詩文にいふはよろしからず。まして吾国太平の御代《みよ》に生れ、貴賤ともに仁聖の政化を仰ぎ娯《たの》しむ。何の攘臂扼腕する事やある。側目睥睨に逢ふ事いさゝかもなし。平生親昵《しんぢつ》する友にてもなく、唯時節に宴会し、其席散じては、路人同然の交なるをも、吾党といひ、書生仲間、師家の講席にて、面を見おほへたるまでの輩まで、吾党々々といふこと、軽薄にあらずや。（清田儋叟『芸苑談』）

七子とは、「文は必ず秦漢、詩は必ず盛唐」をスローガンにした明の古文辞派の李攀竜・王世貞・徐中行・宗臣・梁有誉・呉国倫・謝榛の七人をさす。荻生徂徠がこの李攀竜・王世貞の二家の書を読むことができたことを「天の寵霊」（『弁道』）と述べるほど古文辞学に傾倒して以後、江戸や京都で、盛唐詩を模倣する蘐園派の詩文社中ができた。古文辞派を批判し、明人徐文長や袁中郎を学んだ儋叟からみれば、そうした「太平の御代」に生まれた蘐園派の人々が「書生仲間」同士でお互い、中国風に吾党、吾党と呼び合っていることは、なんとも軽薄なふるまいだった。しかし、この儋叟の批判はまた、「吾党」と呼び合う結社が、政治的な問題にたいして「攘臂扼腕」する可能性をもっていたことを示唆する。ここでは詩文結社が批判されているが、もともと会読の共同読書のテキストは、主に天下国家を目指す儒学であったため、たんなる遊びの領域を超えて、必然的に教育や政治にかかわらざるをえない可能性をもっていたし、事実、江戸後期には政治的な朋党となっていった。この点で、会読の結社は、漢詩・狂歌の類のサークルにはない思想的な潜在力をもっていたのである。

よく知られているように、江戸時代、百姓一揆などの徒党を組むことは、厳しく禁じられていた。この大原則のなかで、俳諧の会や、狂歌の会などの「連」「社中」は禁じられていなかった。そのわけは、遊戯だからである。読書会、会読の会が徒党とみなされず、禁じられなかったのも、学問も漢詩、俳諧や狂歌と同一レベルのもの、一種の遊戯だと思われていたからであろう。たしかに、そうした遊芸の面を無視できないし、後にも述べるように、そこに積極的な意義があるのだが、儒学の経書を読むための明確な規則をもった会読結社の場合、そこから政治的な朋党を生み出していった点で、たんなる詩文結社とは異なる思想的な可能性をもっていた。

本書は、以上述べてきた相互コミュニケーション性・対等性・結社性を原理とする会読の読書会が、江戸時代にどこで生まれたのか、そして、蘭学や国学のなかにも取り入れられ、いかに発展し、さらに幕末・明治になって、どうなってゆくのか、という歴史をたどることを課題としている。冒頭に述べたように、それは、一言でいえば、参加者が対等な立場で儒学の経書を相互に討論しながら読む共同読書会が、政治的な問題をテーマとする「車座の討論会」になり、政治的な結社になってゆく過程を明らかにすることである。

第二章　会読の創始

1　他者と議論する自己修養の場――伊藤仁斎の会読

岡山藩士湯浅常山（一七〇八―八一、宝永五―安永一〇）の『文会雑記』には、荻生徂徠の蘐園派とその周辺のエピソードが集められている。そのなかに、会読が中国にはない日本独特の読書方法であるという記事がある。

書ノ会読スルト云事、中華ニテハ決テナシト井子叔ハイヘリ。（巻一上）

井子叔とは井上蘭台で、林鳳岡の門人でありながら、「蘭台の学、頗《すこぶ》る徂徠に似る者有り」（『先哲叢談』巻八）と評された儒者である。はたして、この蘭台の認識が正しいかどうか、中国には本当に会読という共同読書の方法はないのかどうか、検討の余地はあるだろう。ただ、この問題は後に朱子の「講学」について考えるときにふれるが、ここでは少なくとも、江戸時代の儒者たちが、会読は中国にはないものだと認識していたことを確認しておこう。

また、日本に限っても、いつごろから会読が行われるようになったのであろうか。すでに江戸時代以前に、孔子を祀る釈奠《せきてん》の後に、儀礼的に行われた「講論」あるいは「論議」が、会読（ことに輪講）の淵源であるといえるかもしれない。もしそうだとすれば、平安時代にその起源を求めねばならないだろう。ほかにも、仏教寺院のなかでも、教義に関する「講論」が行われていた。しかし、これらは、会読のいわば前史ともいうべきものである。このルーツ探しは興味ある問題ではあるが、本書では、江戸時代に問題をしぼる。というのは、会読が広範に普及したのが、江戸時代であることに間違いないからである。

では、江戸時代、誰が最初に会読を始めたのだろうか。これは、なかなか難しい問題である。教育史の研究によれば、荻生徂徠のグループが最初に行ったといわれている。後にも述べるように、少なくとも徂徠のグループ、蘐園社中で会読が盛んに行われ、以後、流行したということはたしかである。事実、そのように江戸後期には認識されていた。たとえば、幕末、会読を積極的に行っていた金沢藩の藩校教師は次のように説いていた。

本邦にても会読之初めは、徂徠より始候と承り及申候。鳩巣諸老輩も皆講授にて読書の業は其人々に応し師より課し申候事に御座候。唐土にても諸生を教候に会読様之義は、未た

承り不レ申候。併《しかし》朋友相互に講究討論仕候義は別段之事に御座候。（嘉永元年、資料2冊、五六四頁）

室鳩巣は金沢藩に仕えたこともある朱子学者なので、鳩巣に肩入れしたいところだが、中国にもない会読を始めたのは、朱子学を批判した荻生徂徠だったと認めていた。しかし、「会読之初め」とされる徂徠以前に、「会読」を行っていた思想家がいた。それは、自信家徂徠が、同時代、尊敬に値する人物として認めた伊藤仁斎である。

五経の会読――同志会

伊藤仁斎（一六二七―一七〇五、寛永四―宝永二）は、尾形家（光琳・乾山とは遠縁にあたる）・里村家（仁斎の母は、連歌師里村紹巴の孫にあたる）・角倉家などに親戚をもち、一七世紀中ごろの京都上層町衆の文化的に恵まれた環境のなかで育った。仁斎は一五、六歳の時に、はやくも「聖賢の道」＝学問に志し、寝食を忘れるほどであったという。ところが、家業の衰えにもかかわらず学問に没頭する仁斎をみて、周囲の人々は責めたてた。後年、その時の苦衷を仁斎は、「我を愛すること愈々《いよいよ》深き者は、我を攻むること愈々力《つと》む」（『古学先生文集』巻一、送片岡宗純還柳川序）と回想している。自己の志と周囲の人々の期待とのギャップのなかで、「我を愛する事深き者は、則ち我が讐《あだ》なり」（同右）とまで思うほどの痛切な体験をしたのである。そのなかで、仁斎は、眼前の人を白骨であると想像して、欲望を抑制する禅宗の白骨観法を実践して、「世俗」から切り離された場所で、ノイローゼになってしまったという。若き日の仁斎は、自分の身が白骨に見えるだけではなく、他人と語るにも白骨と対談しているようになってしまったのである。

さすがに、仁斎はこうした人間嫌いを反省する。欲望を否定して「世俗」から離脱するのは、山林にこもる禅宗のような異端に陥ってしまうことではないか。そう考えて、仁斎は「世俗」に舞い戻り、『論語』『孟子』を徹底的に読みぬくことで、自己の学問を模索しはじめるのである。その成果が、死ぬまで改定し続けた『論語古義』『孟子古義』である。

この模索の初めごろ、仁斎は同志たちと「会読」をしていた。仁斎の『古学先生文集』のなかには、五経の「会読」をしたと自ら述べている箇所がある。「嘗《かつ》て同志と五経を会読す」（『古学先生文集』巻三、詩説、寛文三年五月）。それによれば、仁斎は「同志」とともに、『詩経』から始めて、『書経』『易経』『春秋』『周礼』『儀礼』『大戴礼』の順で、読んでいった。仁斎は、徂徠よりも前に、寛文年間（一六六〇年代）すでに「会読」を行っていたのである。さらに別の書簡「片岡宗純に与ふる書」によれば、当時、「五経の会読」は、すでに『詩経』『書経』を終えて、『易経』まで進んでいたこと、少なくとも仁斎のほかに二人、しばしば会をもって「討論」していたこと、さらに、仁斎がみなから推されて「進講」していたことが知られる（『古学先生文集』巻一）。

「世俗」に戻った仁斎が、「同志」とともに「五経の会読」を行ったのは、儒学の根本テキストを読み直して、儒学の根源的な理解を目指そうということだろう。ただ、この時点では、自己のよるべき経書として『論語』『孟子』に行き着く確信がなかったので五経を読んだという面もあったろう。しかし、それ以上に注目すべきは、「世俗」に立ち帰ってきた仁斎が、独り部屋に閉じこもってする孤独な読書ではなく、「同志」とともに共同の読書＝「会読」を行うようになった点である。

この「同志と五経を会読」したとき、そこで討論し合った内容は気になるところであるが、ここでは、その会の運営方法に注目したい。鍵となるのは、「同志」という言葉である。これは、当時、仁斎が営んでいた「同志会」にかかわるだろう。

同志会は、寛文元年（一六六一）、仁斎の主宰で始まり、堀川の仁斎宅を「会集の所」として毎月三回会合し、延宝年間、一六七三年頃まで続いた。「同志会籍申約」（『古学先生文集』巻六）という同志会の規約によれば、学問の要は「麗沢の益」に及ぶものはないという。「麗沢」とは、『易経』の「麗《つら》なる沢あるは兌《だ》なり。君子以て朋友講習す」の言葉で、「二つの沢が水脈を通じて、相互に潤し合っている。君子はこの卦に象《かた》どり、朋友と互いに議論を交わし学習することによって、相互に裨益し合う」（本田済『易』下、中国古典選2、朝日新聞社、一九七八年）ことを意味している。仁斎は、独学ではなく、朋友との講習を求めて、同志会を結成したのである。この点、子安宣邦は、「同志会を特色づけているのは、これが指導者を前提にした教育組織ではなく、あくまで学習者同士の学習組織である」点である（『思想史家が読む論語』、岩波書店、二〇一〇年）と指摘し、高く評価している。

もともと、孔子の弟子曾子は、「君子は文を以て友を会し、友を以て仁を輔《たす》く」（『論語』顔淵篇）と、文事によって朋友を集め、朋友によって仁の徳を助け合った。朋友は五倫の一つであるが、他の四つ、君臣、父子、夫婦、兄弟がタテの関係であるのにたいして、唯一、ヨコの関係である。同志会の目的は、朋友お互い同士が道徳的修養を目的として集まり、書物を読み合う会であった。議論し合って善に導く会であり、そのために、経書を学び合うものであったといえる。

同志会の会式

もう少し詳しく、同志会の様子を見てみたい。同志会の具体的方法を記した「同志会式」（『古学先生文集』巻六）によれば、仁斎宅の「歴代聖賢道統図」を北壁に掛けた部屋で、会が始まると、まず最初に「先聖・先師の位前」に跪《ひざまず》き、礼をして、会約を読み合うという。孔子・聖人の道を学ぶことを確認するわけである。この「先聖・先師の位前」への拝礼は、「世俗」

から切り離された異次元の空間を作り出すための儀礼だったろう。この点は後にも述べる。

この「先聖・先師の位前」への参加者全員の拝礼の後に、「講者」が衆中から進み出て、また拝礼してから「書を講ずる」。その後、参加者が「疑ふ所を質問」する。もしそれにたいする「講者」の答えで、「意義の通じ難く、稍《やや》その理を失」うところがあれば、「会長」がこれを折衷するという。そして、「講論」が終わった後に、次の「講者」が進み出て、前と同じように講義、それから質問する。その後にさらに「会長」が「策問」「論題」を出して、「諸生」の提出した論策を批評する。ただし、この際、それについての「甲乙」の評価は下さないという。

この会のなかでの「講義」「論策」は、各自が一冊として纏《まと》めておき、それを数人が回し読んで繕い写しておく。また会の「問答」のなかで、「経要を発明」したところや、「学問の肯綮」に当たっている言葉はみな記録しておいて、後に協力し校訂して、一冊の形にまとめるのだという。「講論の間」、以下のような事柄が禁じられていた。嬉笑遊談、人の聴聞を駭《おどろ》かすこと、扇を揮《ふる》い、座中を騒がすこと、それに加えて、「一切の世俗の利害、人家の短長、及び富貴利達、飲味服章の語」、すなわち日常生活の関心事は、もっとも厳しく戒めるべきこととされていた。

この同志会の会式で注目すべき事柄は、第一に、「会長」と「講者」が別であることである。「会長」は、あくまで「講者」と参加者の問答において、「講者」が「理」に外れたときに軌道修正するまでで、基本的には第三者の立場にいる。第二には、「講者」が複数いたという点である。ただ、その日の「講者」が予め定まっていたのかどうかはわからない。後になって、会読=輪講でしばしば行われたように、担当者を予め決めずに、当日に籤で決めるようなことがあったかどうかはわからない。しかし、「講者」が順番に入れ替わっている点は重要である。それは、講義の後の質問にもかかわるが、ここでは「講者」と聴衆が役割を替えることが前提とされていたことを意味する。換言するならば、「講者」が固定しているような講釈ではなかった。もしそうであれば、「講者」たる師匠が弟子に教える一方的な講釈になってしまうだろう。同志会では、そうではなく、「講者」と聴衆が入れ替わることによって、参加者の対等性が担保されているのである。そして、第三に、この同志会は、「為めに会約を設け、厳に課程を立て、極論熟講して、其の同異を一」にしようとして(「同志会籍申約」)、「会約」を作って、「講者」と聴衆との間で、一定のルールのもと、疑問を出し合っていた点である。これら三つの点から、会読の相互コミュニケーション性、対等性、結社性の原理が、仁斎の同志会のなかですでに実現していた、あるいは、実現させようとしていたことが見て取れるだろう。

共同読書の意義

このような同志会の「会読」は、講義中心の会読であったといえよう。清水徹は、これは輪講のことではないかという（「伊藤仁斎における「講学」」『日本歴史』六八七号、二〇〇五年八月）。実際、ずいぶん後の明治時代の資料だが、輪講を説明するのに、仁斎を引照していることも参考になるだろう。すなわち、佐藤仁之助『速成応用漢学捷径』（一九一〇年刊）は、漢文講読法として、講釈、会読、輪講の三つを挙げて、会読とは「研究の目的を以て数人以上相会して互いに討論する講書法」、輪講とは「研究志望の同志相会して互に講説する」ことであると説いて、後者に仁斎の輪講の「品題式」（『古学先生文集』巻六、同志会式）を手本として挙げている。

清水徹はまた、「最上至極宇宙第一の書」（『童子問』巻上）と位置づけた『論語』の注釈書『論語古義』、仁斎が何度も書き換えたこの書について、その稿本作業については単独で行っていたと思われるが、その中身、発想は書生との輪講のなかで培《つちか》われたものなのではないか、と指摘している（前掲論文）。かつて仁斎研究者石田一良も、仁斎はそうした同志会による研究と著作の態度を一生持ち続けていた、と指摘して、その例証として『童子問』の次の一節を引照していた（人物叢書『伊藤仁斎』、吉川弘文館、一九六〇年）。

予、門人小子の説と雖も、苟《いや》しくも取るべき者有るは、皆之に従ふ。論語孟子を解する皆然り。乃ち門人と商摧《しやうかく》し、衆議定まつて、而る後之を書に命ず。若し理に合はざる者有れば之を却《しり》ぞく。是れ子が識《し》る所なり。若《も》し夫《そ》れ私心を以て之を攻め、私説を持して之を難ぜば、是れ吾が聞くことを欲せざる所なり。後世有道の人有つて出でば、必ず吾が言に於て、符節を合はせたるが若《ごと》くならん。

（『童子問』巻下、四五章）

仁斎は、門人・若者の説であっても、取るべきものであれば、それに従い、「門人と商推し、衆議定まつて、而る後之を書に命ず」、衆議が定まった後に、書物に書きつけた、という。他にも、同志会との関連をうかがわせる仁斎の言説はある。たとえば、仁斎は、学問において「勝心」や「多言」を戒めている。

学問は当《まさ》に勝心を以て大戒と為すべし。吾、勝心有る者を観るに、其の言、多く義理を以て糊點すと雖も、然れども皆、勝心より来りて、其の言、中に潜滋し暗長して、益々解すべからず。学問、愈々進めば、邪心、愈々長ず。議論、愈々工《たく》みなれば、私心、愈々深し。故に学問は当《まさ》に勝心を以て大戒と為すべし。

（『古学先生文集』巻五、同志会筆記）

正道は多言を待たず。多言なれば、則ち正道を乱す。正理は多弁を須《ま》たず。多弁は必ず正理を害す。故に道、愈々進めば、言、愈々寡《すくな》し。理、愈々明らかなれば、弁、愈々寡し。

（同右）

この二つの言葉は、どちらも「同志会筆記」からの引用である。先に見たように、同志会の席上で学問に有益な言葉は残しておくとされていた。とすれば、これらの戒めは同志会の席上で、仁斎がなしたものと推定してよいだろう。これらの言葉から逆に想像してみると、同志会の席上では、「多言」がしばしばなされ、朋友同士の間では、相手を打ち負かそうとする「勝心」からの激しい議論のやりとりがあったのではないか。だから、それを見かねた仁斎が、「議論、愈々工みなれば、私心、愈々深し」と、空回りの「議論」を批判して、学問の目的がどこにあるかを戒めなくてはならなかったのではないか。また、仁斎は次のようにも注意している。

朋友の講習は、己を忘れ意を消し、気を降し言を温にし、誘掖奨勧し、相与《とも》に道に進むを務めと為すに在り。今時の朋友は、大抵、道義を講ずるを以て名と為すと雖も、実は己を持し賢を挟み、務めて人に上たらんと欲す。何の道義を講ずること之れ有らん。戒めざるべけんや。（『古学先生文集』巻五、同志会筆記）

普通には、「道義を講ずるを以て名と為す」「講習」は、堀川を一つ隔てて塾を開いていた闇斎の学問への批判であると考えられるのだが、仁斎にとっても、己の賢さを誇り、人の上になろうとすることは他人事ではなく、「同志会」にもある問題としてとらえられていたのだろう。

ここで、「己を持す」ことを戒める言説は、仁斎が「仁」を説く時、己を否定することの意味を理解するうえでもヒントを与えるのではないかと思われる。仁斎の場合、「克己復礼」（『論語』顔淵篇）は、朱子学的な天理―人欲の対立という個々人の心のなかの事柄ではなく、間主観的な事柄であったからである。これはまた、会読のなかでの己と他者との間の問題としてとらえることができるだろう。というのは、会読において異なる他者にたいしてどのように対応するかという根源的な問題につながっているからである。仁斎によれば、今の学者は、自分と議論があわないと、学術が異なっているといって交渉することを止めてしまうが、これは「通患」、共通の患《わずら》いである。

問ふ、「夫の世の学者を観るに、己と議論合はざる者を見ては、必ず学術異なりと謂《い》ひて、復《ま》た与《とも》に交通せず。如何《いか》ん」。曰く、「己と議論同じきを悦んで、己が意見と異なる者を楽しまざるは、学者の通患なり。学問は切磋琢磨を貴ぶ。己が意見と異なる者に従ひ、己を舎《す》てて心を平かにし、切劘《せつび》講磨《こうま》するに若《し》くは莫《な》し。所謂人に取ることを楽しむといふ、是なり。己に益有らずんば、必ず彼に益有らん。之を両益と謂ふ。倘《も》し己と議論同じき者を楽しんで、毎《つね》に自ら講習するときは、則ち終身其の旧見を改むること無くして、新益を得ること無し。独学と何ぞ異ならん。己に益無く、亦彼に益無し。之を両損と謂ふ。」

(『童子問』巻中、四七章)

ところが、自分の意見と異なる者との議論のほうが、自分にとっても、また相手にとっても有益なのだという。思うに、こうした異論とぶつかりながら議論していくという仁斎の態度は、「我を愛する事深き者は、則ち我が讐なり」というほどの、自己と他者との間の深い溝の自覚から生まれたものだといってよいだろう。この点、平石直昭が、「夫れ人と我と、体を異《こと》にし気を殊《こと》にす。其の疾痛痾癢《しっつうあよう》、皆相関らず。況や人と物と、類を異にし形を殊にす。何ぞ相干渉せん」(『童子問』巻上、二一章)と説いている仁斎には、自己と他者との間が切れているという感覚があったと指摘していることは重要である(『日本政治思想史――近世を中心に』、放送大学教育振興会、一九九七年)。自己と他者との間が切れているがゆえに、自分と同じ意見であれば喜び、逆に異なる意見であれば面白くないだろう。しかし、「己と議論同じき者を楽しんで」ばかりいれば、一人で勉強をしているのと変わりないし、一生涯、自らの古い考え方を改めることもできない。むしろ、異論と接して、切磋琢磨するほうが有益なのだというのである。

仁斎は、こうした自己と異なる他者と「議論」する「会読」＝輪講という共同読書のなかに、自己修養をするという積極的な意義を見出していたといえる。これを可能にするのは、もともと同志的なつながりが、「一切の世俗の利害」とは異なる関係であったからである。お互い同士が「善有れば之れを勧め、過《あやま》ちあれば之れを規《ただ》し、患難相恤《あは》れみ、憂苦相愍《あは》れむ、務めて衆人の心を以て心と為し、各々一家同仁の徳を尽くさんと欲す」る(「同志会籍申約」)、このような聖賢を志す「同志」の結びつきは、「一切の世俗の利害」とは別の、思いやりに満ちた「仁」の世界だった。その意味で、同志会のつながりは、「人と我と、体を異にし気を殊にす」る人々が、お互い思いやりながら、「己が意見と異なる者に従ひ、己を舎てて心を平かにし、切劘講磨」し合う、仁斎にとって「畢竟愛に止まる」「仁」(『童子問』巻上、四五章)の理想態だったのである。

2 諸君子の共同翻訳——荻生徂徠の会読

伊藤仁斎の後、会読問題において重要な人物は荻生徂徠（一六六六―一七二八、寛文六―享保一三）である。徂徠は江戸思想史の巨人である。「享保ノ中年以後ハ、信《マコト》ニ一世ニ風靡」した（那波魯堂『学問源流』）徂徠学の出現によって、江戸の思想界はまったく新しい局面を迎えることになった。思想史研究の分野でも、当然のことながら、徂徠は江戸思想史の分水嶺としてさまざまな角度から論じられてきた。とりわけ戦後の思想史研究の出発点となった丸山眞男の『日本政治思想史研究』（東京大学出版会、一九五二年）のなかで、徂徠が大きな位置を占めていたことはよく知られている。丸山は、道徳と政治の連続から分離へ、自然から作為へという図式によって、朱子学から徂徠学への転換を鮮やかに描き出した。

会読問題においても、徂徠が大きな転換点であったことは間違いない。後の時代、「本邦にても会読之初めは、徂徠より始候と承り及申候」と見なされるほど、徂徠以後、会読は流行現象となったからである。徂徠以後の江戸後期には、さまざまな場所でさまざまな人々によって、会読の形をとった読書会が叢生する。この点については後に見ることにして、ここでは、徂徠がなぜ会読という形式の読書会を推奨したのかについて考えてみよう。それはまた、前節の仁斎学同様に、会読を焦点として徂徠学を読み直す試みでもある。

　徂徠は、寛文六年（一六六六）江戸で、町医師荻生方庵の子として生まれた。一四歳の時、父が主君の館林侯徳川綱吉（後の五代将軍）から江戸払いに処せられ、二五歳まで、一家は上総国を転々とし、苦しい生活を強いられた。江戸に戻ってから、芝の増上寺前で塾を開き、三一歳の時、将軍綱吉の寵臣柳沢吉保に仕え、綱吉の学問の相手を務めたこともあった。大石内蔵助ら赤穂藩の遺臣四七人が吉良上野介義央の首級をあげた赤穂事件のさい、幕法に反した大石らに名誉ある死である切腹を命じた幕府の処置には、徂徠の考えが反映していたといわれる。宝永六年（一七〇九）四四歳、綱吉の死後、茅場町に私塾蘐園《けんえん》を開き、多くの門人を育てた。主著は、古文辞学の方法によって朱子学を批判して、新たな儒学体系を展開した『弁道』『弁名』『論語徴』、ほかに、八代将軍徳川吉宗の下問に答えて提出した幕政改革の書『政談』がある。

会読の効用

　徂徠が「会読」を説いている箇所は、江戸から遠く離れた「遠人」に自己の学問を紹介した『徂徠先生答問書』（一七二七年、享保一二年刊）のなかにある。徂徠はそこで、出羽国庄内藩家老水野元朗に会読を勧めている。学問は一人でするよりは、複数の朋友でするほうがよいという。

同郷にて候得ば、朋友聚候て会読などいたし候得ば、東を被レ言《いはれ》候て西の合点《がてん》参り候事も有レ之候得《え》共《ども》、遠境無二朋友之助一《ほういうのたすけなく》、御学問はか（捗）参間敷《まゐるまじく》候。独学の仕形は無点を御覧被レ習候にしくは無二御座一《ござなく》候。点付物の済候程にて無点の済不レ申事は無レ之物ニ候。只目に悪敷《あしき》くせを付置候故無点之物よめ不レ申候。苦労をこらへ候てくせを付替候迄之事ニ候。

（『徂徠先生答問書』巻下）

「東を言われて、西について納得する」という徂徠の言葉は、一見、わかりにくい。東を言われて、東を納得するというのであれば、当たり前であるが、徂徠によれば、東を言われて反対側の西がわかるというのである。ここには、徂徠の二つの考えが内包されている。一つは、他者の異論によってはじめて自己を認識できるという考えである。逆にいえば、自己自身を認識するためには、西を「合点」するためには、異質な他者、東に接しなくてはならないというのである。朋友との会読による討論は、そうした機会を与えてくれる絶好の場となるだろう。

徂徠によれば、人それぞれは生来の性質にしたがって、顔が異なるように、所見を異にしている。自己の見解は多様な意見の一つにすぎない。「聖人之道は甚深広大にして、中々学者之見識にてかく有べき筈の道理と見ゆる事にてはなき事」（『徂徠先生答問書』巻下）だからである。

だが、自己の意見をかたくなに信じるだけで、他者の異見と接しなければ、自分がわからないということさえわからない。それゆえに、他者に問うことが大事であり、朋友との切磋琢磨が求められるのである。

夫れ人心は面の如く、好尚は各々殊《こと》なり。然りと雖も、徒《た》だ自ら信じて問はざれば、将《は》た何を以て其の未だ知らざるを知りて己の見を広めん。故に学の道は、問ふを大と為す。問ふは弟子の事なり。発難《はつなん》相切磋するは朋友の事なり。（『徂徠集』巻二七、答屈景山）

従レ古師友と申事有レ之、師教よりは朋友の切磋にて知見を博め学問は進候事ニ候。当時大名高位の稽古埒明不レ申《らちあきまうさざる》事、よき師をば引付学被レ申候得共《まなびまうされさふらえども》、位貴《くらゐたかく》候故朋友無レ之《これなく》、依レ是《これにより》何芸も不レ致ニ成就一事明証ニ候。朋友に交り門風に染候事是第一の事ニ候。

（『徂徠先生答問書』巻下）

対等な朋友同士で、さまざまな意見をぶつけ合うことによって、自分の限界性を認識することもできるし、自己の「知見」を広げることもできる。徂徠の経学の継承者、太宰春台が、学問をするうえで、尊厳な「師」とともに、いつでも「講習討論」できる「友」が重要であることを説いているのも、この「知見」を広げることができるからである。

凡《オヨソ》学者ハ師ナクンハアルベカラズ。亦友ナクンハアルベカラズ。師ハ道ヲ問ヒ、業ヲ受ケ、惑ヲ解ク者ナレドモ、尊厳ナル者ナレバ、平日ノ助ニナリガタシ。友ヲ会シテ講習討論スレバ、聞見ヲ広クスル益尤《モツトモ》多シ。友ノ中ニ又先輩アレバ、誘掖賛導《サンダウ》シテ、道ニ進マシムル功アリ。故ニ唯師ニ学ブノミニテ、友ノ助ナキ者ハ、学業成就シガタシ。サレバ曾子ノ言ニ君子以レ文会レ友、以レ友輔レ仁〔『論語』顔淵篇〕トアリ。学記ニハ独学而無レ友、則固陋寡レ聞〔『礼記』〕トイヘリ。今ノ学者モ、上ノ如クノ古書ヲ読ムニ、友ナキ者ハ、漢ノ孫敬ガ如ク戸ヲ閉テ独読ベシ。友アル者ハ一処ニ集リテ会読スルニハ如《シカ》ズ。

(『倭読要領』巻下)

春台によれば、「友ヲ会シテ講習討論」する会読は、「聞見ヲ広クスル益尤多」いという。こうした「知見」を広めることを学問の一義におくのは、「学問は飛耳長目之道と荀子《じゅんし》も申候。此国に居て、見ぬ異国之事をも承候ば、耳に翼出来て飛行候ごとく、今之世に生れて、数千載の昔之事を今目ニみるごとく存候事は、長き目なりと申事ニ候」(『徂徠先生答問書』巻上)、「学問ノ道ハ、学問ハ平生ノコトトハ各別ノ事ト立ヲキテ、今ノ世ニ立ベキト思フコトヲモ又用ニ立マジキト思フコトヲモ、疑ハシキコトヲモ、又マコトシヤカナルコトヲモ、択ビナク我腹中ニトリ入レテ、積タクワヘヲクベキナリ。年久ク熟スレバ、後ニハ用ニ立マジキト思ヒシコトモ、疑ハシキト思ヒシコトモ、皆一ツニナリテ、吾心アワヒモ昔トカワリ行キ、知恵ノ働キオノヅカラニ、聖人ノ道ニ叶フナリ」(『太平策』)とあるように、学問とは、あらゆる事象を知識として自己の内に蓄積し、時間的・空間的にも視野を拡大することによって、今ここにいる自己自身を相対化して、「知恵ノ働キ」を活発化することができるのだというユニークな学問観があることも付け加えておこう。

われと合点すること

さて、もう一つの「西の合点」に含意する内容は、自分自身で納得することの重要性である。徂徠は、疑いを持ち、自らで考え、「自身ニわれと合点」することを強調した。異論と接する会読は、「合点」する前提となる疑いを抱く機会を与えてくれるのである。徂徠が講釈を批判したのも、この点にかかわっている。

> 惣じて学問と申候物は、自身ニわれと合点いたし候事にて御座候。孔門之教《おしへ》皆此通《このとほり》にて御座候。末世にいたり候ても、教方《おしへかた》も学びかたも皆々如レ此ニ候。今時之講釈などは、一座之上にて能申取《よくまうしとり》候を詮《せん》に仕候故、疑もつき不レ申、得益少く候。久敷《ひさしく》承候へば、一種のこはぐるしき理窟たち候而《さうらひて》、其害甚敷候。（『徂徠先生答問書』巻上）

徂徠の眼前にあった「今時之講釈」は、「詳ニサワヤカニ説テ、一座ノ上ニテ聴人《キクヒト》ノ会得スルヤウニ心ガ」ける（『太平策』）。そのため、それを聴く人は、かえって「疑」を持つことがなくなってしまう。先生が何もかも丁寧に教え、わかりやすく言葉を噛み砕いて説明してしまうからである。徂徠によれば、そのように教えられた「理窟」は、所詮、役に立たない「ツケヤキバ」だという。

総ジテ聖人ノ教ハ、ワザヲ以テ教ヘテ、道理ヲ説カズ、偶《タマタマ》ニ道理ヲ説ケドモ、カタハシヲ云テ、其人ノ自得スルヲ待ツコトナリ。其故ハ人ニ教ヘラレタル理窟ハ、皆ツケヤキバニテ、用ニ立ヌモノ也。一切ノコト、我身ニナサズシテ其理ヲ知ルコトハ、決シテナキコトナリ。善教《ヨクオシユ》ル人ハ、一定ノ法ニ拘ハラズ、其人ノ会得スベキスヂヲ考ヘテ、一所ヲ開ケバ、アトハ自ラ通ズル者ナリ。然ル時ハ、皆自心ニ発得シテシル故ニ、シリタルコト皆我物ニナリテ用ニ立也。
（『太平策』）

経書を読む場合も、そうである。わかりやすくしようとして、返り点や送り仮名をつけた訓読法で読むべきではなく、漢字がずらずら並んだ無点本で読むべきである。

今時之講釈学問は、無理に弁をつけ、言廻し候て聞ゆる様に申候故、曾而《かつて》疑付不レ申候。只本文計《ばかり》にて文字之付添なく、穏に落着申にて無レ之候得ば、書籍之よく済たると申物にては無二御座一候。是等之所も、無点之書を自見に御覧不レ被レ成候ては、済やうの穏なると申事卒度《そと》参兼候半歟《さうらはんか》。
（『徂徠先生答問書』巻下）

無点の書物は何も説明しない。われわれの前に投げ出されている。疑問を持ち、こちらから問いかけなければ、何も語らない。もともと、聖人の道とは「物」（『弁名』巻下）であった。徂徠にとって、「物」とは六経であった。易・書・詩・春秋・礼・楽の六経を読むということは、「物」と格闘することを意味していたのである。「物」は、こちらから問いかけ、考えることによって、はじめてその意味を見出すことができる。『論語』の「憤せずんば啓せず、悱《ひ》せずんば発せず」（述而篇）の重要性もここにあるという。

故に先王の教へは、礼楽は言はざれば、行事を挙げて以てこれを示す。孔子は、憤せずんば啓せず、悱せずんば発せず。あに然らざらんや。（『弁道』）

自ら疑問を持ち悩み、切実に求めていって、何かうまくいえず口ごもり、もぐもぐさせているときに、はじめて孔子はその端緒を示したのであって、「学問の道は、そのみづから喩《さと》らんことを欲す」る（『論語徴』巻丁）ことにある、と徂徠はいう。徂徠は六経＝「物」との格闘を通して、自ら考え、「自身ニわれと合点」することを求めたのである。

この徂徠の会読観を、同時代の山崎闇斎の講釈と対比しながら考えてみよう。『闇斎先生年譜』（明暦元年、闇斎三八歳条）に、「其の人を教ふるや、常に一杖を執りて講座を撃ち、音吐鐘の如し。顔色尤《はなは》だ厲《はげ》しく、聴者凜然として敢て仰ぎ視ること莫《な》し。其の義を解するや、略《ほ》ぼ要領を挙げ、解し易きを取るのみ」とある。徂徠の「今時之講釈」への批判は、このような闇斎を念頭においていたのである。一人の先生が多数の生徒に向かって講義をする講釈では、先生は天理の体現者であることが前提となる。だから、生徒は先生の言葉を一言一句も漏らさず、筆記することが求められる。徂徠はこれを次のように揶揄する。

師の尚《たふと》ぶ所、弟子之に效《なら》ふ。旁ら従《よ》り筆を援《ひ》きて、其の講ずる所の言を録し、前後次第、一字も差《たが》へず。甚しきは則ち曰はく、「師是の処において一謦咳す」、「此の句に至りて一撃節す」、と。其の声音を学び、其の容貌を擬し、云々、（『訳文筌蹄初編』巻首）

先に紹介したような闇斎の講釈は、先生の権威がありすぎたところから起こった戯画であるが、だからといって、講釈では、先生に生徒以上の権威がなければ成り立ちえないというのも真実である。徂徠は言う。

師ハ尊ク、弟子ハ卑キ者ナル故、師ノ方ニ権ナケレバ教ハ成ヌ者也。右ノ如ク講釈所へ出テ役目ニ講釈スルコトナレバ、師ノ方ニ権ナシ。是又道理ニ背ク故、教ノ益ナキ也。（『政談』巻四）

しかし、現実には、そうそう権威ある先生ばかりではない。講釈所で講釈する「役目」をこなすだけの先生では、なんの効果もない。徂徠はそういって、湯島の昌平黌の仰高門講釈を批判したのである。闇斎学派の講釈が闇斎個人の権威がありすぎて、自ら考え「自身ニわれと合点」することができなくなるという批判であったのにたいして、こちらは権威がないときの批判であるといえるだろう。どちらにしても、会読の場のような、異質な他者との出会いのなかで、自ら疑いを持ち「合点」することがないという点で、事柄の裏表にすぎなかった。

会読のルール――「紫芝園規条」

こうした徂徠の考えを継承した弟子の太宰春台は、会読の明確な規則を作っている。「紫芝園規条」である。そこには、会読が「疑惑」「問答」という学問方法に適したものであると明記されていた。少し長いが、徂徠や春台の会読観を知るうえで重要な資料なので、次に掲げてみよう。

一　諸君子の会業は、須《すべから》く専心講習を要とすべし。如《も》し一書を読まば、宜《よろ》しく輪番に一人之《こ》れを読みて、諸人謹み之れを聴くべし。若《も》し疑義有らば、須く一節の終るを待ちて、之れを講究すべし。尊卑先後に拘《かか》はらず、皆な発問することを得。只宜しく謙遜すべし。戒むるに剿説《さうせつ》雷同すること勿《なか》れ。最も尋常の説話を以て之れを乱すことを得ず。及び人と私語すべからず。若《も》し講畢《おは》りて余間有らば、即ち談笑すること、何ぞ可ならざること之れ有らん。若し徒《いたづ》らに、談笑することを喜び、心を読書に留めざれば、会業の意に非ざるなり。会無きに如《し》かず。

一　凡そ会読は、須く予め其の書を熟読し、其の義を尋思し、疑惑する処有らば貼黄《てふくわう》し、会を待ちて諸先輩に問ふべし。若し後生・初学、疑義を先輩に問ふ者有らば、先輩は固《もと》より当《まさ》に委曲に之れに告ぐべし。満坐は須く虚心に諦聴すべし。宜しく其の問ふ所の浅近を以て嗤《わらひ》を為すべからず。恐らくは初学は、其の嗤《わらは》るるを羞ぢ、復《ま》た敢へて問はざらん。君子は疑ひ思ひ問ひ、之れを問ひて知らざれば措かざるなり。況や初学は豈《あ》に宜しく問ひを憚るべけんや。其の先輩も亦《ま》た、豈に宜しく浅近の問ひを嗤ふべけんや。高きに登るに卑《ひく》きよりす、何ぞ浅近を思ふべけんや。記に曰く、教と学は相長ず〔『礼記』〕と。此の謂ひなり。退会し、亦た須く一篇を覆読すれば、乃《すなは》ち益有りと為す。

（『春台先生紫芝園後稿』巻一五）

会読では、まず「疑義」を問うことが求められている。人の説を盗んだり、付和雷同せずに、自ら疑問を持つこと、それに加えて、その疑問を自己の内に留めずに、「先輩」に問うて解決することが要請されている。会読の場では、疑問を出すことが、「尊卑先後に拘はらず」、どんな初学者にも認められ、むしろ積極的に求められている。恥ずかしがって、疑問をそのままにしてしまうことは否定される。そのうえ、会読に参加した「満坐」の者は、そうした外に出された疑問がどんな初学者の幼稚なものであっても、「虚心」に聞き、笑ったりしてはいけないと注意されている。

こうした「専心講習」する会読の場では、「尋常の説話」や「私語」が禁止されていた。この規則はそうした「尋常の説話」「私語」を排除して、「尊卑先後に拘はら」ない、日常世界と異なる場を意図的に作為するためのルールであったといえる。会読の場はこのルールを守れる人、つまり「君子」だけが参加できる、日常生活とは絶縁された空間であった。彼らの仲間意識、「吾党」「社中」意識も、ここから生まれたのである。

翻訳のための読書会

もう少し別な観点から徂徠の会読について考えてみたい。何のための読書＝学問かという問題である。「聖人学んで至るべし」をスローガンにする朱子学にとって、読書は聖人になるための「格物窮理」のもっとも重要な方法だった。ところが、徂徠は「聖人は学んで至るべからず」（『弁道』）と断じる。徂徠にとって聖人は、治国平天下のために道を作為した、堯・舜・禹などの古代中国の先王たちであって、人々が学んで到達できるような道徳的な完璧者ではなかった。徂徠は、「普通の俗人でも聖人になれるとする自信過剰の説」（ドーア）の思い上がりを粉微塵にしてしまうのである。では、徂徠にとって読書とは、何のためにするものなのだろうか。この点、徂徠の学問方法である古文辞学をみなくてはならない。

徂徠によれば、「世は言を載せて以て遷《うつ》り、言は道を載せて以て遷る」（『学則』）のであって、言語は時代とともに変遷し、しかも、経書は異国の言語、中国語で書かれている。この時間的・空間的な差異を無視して、日本では、奈良時代の吉備真備《きびのまきび》以来、レ点や一二点などの返り点や送り仮名をつけて「和訓廻環」（『訳文筌蹄初編』巻首）する訓読法によって古代中国のテキストを読んできた。そのため、テキストの異質性を意識しないまま、自分勝手に解釈してきた。

そう考える徂徠は、中国語のテキストを中国語の原音（口語）によって読んで、それを異質な言語である日本語に翻訳することを目指した。その意味で、徂徠において読書とは「訳」であった。

「訳」の一字、読書の真訣たり。蓋《けだ》し書は皆な文字、文字は即《すなは》ち華人の語言なり。其の荷蘭《オランダ》等の諸国、性稟常に異なるが如きは、当《まさ》に解し難き語、鳥鳴獣叫の如く、人情に近からざる者有るべし。而《しか》るに中華と此の方とは、情態全く同じ。人多く古今の人相ひ及ばずと言ふも、予《わ》れ三代以前の書を読むに、人情世態、符契を合はせたるが如し。此の人情世態を以て此の語言を作《な》す。更に何の解し難きことか之れ有らん。（『訳文筌蹄初編』巻首）

中国語は、オランダ語のような「鳥鳴獣叫の如く」「解し難き語」ではない、「人情世態、符契を合はせたるが如」きものであるため、「訳」することも難しくはない。徂徠にとって、読書とは「華人の語言」を日本語に「訳」＝翻訳することであり、会読はそうした翻訳のための共同作業であったといえるだろう。

徂徠が「訳社」という名前のグループを結成したのも、翻訳することを目的とする結社だったからである。そこには、自発的結社の要件となる規則が、はっきりと定められていた。すなわち、徂徠は正徳元年（一七一一）一〇月五日に牛込の徂徠宅で「訳社」を始め、「訳社約」（『徂徠集』巻一八）を書いているのである。

訳社は、かつて長崎の唐通事《とうつうじ》（中国語通訳）だった岡島冠山を「訳師」とし、徂徠と舎弟荻生北渓と井伯明の三人が発起して、「社を結び会を為」した（「訳社約」）。それは、明確に「凡そ会の譚［話］は、其の要は夏を以て夷に変ずるに在るなり。俗を以て雅を乱すを許さざるなり」と、中国語書物を翻訳する目的の結社であると定めていた。五と一〇の日が定例会の日で、午前中に始まり終わりは夕方、会員は減らすことはあっても増やさないと決めていた。石崎又造『近世日本に於ける支那俗語文学史』（清水弘文堂書房、一九六七年）によれば、訳社のテキストは、『水滸伝』『西廂記』などの戯曲小説で、岡島冠山の『唐話類纂』『唐話纂要』『唐話便用』『唐音雅俗語類』『字海便覧』『唐訳便覧』の中国語学書はこの訳社のために制作された入門書であろうと推定している。

この訳社の参加者には、太宰春台、安藤東野、荻生北渓らのほかにも、肥前滝津寺の大潮、宮城大年寺の香国らの僧侶も混じっていた。この点、仏教を「異端」として排斥し、佐藤直方のように、僧侶と書簡を交わす事さえ嫌った闇斎学派とは対照的である。訳社の参加者は、儒学とか仏教とかの学問・宗教（信条）の違いを超えて、翻訳するという一点で結ばれていたのである。その意味で、訳社は、道徳的な修養とは無関係の、あくまでも翻訳のための結社であった。それは、「聖人の道」を志し、立派な聖人になるために皆が励むような道徳的な修養団体ではなく、中国語を翻訳し、文章を学び合うために会読する自発的な結社だったのである。

「諸君」という呼びかけ

ところで、蘐園社中のなかで、徂徠が「不佞《ふねい》」という一人称を使っていたことはよく知られている。徂徠以後、「不佞」は中国かぶれの儒学者・詩人の愛用する一人称となった。ここで注目したいのは、「不佞」にたいする二人称複数代名詞である。具体的にいえば、「諸君」という言葉である（ちなみに、二人称単数代名詞は、蘐園社中では「足下《そっか》」が用いられた）。徂徠には、「左史会業引」「六経会業引」「四子会業引」「韓非子会業引」（『徂徠集』巻一八）という文章がある。「引」とは序文に似た文体の名で、会業（＝会読）を始めるにあたって、取りあげるテキストに関する所見や注意事項を述べたものである。その題名から徂徠が、『春秋左氏伝』、六経、四書、『韓非子』の会読を行っていたことがわかるのであるが、注目すべきは、そのなかで、会読参加者を「諸君」と呼びかけている点である。

王佐を以て諸君に望まざるは、是れ聖人を侮《あなど》りて学者を欺くなり。吾、豈に敢てせんや。（『徂徠集』巻一八、六経会業引）

故に吾、諸君に六経を以て四子を観んことを欲するなり。四子を以て四子を観んことを欲せざるなり。（『徂徠集』巻一八、四子会業引）

諸君は諸君子の略で、会読参加者を君子とみなし、尊称している。春台は「紫芝園規条」のなかで、より直截に「諸君子の会業」といっていた。徂徠学では、君子は小人にたいする語で、人を治める為政者をいうが、位が無くても、「その徳、人の上たるに足れば」（『弁名』巻下）、君子と称することができる。その意味で、諸君は会読の対等な参加者の呼称としてふさわしいものであったといえるだろう。というのは、「あなた」「貴様」「おまえ」のような日本語での二人称代名詞は、上下尊卑の人間関係を前提としているからである。福沢諭吉が中津藩の上士と下士、士族と平民との間の情態を報告している『旧藩情』のなかで、「言葉の称呼に、長少の別なく、子供までも、上士の者が下士に対して貴様と云へば、下士は上士に向てあなたと云ひ、来やれと云へば御いでなさいと云ひ、足軽が平士《ひらざむらい》に対し、徒歩が大臣に対しては、直に其名を云ふを許さず、一様に旦那様と呼て、其交際は正しく主僕の間の如し」と記していたように、江戸時代の二人称代名詞は上下尊卑の関係を前提としていた。そのため、現代でも、こうした上下尊卑の人間関係を含意する「貴様」とか「あなた」のような二人称代名詞をできるだけ避けて、「おとうさん」「おかあさん」のような親族名や「先生」「八百屋さん」のような職業名を呼ぶことが多い（鈴木孝夫『ことばと文化』、岩波新書、一九七三年）。こうした状況のなかで、会読という親族や職業とも無縁な場での、対等な二人称複数の代名詞として、「諸君」はうってつけの言葉だったと思われる。この点は、会読の場から演説が成立してくることとも関連するので、後に述べよう。

3　遊びとしての会読

江戸時代、仁斎と徂徠において、会読が始まった。ただ、その会読は様相を異にしていた。この違いについて、江戸時代の藩校の学習方法を論じ、先駆的な業績を残した武田勘治が、会読には講ずる会読と読む会読があった、と指摘していることが参考になるだろう（『近世日本　学習方法の研究』）。武田によれば、講ずる会読では、テキストの文意を正確に説明するだけではなく、その講ずる者や論難する者の態度も問題になるという。それゆえに、後に述べるように、道徳的な修養の場でもあった藩校では、この講ずる会読が多く採用された。これにたいして、読む会読では、テキストの正確周到な解釈ができるかどうかが問題であって、それほど堅苦しいものではなかったという。また取り上げるテキストにおいても、講ずる会読では、四書・五経のような「義理の講究を必要とする経伝」であるのにたいして、読む会読では、「広く読んで知を広め識見を高めるための史子類や、文学的教養を中心目標とする詩文集」と違いがあったと指摘している。本書もこの武田の分類をふまえて、会読のなかでも講ずる会読は輪講とよぶことにして区別しておこう。先に紹介した、明治時代に刊行された佐藤仁之助『速成応用漢学捷径』にも、漢文講読法として、講釈、会読、輪講の三つが挙げられ、会読とは「研究の目的を以て数人以上相会して互いに討論する講書法」、輪講とは「研究志望の同志相会して互に講説する」ことだ、と区別されていた。

この武田勘治の分類にしたがえば、仁斎の場合は、講ずる会読としての輪講であるのにたいして、徂徠の場合は、難しい書物を読む会読である。もちろん、こうした違いがあるにしても、先にのべた三つの原理（相互コミュニケーション性、対等性、結社性）は共通していた。本節では、仁斎と徂徠の会読、講ずる会読＝輪講と読む会読の区別をふまえながらも、もっと別の観点から会読の性格を考えてみよう。

読む会読という遊び

先に見たように、科挙のない近世日本では、学問は実利をともなわなかった。しかも、津田左右吉が、「儒家の道徳教は、古往今来、曾て我が国民の道徳生活を支配したことが無かつた」（『儒教の実践道徳』）と指摘していたように、儒学は知識として受容されたのであって、実生活にまで浸透していなかった。それゆえ、津田によれば、「実践躬行を目的としながらそれが出来ない学問は、おのづから学問そのものを遊戯的にする」（『文学に現はれたる我が国民思想の研究』平民文学の時代、第二編第一四章）のであって、言葉だけの空疎なお遊びにすぎないという。たしかに、知識と実生活の「矛盾・軋轢・衝突」（渡辺浩）のドラマも所詮「知識上の遊戯」だ、と断じる津田の学説は、身もふたもない考えであるが、事実の一面をついていることは間違いない。ただ、「遊戯」という一言で切って捨てるのではなく、むしろ渡辺浩が説いているように、江戸時代、儒学は「遊芸・武芸並みだったからこそ普及した面」（『日本政治思想史』、東京大学出版会、二〇一〇年）があったし、面白い現象も生まれたのではないか。中国や朝鮮のように、学問が立身出世に結びつき、儒教道徳が現実社会を縛りつける規範として働いていなかったからこそ、逆に生まれたものがあったのではないか。そこに、近世日本の知的世界を豊かにするものがあったのではないか。

こうした観点からすると、武田勘治の次のような指摘は示唆に富んでいる。武田は、読む会読と講ずる会読＝輪講とを対比して、「会読〔読む会読〕という方法には塾教育的な、あるいは北海や宣長の語っているに似た、好学仲間の営みの如き趣きがあり、輪講は学校教育的気分のものであった」と説いて、さらに「塾教育的といったのは、規則正しく秩序整然と、厳粛に形をととのえて授業するというような状態でなしに、師弟・学友うち寄って、談笑裡に勉強を進めるというような姿を頭に描いての表現で、塾教育には概してそういう傾向があった。必ずしも凡ての塾がそうであったというわけではない。会読というものは、もともとそういう雰囲気にマッチした性格のものであったから、民間好学の人々が時々集まって、たのしみの「本読み会」をする時には、「会読で」ということになった。それらの会読は、おおむね徂徠派流の会読になり、仲間に感情のモツレのある者がまじったりすると、しばしばケンカにもなった」と敷衍している。徂徠学派の会読に「たのしみの「本読み会」」という側面があったという点は傾聴に値する。

そもそも、一冊のテキストを車座になって対等な者同士が討論するということ自体、大人の遊びではなかったか。そうとらえると、いくつかの事象がすんなりと解釈できるだろう。遊びといえば、遊ぶことに人間の本質的機能があるとする『ホモ・ルーデンス』の著者、オランダの歴史学者ヨハン・ホイジンガの次のような定義がある。

その外形から観察したとき、われわれは遊びを総括して、それは「本気でそうしている」のではないもの、日常生活の外にあると感じられているものだが、それにもかかわらず遊んでいる人を心の底ですっかり捉えてしまうことも可能な一つの自由な活動である、と呼ぶことができる。この行為はどんな物質的利害関係とも結びつかず、それからは何の利得も齎《もたら》されることはない。それは規定された時間と空間のなかで決められた規則に従い、秩序正しく進行する。またそれは、秘密に取り囲まれていることを好み、ややもすると日常生活とは異なるものである点で、変装の手段でことさら強調したりする社会集団を生み出すのである。（『ホモ・ルーデンス』、高橋英夫訳、中公文庫、一九七三年）

遊びは「どんな物質的利害関係とも結びつかず、それからは何の利得も齎されることはない」「自由な活動」であること、ここに会読を理解する糸口はないだろうか。こうした視角から徂徠学派の読む会読を振り返ると、それが「日常世界の外」にある、一種の遊びだった様子が見えてくる。

たとえば、徂徠の愛弟子である、平野金華（一六八八—一七三二、元禄一—享保一七）と太宰春台（一六八〇—一七四七、延宝八—延享四）とのやりとりである。平野金華は、個性豊かな蘐園社中のなかでも「尤も奇を好める人」（『蘐園雑話』）、放蕩無頼の詩人として知られ、多くの逸話を残している。たとえば、三河国刈谷藩に仕えていたころ、藩のおめでたい席に、垢《あか》のついた着古しではなく、新品の服で出仕するよう、命令された。その時なんと、金華は妻君の着物を着て出仕したという。役人がそれをとがめると、「禄が少なく、貧乏な小臣であるため、新品をあつらえることができません。しかし、ご命令に背くことはできないので、たまたま、妻の新品の着物があったので、着てきたのです」と落ち着いて答えたという（『先哲叢談』巻七）。この金華にたいして、春台は峻厳で四角張った性格で、礼儀に反していれば、どんな身分の高い者にたいしても、容赦しなかった堅物である。才を愛する徂徠のもと、硬軟対照的な二人が、蘐園社中の会読で同席して、やりあったのである。『蘐園雑話』には、次のような逸話がある。

平子和［平野金華］は蘐園の社中にて、度々春台を侮慢せしことあり。会読の時、議論するをりに、太宰の論を抑へつけ、確論があつても無理に虚談を交へて、いひ伏せこまらせたり。夫故《それゆゑ》、平生中悪しく、折節は妄作に書籍の名を云、妄作の語などを云立て云伏《いひふせ》、春台熱くなりて其書を穿鑿し、二三日過ぎ、「足下の云し語は見へず。何の処にある」と問へば、「あれは我腹中の語なり。足下のが実は確論じや」など云てなぶりし由。

（『蘐園雑話』）

会読の場で、金華は春台の論を押さえつけるために、「虚談」を交え、「妄作」の書籍や言葉をあげたという。金華は、春台の知らない、似せの経文を持ち出して、ちょっとからかったのである。真面目な春台はきっと、二、三日の間、金華のあげた書物を何度も何度もひっくり返しただろう。さんざん探した挙句、「あれは、我腹中の語なり」と言われた時の春台の気持ちはいかばかりだったろう。『先哲叢談』はほかに、自称である「老」の一字をめぐる金華と春台の間のやりとりを伝えている。年下の金華が「愚老」と自称することにたいして、春台は、「愚老」がいかに「礼」に背いているかを懇切丁寧に注意した。金華はこれにたいして「謝一声」のみであったというから、軽く一言、「御注意、ありがとう」くらいの答えしかしなかったのだろう。春台は重ねて、『礼記』の経文を引照しながら、「老」を自称として使うことが、いかに「仲尼の徒」として相応しくないか窘《たしな》めている。

この『蘐園雑話』の二人のやりとりは、「会読の時」の「議論」に勝つための逸脱であるにしても、会読が遊びであるという一面を示しているだろう。さらにいえば、遊びのなかでも、競争という遊びであるととらえることはできないだろうか。ホイジンガは、「遊びと最も緊密に結びついているのが、勝つという観念である。ただ、一人でする遊びの場合は、遊びの目標を達成したことを勝ったとはいわない。この観念は、他人を相手として遊戯するときに初めて現れる」(『ホモ・ルーデンス』)と説いて、競争と遊びとの関わりを論じていた。

ホイジンガの遊び論を、遊びの多様性を強調することでさらに発展させたのが、ロジェ・カイヨワである。カイヨワによれば、遊びの主要項目は四つに区分できるという(『遊びと人間』、清水幾太郎・霧生和夫訳、岩波書店、一九七〇年)。サッカーやチェスやビー玉をして遊ぶアゴーン(競争)、ルーレットや宝くじで遊ぶアレア(偶然)、海賊遊びをしたり、ネロやハムレットを真似て遊ぶミミクリー(模擬)、回転や落下など急激な運動によって、自分の中に混乱狼狽の有機的状態を作る遊びをするイリンクス(眩暈)の四つである。会読はこのなかの競争という形をとるアゴーンに相当するだろう。実際、湯浅常山の『文会雑記』が伝える蘐園派の会読は、まさにアゴーンの場であったといえるだろう。

[井上]子蘭ハ情ノコワキ人ナリ。ヨク書ヲヨミ解スル人ナリ。『世説』ノ会ノ時、春台トモヒタトセリ合テ、春台モ大ニ驚嘆セラレタルト也。
(『文会雑記』巻一下)

会読はまさに「セリ合」う勝負の場であったのである。

徂徠ノ方《カタ》ニ会アリシ時、諸子疑ヲ質《タダ》ス時、ワレハ如何トアリテ未決ノコトナドアルニ、南郭ノ料簡ヲツケラル。イツモ諸子ヨリハ勝タリトナリ。（同右、巻二上）

カイヨワによれば、「競争とは、勝者の勝利が正確で文句のない価値を持ち得るような理想的条件の下で競争者たちが争えるように、平等のチャンスが人為的に設定された闘争である」という。ここでは、「その分野において自分が優れていることを認めさせようという願望」が原動力となる。会読では、服部南郭が「諸子」より勝っていて、ほかの参加者からその優秀性を認められたように、自分もそのようでありたいと欲するがゆえに、学び合うのである。

もし徂徠の会読がアゴーンの遊びであったとすれば、先に見た春台の読む会読のルール「紫芝園規条」は、アゴーンにおける「平等のチャンス」を人為的に設定しようとする試みであったといえるだろう。ホイジンガが、「すべての競技の初めには遊びがある。すなわち、ある空間的・時間的限定のなかで、特定の規則、形式に従いながら緊張の解決をもたらすもの、それも日常生活の流れの外にあるものを作り出そうとする協定がある」（『ホモ・ルーデンス』）と論じ、またカイヨワが「遊びを、文化の豊かで決定的な道具に変えるものは、ルールである」（『遊びと人間』）と説いているように、遊びには、規則・ルールがなくてはならない。とくに、アゴーンとしての遊びでは、参加者が定められたルールに従うことによって、はじめて「出発点での機会の平等」（同右）が設定される。競争のはじまる前から、参加者のだれかが有利な位置に立っていたとすれば、競争は成り立たないからである。そのため、「クラスの違うプレイヤーの間では、ハンディキャップを設けるほどである。すなわち、最初に設定された機会の平等の枠内で、参加者の相対的な力と見られるものに比例する第二の不平等を置くのである」（同右）。

ルールと異次元空間

事実、仁斎の同志会や徂徠学派の会読には、明確な「会約」があった。仁斎によれば、先に見たように「麗沢の益」あるものとして朋友との講習を求めても、「迂途の阻・雨雪の妨」、あるいは「世事多故」のために集まることは難しい。だから、「会約を設けて」きちんと定例化させるのだという（『古学先生文集』巻六、同志会籍申約）。そのうえ、仁斎の同志会では、はじめ「先聖・先師の位前」に跪き、拝礼して、「会約」を読んだという。われわれから見れば、こうした仰々しい行為は、「日常生活の流れの外にあるものを作り出そうとする」（ホイジンガ）試みであったといえるだろう。そのため、「講論の間」、以下のような事柄が禁じられていた。「嬉笑遊談、人の聴聞を駭《おどろ》かすこと、大いに扇を揮《ふる》い、座中を騒がすこと、それに加えて、「一切の世俗の利害、人家の短長、及び富貴利達、飲味服章の語」は、もっとも厳しく戒めるべきこととされていた。

この「先聖・先師の位前」への拝礼は、「世俗」の利害関心から切り離された異次元の空間を作り出すための儀式だったといえるだろう。仁斎をはじめとする同志たちは、これを真面目に仰々《ぎょうぎょう》しく行ったのであろうが、これを第三者の立場から見れば、なんとも不思議な光景だったろう。孔子などという異国の人を尊崇し、『論語』は「最上至極宇宙第一の書物」だと評価する仁斎とその仲間たちの行為は、まわりの人々から見れば、尋常ではなかったろう。

仁斎では、神聖さと競争は表裏となっていたが、徂徠では神聖さの面は消えてしまう。遊びの本質はよりはっきりしている。春台の「紫芝園規条」では、仁斎の同志会における「先聖・先師の位前」拝礼のような儀式はないが、輪番制、「尊卑先後に拘」わらず疑問を積極的に出し合うこと、「尋常の説話」「私語」の遮断を定めていた。こうした規則（ルール）を定めることによって、「尋常の説話」「私語」が交わされる日常世間と時間的・空間的に異なる、遊び＝競争空間を意識的に作為しようとしたといえるだろう。この点、同志会のなかで「一切の世俗の利害、人家の短長、及び富貴利達、飲味服章の語」を禁じた仁斎同様である。

寄合と会読

会読が遊びという性格をもっていたとすれば、寄合の話し合いとの違いも明らかとなるだろう。民俗学者宮本常一は『忘れられた日本人』のなかで、村の寄合の様子を伝えている。宮本が対馬の集落で古文書を借用する際、村の寄合のなかで、さまざまな話題の一つとして、その賛否が問われることになった。寄合では、一つの案件について、自分たちが見聞して知っているかぎりの事例が話題に出され、途中、他の話題をはさみながら、出席者らが延々と述べ合い、最後にまとめ役が結論を出して、参加者全員が賛同して決まった。宮本はいう。

そういう場での話しあいは今日のように論理づくめでは収拾のつかぬことになっていく場合が多かったと想像される。そういうところではたとえ話、すなわち自分たちのあるいて来、体験したことに事よせて話すのが、他人にも理解してもらいやすかったし、話す方もはなしやすかったに違いない。そして話の中に冷却の時間をおいて、反対の意見が出れば出たで、しばらくそのままにしておき、そのうち賛成意見が出ると、また出たままにしておき、それについてみんなが考えあい、最後に最高責任者に決をとらせるのである。これならせまい村の中で毎日顔をつきあわせていても気まずい思いをすることはすくないであろう。と同時に寄りあいというものに権威のあったことがよくわかる。

(『忘れられた日本人』、未来社、一九六〇年/岩波文庫、一九八四年)

寄合では、狭い村のなか、参加者それぞれの思惑や利害が複雑に絡み合っているだけに、こうした参加者全員が、いくつかの話題を転がしながら、納得するまで話し合う形式がとられたのである。ここには、「村の成員すべてに疎外感を抱かせないためのゆきとどいた配慮」があり、「すべてのものがその成員として安住できるように計画されていた」、「共同体的平衡感覚とよびうるような意識、無意識の配慮」（高取正男『日本的思考の原型』、平凡社ライブラリー、一九九五年）が働いているといってよいだろう。こうした一九五〇年当時の村の寄合は、宮本によれば、「近頃はじまったものではない。村の申し合わせ記録の古いものは二百年近いまえのものもある」というから、これとの対比で江戸時代の会読を考えることも許されるだろう。

この寄合と比べるとき、会読は学問の世界のなかのことで、経済的利害がないだけに、純粋に「論理づくめ」の討論が可能だったといえる。会読では、意図的に「一切の世俗の利害、人家の短長、及び富貴利達、飲味服章の語」を禁止し、日常生活と遮断していたので、「自分たちのあるいて来、体験したことに事よせて話す」必要もなかったし、反対意見を出し合い討論して、対決を回避することもなかった。むしろ、恥ずかしがって意見を出さないことが非難された。しかも、会読の場は時間と空間を限っていたので、何時間も、ある場合には翌日までも、結論が出るまで延々と話し合うということもなかった。これだけでも、寄合との違いは明白である。

こうした違い以上に、寄合は村落共同体の話し合いであるのにたいして、会読は自発的な任意の結社のなかでの討論であったことは重要である。寄合参加者は、村から抜け出ることはできないが、会読であれば、やめることができる。仁斎の堀川塾（古義堂）でも、徂徠の蘐園塾にしても、嫌になれば、行かない自由もあった。ところが、地縁・血縁が複雑に絡み合っていた村ではそうはいかない。この点でも、会読と寄合との違いは明らかである。

ちなみに、福沢諭吉が「日本にては昔の時代より、物事の相談に付き人の集りで話をするとき、其談話に体裁なくして兎角何事もまとまりかねる」と批判して『会議弁』を著した時、そこで変革すべきものとして想定しているのは、村の寄合であった。そのことは、「集会を起す手続」の具体例として挙げているのが、村の道路普請を議題とするものであったことからも明らかである。福沢は、「徒《いたづら》に時日を費し随《したがひ》て又費用を失ひ、これがため成る可き事をも成し得ざること多」い村の寄合を、一定の手続きで同意・不同意の採決を取りながら、定まった時間内に順序立てて事を進める「会議」にしようとしたのである。先に見たように、福沢が討論や演説がないと嘆いていたのは、村の寄合しか経験がなかった人々にたいしてだった。誰に向けて、どのような目的で、その議論がなされているかという福沢のいう「議論の本位」(『文明論之概略』巻一)を見きわめるのでなければ、江戸時代の人々の間に「討論」などなかった、と安易に断ずることはできない。

第三章　蘭学と国学

1　会読の流行

平戸藩主松浦静山の随筆『甲子夜話』には、面白い逸話や見聞がたくさんある。そのなかで、一八世紀中ごろの宝暦年間（一七五一―六四）、朱子学者中村蘭林が幕府の奥儒者だったとき、江戸城内では、誰一人、彼に敬礼する者もなく、当直に出れば、若い小納戸衆《おなんどしゅう》などから「孔子の奥方、御容儀は美なりしや醜なりしや」などと問いかけられ、嘲弄されたという（巻四）。また、倹約令の厳刻だった明和・安永年間（一七六四―八一）でも、幕府の作事奉行から、「昌平の聖堂は第一無用の長物なれば、取崩し然るべし」と建言され、若年寄水野忠友がこれを聞き届け、将軍家治に言上するようにと取次衆に伝えたところ、取次衆は聖堂が何であるかを知らず、奥右筆組頭大前孫兵衛に、「聖堂に安置あるは神か仏か」と尋ねたという。すると大前は、「たしか本尊は孔子とか云ことに候」と答えた。ところが、取次衆は「其の孔子と云は何なりや」とまた尋ねたので、大前が「論語とか申す書物に出候人と承り候」と答えたところ、取次衆はようやく頷いて、「嗚呼《ああ》それにて分りたり、道理で聖堂崩しの沙汰を聞て、林大学が唐へ聞へても御外聞がわるゐと申たり」といって、しばらく、聖堂の取崩しの一件は、見合わせたという（同右）。静山は「かゝる時節もあればあるものかと、驚入《おどろきいり》たること」だと記しているが、一八世紀中ごろの幕府の役人たちの儒学にたいする認識が、この程度だったことをまず確認しておきたい。というのは、これから述べる会読の流行は、儒学が広範に認知されていたから起こったのではなく、むしろ逆に、そうではなかったからこそ、起こった現象だったからである。

江戸・上方での流行と地方への普及

徂徠学が一世を風靡し、「世ノ人其説ヲ喜ンテ習フコト信《マコト》ニ狂スルカ如」き（那波魯堂『学問源流』、安永五年）一八世紀中ごろの思想界・文学界では、会読が江戸・上方で一つの流行となった。当時、「世の講を軽んじてそれに易《かは》るに会読と云ふことを以てする」蘐園派の会読を揶揄する折衷学者井上金峨の『病間長語』（宝暦一三年成）や、「徂徠派を為す者は、髻《もとどり》は金魚の如く、体は棒鱈《ぼうだら》の如し。陽春白雪を以て鼻歌と為し、酒樽・妓女を以て会読に雑《まじ》へ、足下と呼べば不佞と答ふ。其の果は文集を出して肩を享保先生の列に比べんと欲す」（『寝惚先生文集』巻二、水懸論、明和四年刊）とする大田南畝の蘐園派を茶化すような文章が書かれていることからも、それはうかがわれる（「不佞」と「足下」に注目せよ）。このような戯《ざ》れ文は江戸の会読流行を示唆しているだろう。この時期の風俗を伝えている『よしの冊子』（何々の由で終わるところから、『よしの冊子』と題された）では、

近頃世上ニて書物読候もの多《おほく》御座候処、韓非子抔《など》相はやり会読等御座候由。原田清右衛門抔一向文字も読不レ申候て韓非子ノ会読をはじめ候よし。外《ほか》も右様之馬鹿者彼是御座候よし。（『よしの冊子』一、天明七年御初年也）

と、文字も読めない「馬鹿者」も、『韓非子』の会読を始めたと伝えている。こうした付け焼刃の俄か勉強には、松平定信の寛政の改革につながる学問奨励の風潮がその背景にあるだろう。また、大坂の学問所懐徳堂の周辺でも、後に寛政異学の禁に際して主導的な役割をはたすことになる、尾藤二洲、頼春水、古賀精里らの若き朱子学者たちが、「風俗の漸く靡《び》薄《はく》なることを慨嘆し、「倶《とも》に時学の為むるに足らざるを悟り、奮然として志を立て、力《つと》めて正学を講《おさ》ずる（『正学指掌』、天明五年序）ために、朱子学関係のテキストを会読していた。そこで、彼らはともに切磋琢磨し合っていたのである。

志尹〔尾藤二洲〕事、此間も西銘〔宋・張横渠の著〕会読ニ参候所、色々の図又色々の仮名書キの条目ども出来、不世出之才ニて候（安永七年一二月九日付、頼春水書状）

さらに江戸・大坂の大都市ばかりか、地方にも会読は普及していた。豊後国東《くにさき》の地で独創的な条理哲学を樹立したことで知られる三浦梅園（一七二三―八九、享保八―寛政一）が、明和三年（一七六六）正月に作った「塾制」にも、毎月一・五日には会読をすることが記されている（『梅園全集』巻下）。この梅園の教えを受けた杵築城下の富商たちは、実際、『孔子家語』の会読をしていたという（「須摩屋源右衛門宛」書状、『梅園全集』巻下）。

こうした全国的な会読普及・流行が背景にあったからこそ、読書は独りでするべきか（独看とよばれていた）、それとも会読によって複数の人々と一緒にするべきかという問いも生まれてくる。これまで見てきた会読を始めた仁斎や徂徠などは、複数の人々（朋友であれば、なおよい）による共同読書を推奨していたが、本当にそれでよいのか、という疑問が新たに起こってきたのである。

書ヲヨムニ、我独リ読《ヨム》ガヨキカ、人ト共ニヨミテ、世ニイフ会読スルガヨキヤト問《トフ》人アリ。余答テ曰、ワレヒトリ読ニシカズ。然レドモ、人ト会読スルモヨキ事アリ。畢竟常ニヨムハ、独ヨムガヨシ。其故ハ、会読トイヘバ、人ノ家ヘ行《イク》ニモセヨ、我方ヘ来リ集ルニモセヨ、無用ノ閑話雑談ニモ時刻ウツリテ、ヨム所ノ書ハカユカズ。サレドモ文字ノ異同ヲ考エ、謬誤ヲ正シ、滞義ヲ弁ズルナドハ、会読モ亦益多シ。要スルニ独自ツトメ読テ、疑ハシキトコロニツケ紙ヲシテ、ワガ業ヲ受ル人ノ方ヘ携至リ、詳ニ問タダスガ、読書ノ肝要ナリ。会読ハ、大抵書ヲヨミ得タル上ニテ、同志ヲ約シ、日ヲ定メテ、業ヲ受ル人ノ方へ、一月ニ六日或ハ九日十二日、多キヲサノミ貪《ムサボ》ラズシテ、丁寧ニツトムルガヨシ。今時ノ書生輩ノ会読ト云ハ、自己ニ書ヲ読コトヲセズシテ、会読ヲ以テ読書トスルハ、余イマダ其説ヲシラズ。トニモカクニモ、読書ノ外ニ学文ノ仕方ハナキモノト思フヨリ、老ノクリ言《ゴト》長クゾナリケル。然レドモ其要訣ヲ論ゼバ、タダ一言ニ過ギズ、所謂読書百遍義自通。

（『授業編』巻二、読書第三則）

江村北海の答えは、「ワレヒトリ読ニシカズ。然レドモ、人ト会読スルモヨキ事アリ。畢竟常ニヨムハ、独ヨムガヨシ」である。会読は、「無用ノ閑話雑談ニモ時刻ウツリテ、ヨム所ノ書」のはかがゆかないからである。仁斎や春台はそうした「無用ノ閑話雑談」を禁止していたのだが、現実にはうまくいかなかったらしい。逆にそうだからこそ、太宰春台は明確にルール化していたともいえるだろう。それが、カイヨワのいう時間と空間を限定する遊びとしての会読のなりたつ絶対条件だったからである。

注目すべきは、いわゆる「読書百遍、義自ら通ず」という、テキストの反復熟読を勧める北海が苦々しく思ってはいるものの、「今時ノ書生輩ノ会読ト云ハ、自己ニ書ヲ読コトヲセズシテ、会読ヲ以テ読書トスル」ような不届き者も現れていたという点である。そこでは、武田勘治が、「民間好学の人々が時々集まって、たのしみの「本読み会」をする時には、「会読で」ということになった。それらの会読は、おおむね徂徠派流の会読になり、仲間に感情のモツレのある者がまじったりすると、しばしばケンカにもなった」と説いていたような事態も生じただろう。このように時として頽落現象が起こるのも、会読の面白さのゆえではなかったかと思われる。もっといえば、「同志ヲ約シ、日ヲ定メテ」集まり、討論すること自体に面白さがあったのではないかと思われる。そこには、アゴーン（競争）としての遊びがあったからである。

アゴーンとルドゥス

先にのべたように、徂徠学派の会読は読む会読であった。読む会読は難解な書物を共同で読むことをめざしている。衆知を集めて、難解な書物を共同研究（共同翻訳）するといえるかもしれない。この点、『文会雑記』は、徂徠学派のなかの代表的詩人服部南郭（一六八三—一七五九、天和三—宝暦九）の次のような言葉を記している。

南郭ノ方ニ儀礼《ギライ》ノ会アリ。注疏マデカケテ吟味ヲスルト也。コレハ外ノ方ニナキコトニテ、近来此会初リタル由、［中略］コレモ会読ノ節トリ合セテ見ルトナリ。儀礼ヲヨミクダクト云コトハ、誠ニ竜ヲ屠《ホフ》ル伎《ワザ》ナレドモ、好古ノクセニテ、コレヨリナガラヘテヲラバ、三礼『儀礼』『周礼』『礼記』〕皆スマスベキト思フコト也。又賈公彦《カコウゲン》〔唐代の儒学者〕疏〔『儀礼疏』〕ナド筆ノ無調法ガ、グヅグヅシタル所ヲ、朱子ノ経伝通解ニテカミクダキタリ。サテサテ朱子ノ学問丈夫千万ナルコトト思ハルル也。後世ノ理学家ノ中々及ベキ所ニ非ズト也。林希逸ガ考工記ノ解モアリ。コレモ見合ニスベシト思トナリ。又明朝ニテ挙業ノ文ヲ書クニ、皆朱注宋学ニヨレドモ、礼記バカリハ鄭玄注ヲ用ユトナリ。古注疏ナラデハ礼記ハスマズ、ト南郭ノ説ナリ。（『文会雑記』巻二下）

「屠竜の技」とは『荘子』の語（列禦寇）、世に用のない名技を意味する。もともと『儀礼』は、冠婚喪祭の儀礼の細かい所作を記述するだけに、儒学の経書のなかでも、とりわけ難解な書物である。かりにそれを読解したとしても、世の中に何の役にも立たない。しかし、「誠ニ竜ヲ屠ル伎ナレドモ、好古ノクセニテ」、『儀礼』注釈を試みるのだという。すでに、古注（鄭玄注・賈公彦疏）や朱子『儀礼経伝通解』はあるが、明代の科挙でもなお、『礼記』は古注を使っているなかで、あえて注釈を行うのだという。ここには、『儀礼』という難解なテキストだからこそ、そして、本家本元の中国でも蔑《ないがし》ろにされている、「外ノ方ニナキコト」だからこそ挑戦しようとする、並々ならぬ意欲が認められるだろう。

『文会雑記』にはまた、『儀礼』の会読のなかで、人形を使ったと記している（巻一上）。もともと書物の記述のみでは、儀礼の所作について具体的なイメージをつかむことは難しい。そのために、儀礼の場面を人形によって再現して、その立ち位置や歩く順序などを検証したのであろう。大の大人が、人形を囲んで、『儀礼』テキストにはこうあるからこう動いたのだ、いや違う、ここはこうだ、と侃々諤々《かんかんがくがく》と討論している様子は、なんとも異様な、ほほえましい光景だったろう。

『儀礼』のような読解の難しい経書に挑戦する会読は、先に述べたように、だれが一番よく読めるかを競い合う、競争の遊び（アゴーン）の場であるとともに、また、カイヨワのいうルドゥスではなかったかと思われる。ルドゥスとは、アゴーンなどの四つの遊びの基本範疇とは別次元の範疇である。それは、「故意に作り出し、勝手に定めた困難——つまり、それを乗り越えたという事実が、それを解決したという内的満足以外のいかなる利点も持たないような困難——を解決するという喜び」（『遊びと人間』）をともなう遊びである。会読は、経済的な利害をもたらさず、その意味で純粋な遊びであり、しかも、他者との競争とも違う形で、障害と戦う場である。その障害とは難しい書物そのものである。この障害を乗り越え、難解な書物を読み解く喜びが、読書＝学問を促すのである。カイヨワは、「クロスワード・パズル、数学パズル、アナグラム、各種の自韻詩、謎詩、推理小説の積極的読書」などを「ルドゥスの、最も普通の、最も純粋な諸形態である」（同右）と説いているが、「屠竜の技」としての『儀礼』の読解は、このルドゥスの純粋な形態であったといえるだろう。

実際、読む会読はルドゥスだったろう。というのも、ルドゥスとアゴーンとは深いかかわりがあり、「同じ遊びが、時にはアゴーンとして、時にはルドゥスとして現われることもある」（同右）からである。「遊ぶ人のうちに自分自身に対する競争心が湧き、また、上達の各段階が自分にもわかり、それによって、遊ぶ人は、同じ趣味を持つ人々に対して快い誇りを持つことができる」（同右）のである。江戸時代だからこそ、逆説的だが、学問は純粋な遊び事としてなりたちえた。立身出世には結びつかないがゆえに、「己れの為めにする」学問ができ、書物をパズルのように読み解く会読は遊びとなりえたのである。

では具体的に、読む会読は、徂徠学派以後、どのように展開したのだろうか。大きく言えば、二つの方向があったと考えられる。一つは蘭学、もう一つは国学の方向である。この二つは、文献実証主義という点で重なり合うところがあるが、前者はオランダ語原書を会読したのにたいして、後者は『古事記』『日本書紀』『万葉集』といった古代日本のテキストを会読した点で異なっているし、テキストにたいする態度・スタンスにおいても差異があった。蘭学の場合、徂徠が「鳥鳴獣叫の如く、人情に近からざる者」であって「解し難き語」（『訳文筌蹄初編』巻首）であるとしたオランダ語に挑戦し、翻訳することを目指している。蘭学者たちは、徂徠が先鞭をつけた外国書翻訳のための読書会のなかで、より難しい書物に挑戦してゆくことになるのである。これにたいして、国学の場合、古代日本のテキストの読解、たとえば、全編漢字で書かれた『古事記』を大和言葉に翻訳する本居宣長の『古事記伝』の試みが難事業であったことは疑いないが、たんにそれのみにとどまらず、国学者たちはそこで明らかにされた古代日本の人々の生き方を学び、真似て、そこに自己の生きる拠り所を求めた。このような両者の思想内容の分析は興味あることだが（拙著『兵学と朱子学・蘭学・国学』参照）、ここでは蘭学と国学に共通する場である会読という側面から一瞥してみよう。

2 困難な共同翻訳——蘭学の会読

蘭学は、前野良沢（一七二三—一八〇三、享保八—享和三）と杉田玄白（一七三三—一八一七、享保一八—文化一四）の『解体新書』を出発点としている。もちろん、新井白石や青木昆陽などの前史も無視できないが、やはり良沢や玄白の同志たちがオランダ書に立ち向かい、それを翻訳・刊行した『解体新書』は、新時代を画するものであったことは間違いない。

「フルヘッヘンド」を乗り越える

その翻訳のきっかけになったのは、江戸小塚原の刑場で腑分けを見分したことにあった。刑場で、彼らは、眼前の実物に照らして、「ターヘル・アナトミア」（ドイツ人クルムスの『解剖学表』第三版（一七三二年刊）をオランダ人ディクテンが蘭訳した書（一七四三年刊））の銅版画の正確さ・精密さに驚いたのである。帰る途中、翻訳を思い立ち、翌日、前野良沢の家に集まり、「ターヘル・アナトミア」の翻訳を始める。しかし、この時点で、良沢以外、オランダ語を銛《かじ》ったものはいなかった。玄白などは、アルファベットさえ知らなかったのである。そのむちゃくちゃな冒険心には、驚きあきれる。杉田玄白の次のような思いは想像にあまりある。

かのターヘル・アナトミアの書にうち向ひしに、誠に艫《ろ》舵《かじ》なき船の大海に乗り出だせしが如く、茫洋として寄るべきかたなく、たゞあきれにあきれて居たるまでなり。

（『蘭学事始』巻上）

着手したこの日、明和八年（一七七一）三月五日から、翻訳を完成して刊行した安永三年（一七七四）八月までの足かけ四年、良沢の家に定期的に集まった。玄白はそれを「会業」、すなわち会読と呼んでいる。

かくの如く思ひを労し、精を研《す》り、辛苦せしこと一ヶ月に六七会なり。その定日は怠りなく、わけもなくして各々相集まり会議して読み合ひしに、実に不昧者《くらからざるもの》は心とやらにて、凡《およ》そ一年余も過ごしぬれば、訳語も漸く増し、読むに随ひ自然とかの国の事態も了解する様にて、のちのちはその章句の疎《あら》きところは、一日に十行も、その余も、格別の労苦なく解

し得るやうにもなりたり。　（同右）

一人では読解できない書物を「同臭の人も相加はり寄りつど」い（『蘭学事始』巻下）共同研究する会業は、クロスワード・パズルや数学パズルを解くような「ルドゥス」の「最も純粋な諸形態」ともいえるだろう。ここには、決まった師匠がいるわけではない。たしかに良沢には、少しだけのオランダ語の知識があったが、十分なものではなかった。対等な関係で、各々が意見を出し合い、討論しながらパズルのような翻訳をすすめたのである。そのなかで、一語の翻訳ができたときの喜びは、宝玉にも代えられないものであったという。

或る日、鼻のところにて、フルヘッヘンドせしものなりとあるに至りしに、この語わからず。これは如何なることにてあるべきと考へ合ひしに、如何ともせんやうなし。その頃ウヲールデンブック（釈辞書）といふものなし。漸く長崎より良沢求め帰りし簡略なる一小冊ありしを見合せたるに、フルヘッヘンドの釈註に、木の枝を断《た》ち去れば、その跡フルヘッヘンドをなし、また庭を掃除すれば、その塵土聚《あつ》まりフルヘッヘンドすといふやうに読み出だせり。これは如何なる意味なるべしと、また例の如くこじつけ考へ合ふに、弁《わきま》へかねたり。時に、翁［玄白］思ふに、木の枝を断《き》りたる跡癒《い》ゆれば堆《うずたか》くなり、また掃除して塵土聚まればこれも堆くなるなり。鼻は面中に在りて堆起《たいき》せるものなれば、フルヘッヘンドは堆（ウヅタカシ）といふこととなるべし。然ればこの語は堆と訳しては如何といふければ、各々これを聞きて、甚だ尤もなり、堆と訳さば正当すべしと決定せり。その時の嬉しさは、何にたとへんかたもなく、連城の玉をも得し心地せり。（『蘭学事始』巻上）

まさにこれは、カイヨワのいう、困難を解決する喜びとしてのルドゥスであった。

未だ新書の卒業に至らざるの前に、かの如く勉励すること両三年も過ぎしに、漸くその事体も弁ずるやうになるに随ひ、次第に蔗《さとうきび》を噉《か》むが如くにて、その甘味に喰ひつき、これにて千古の誤も解け、その筋たしかに弁へ得しことに至るの楽しく、会業の期日は、前日より夜の明くるを待ちかね、児女子の祭見にゆくの心地せり。（『蘭学事始』巻下）

会読前の日は、前日から夜が明けるのを待ちかね、「児女子の祭見にゆくの心地」がした。こんな楽しい読書会をもてたならば、どんなに幸せだろう。

この『解体新書』の翻訳から翻って、先に見た徂徠の会読を考えてみることもできるだろう。徂徠にとって、六経というテキストは、あたかもオランダ語の「ターヘル・アナトミア」と同様に、まったく未知の世界のものとしてとらえねばならなかった。漢字のみの無点のテキストは、アルファベットの並んだテキストと同様に、われわれの前に「物」としてある。それは、われわれの恣意や解釈を拒む「物」として、他者として厳存しているのである。ところが、中国語ではなく、返り点や送り仮名をつけた「和訓廻環」（『訳文筌蹄初編』巻首）の漢文訓読によって読むとき、こうしたテキストの他者性を意識することはない。徂徠が批判したのは、そうしたテキストの他者性への無自覚さにあった。「ターヘル・アナトミア」をアルファベットにしたがって読んだとしても、それは音声に出したままで、その意味はまったくわからない。オランダ書であればだれでも気づくことが、漢文ではなまじ訓読という技術があるために、覆い隠されてしまうのである。

ただし、『解体新書』翻訳において、漢文テキストと異なってテキストの他者性＝「物」としての性格は明らかだったとしても、漢文訓読の技術がこの翻訳に際して、まったく役立たなかったというわけではない。彼らは欧文訓読によって、語順をいれかえて訳していたからである。ここに、翻訳技術としての訓読法のメリットもあった。ともかくも、蘭学者たちは、さまざまな分野のオランダ書籍を翻訳した。医学・天文学・物理学・化学などの自然科学、測量術・砲術などの諸技術、西洋史・世界地理などの分野の書籍を翻訳していった。

蘭学者たちの会読作法

玄白たちは、この『解体新書』刊行後も、会読を行った。たとえば、玄白は己の半生を回想した『形影夜話』（一八〇二年成）のなかで、「其後少年輩と外科正宗を会読せしに、実験着実なることも多し」と述べている。会読は蘭学者の基本的な読書・学習方法となったのである。そのいくつかを紹介すると、蘭学第二世代の大槻玄沢（一七五七―一八二七、宝暦七―文政一〇）

は、遊学中の長崎で会読を行っている。玄沢が長崎に遊学した一つの目的は、ハイステル外科書翻訳の目的達成に不可欠なオランダ語の習得にあったが、長崎では、阿蘭陀通詞本木良永のもとで会読を行っていた。さらに、玄沢が開いた江戸の蘭学塾芝蘭堂でも、「翁［玄沢］、三十余年来、今ノ老境ニ至ルマデ、本業ノ行余、毎月日ヲ期スルノ会業ヲ定」めて（『蘭訳梯航』巻上）、弟子たちと会読を行っていた。大坂の緒方洪庵（一八一〇―六三、文化七―文久三）の適塾での会読は先に見たとおりである。また都市の蘭学者ばかりか、地方のいわゆる在村蘭学者たちも会読を行っていた。たとえば、常陸国小川村の医師本間玄琢らは、在村医が医書を会読し、医療手術方法を研修するための郷校を水戸藩に願い出て、文化元年（一八〇四）に稽医館が設立された。稽医館の定例集会日は毎月五日と二〇日で、テキストの医書などは近隣の富豪から寄付されたという（青木歳幸『在村蘭学の研究』、思文閣出版、一九九八年）。蘭学社中のなかでは、このように会読は常態化していたのである。

蘭学社中のなかでは、会読が常態化されていたからこそ、逆にその難しさにも自覚的であったように思われる。蘭学の第三世代（前野良沢・杉田玄白が第一世代、大槻玄沢が第二世代）である青地林宗（一七七五―一八三三、安永四―天保四）の「同志会」の規約は、そのことを示している。林宗は天保二年（一八三一）一一月に、蘭学同好者を集め、オランダ語の訳語について討議するための同志会を結成したが、その際の規約を定めた（池田逞『青地林宗の世界』、愛媛県文化振興財団、一九九八年)。少し長いが、興味ある資料なので引用してみよう。

近今、泰西の医書の我邦に伝はるもの、頗《すこぶ》る浩繁と為す。若《も》し一人の力、訳定を網羅せば、容易に成すべきの事に非ず。然も各自得る所は、則ち偏執固我の弊を免れず。是の故に同志相約し、共に其の事を成さば、進業成務に庶幾《ちか》からん。此の会は翻訳を以て事と為す。斯の業は細心の審訂を要す。若し疑似難釈の義有らば、会上に相議し、必ず当《とう》に合するを得て、恨み無くして止む。若し杜撰《づさん》妄誕ならば、則ち衆共に攻めて赦《ゆる》すこと勿《なか》れ。凡そ反訳する所は、其の文許多《きよた》と雖も、一一に之れを備へ、其の精覈《せいかく》切実の師法とすべきは、衆士の評論を経て一定す。乃《すなは》ち著訳者・校者の名字は、繕写して一本と為す。凡そ著述する所の薬名術語は、先輩の選ぶ所の者は、尽《ことごと》く之れを用ひ、其の議すべき者は、会上に之れを論じ、其の宜しきに従ふ。其の新出する者は、通社之れを用ふ。又我輩の験試する所の方術は、実覈《じつかく》誤らざる者為らば、子細に記録す。一定の論を待ち、亦《また》同志を鼓舞するの事は、煩冗すること勿《な》くして之れを黙止す。(『日本洋学編年史』)

一人で訳語を確定することは容易にできることではない。衆知を集めることが求められるのだが、各自の見解は「偏執固我の弊」を免れがたい。それを回避するためにも、あらかじめ同志の間で規約を作っておかねばならない。翻訳の難しい箇所があれば、会のなかで議論して、当否を定めるのだという。ここでは、会が明確に翻訳を目的とする機能集団であることをうたっている（徂徠の「訳会」を想起せよ）。だから、会の議論はあくまで、よりよい翻訳と訳語を作り出すところにあるのだから、自分の意見が採用されなくても、恨みつらみはいってはならないし、杜撰なところがあれば、それを容赦しない。このような個人的な感情を離れた、公共的な空間であることが、はっきりと宣言されている。

学術共同研究の場

ところで、蘭学社中とは、難解な他者としてのオランダ原書を翻訳する喜びを共有する仲間であった。玄白らは会読に集った同志の集団を「蘭学社中」と自称したのである。

今世ノ通称トナリシ蘭学トイヘル名モ、当時社中ニテ偶々《タマタマ》私称セシニ始レリ。

（『蘭訳梯航』巻上）

ちなみに「社中」という言葉は、玄白らの周辺でも使われていた。その例証が、玄白らの友人、江戸の奇人平賀源内（一七二九―七九、享保一四―安永八）である。源内は、宝暦一二年（一七六二）一〇月に、来年に江戸で物産会を開く予定であることを告げ、全国の同好の士に出品物の供出を求めた引き札のなかで、「社」という言葉を使っている。

丁丑歳、諸友に約して、薬物を持ちて来り会するは、是れが為めなり。而も社友松田氏及び不佞、又継いで此の会を学び、会を為すこと前後四次。昔無き所にして今之れ有る、昔知らざる所にして今之れ知る。［中略］未だ以て吾党の夙志《しゅくし》に酬《むく》ゆるに足らず。不佞、間《この》ごろ窃《ひそ》かに同社に謀りて、又将《まさ》に明年の首夏を以て会せんとす。庶幾《ねがは》くは、益々其の知らざる所を知らんことを。伏して請ふ、内海同好の諸君子、所在の産物及び固《もと》より蔵蓄する所を以て、駅逓に送致せんことを。是れ不佞の願なり。

「社」「吾党」という言葉、それに「不佞」という一人称代名詞、「諸君子」という二人称複数代名詞は、当時の徂徠学流行を物語っているだろう。その意味でも、蘭学社中は、徂徠学派の読む会読に集まった同志の社中の延長線上にある。

読む会読の理念型ともいえる蘭学の会読は、オランダ書、そしてさらに英語・フランス語・ドイツ語の書まで、翻訳の範囲を広げていった。幕末には、もう蘭学という範疇でくることはできず、洋学と呼ぶにふさわしいものになってゆくが、会読は変わりなかった。基本的には、難解な書物を読むという学術共同研究の範囲を出ることはなかったのである。換言すれば、会読の場はどこまでも外国書籍を共同で読むことにとどまって、政治的な議論・討論の場に移行することはなかったということを意味する。政治的な議論の可能性を示唆する渡辺崋山を施主とする「蛮社」グループは、蘭学社中の主流とはいえない。主流は会読の場での学術共同研究だったのである。この点、蘭学者（洋学者）が基本的には、医者・天文学者などの技術者・自然科学者だったということに関係するだろう。政治的な議論よりも、より優れた医療技術の習得をめざしたのである。しかし、逆にだからこそ、蘭学の正統後継者たちは会読の共同読書会の限界をも強く自覚するようになり、後に見るように会読を自ら否定していくことになるのである。

3　自由討究の精神——国学の会読

蘭学と並ぶ、一八世紀の新思潮、国学もまた会読の場のなかで生まれてくる。国学の大成者である本居宣長（一七三〇—一八〇一、享保一五—享和一）もまた、会読を経験していた。伊勢国松坂の商人小津家の子であった本居宣長は、生まれつき商売の才能がなく、優雅な王朝世界を憧憬する文学青年であった。母かつはそうした宣長の性向を見極めて、漢方医の修業のため京都に遊学させたのだが、その遊学中、徂徠とも親しかった堀景山の塾で、宣長は会読を行っていたのである。

宣長の会読論

当時の『在京日記』を見ると、宣長は、『易経』から始めて五経の素読をするとともに、宝暦二年（一七五二）五月に、『史記』と『晋書』の会読にも出席している。これ以後も、宣長は堀塾では、『春秋左氏伝』や『漢書』の会読に参加するとともに、医学の師武川幸順のもとで、『本草綱目』や『千金方』の会読をし、さらに宝暦五年（一七五五）九月からは五と一〇の日に、岩崎栄良、田中允斎、塩野元立、清水吉太郎らの友人と、自主的に『荘子』の会読をしている。京都時代の宣長は、ほぼ会読によって勉学しているのである。

景山のような儒者ばかりか、江戸の国学者、賀茂真淵（一六九七―一七六九、元禄一〇―明和六）の県居《あがたい》門でも、会読を行っていた。たとえば、江戸十八大通の一人で歌人でもあった村田春海（一七四六―一八一一、延享三―文化八）は、師の真淵の会読に参加していた。田中康二によれば、明和元年（一七六四）春海一九歳のときに、県居の会で『古事記』を会読していて、天理大学附属図書館所蔵『村田春海自筆書入古事記』表紙見返には、「明和元年、県居会集諸友、山岡俊明《（ママ）》・藤原美樹・日下部高豊・橘千蔭、藤原福雄。さて我父のみことゝ家兄春郷と也」と記されているという（『村田春海の研究』、汲古書院、二〇〇〇年）。さらに、地方の県居門でも、弟子同士が会読を行っていた。真淵の郷国である遠江では、斎藤信幸の学舎で、県門の内山真竜《またつ》と栗田土満《ひじまろ》（この二人は後に宣長の門人になる）が『古事記』『万葉集』の会読を行っていた。

ただし、宣長は必ずしも会読を重視したわけではなかった。宣長は随筆集『玉勝間』のなかで、講釈と会読の優劣論をして、当時の会読流行を批判し、むしろ講釈の一定程度の有益性を認めていた。それによると、講釈については、「師のいふことをのみたのみて、己が心もて、考ふることなければ、物まなびのために、やくなしとて、今やうの儒者などは、よろしからぬわざ」だとする、と徂徠学派の講釈批判を紹介し、さらに会読については「こうさく《講釈》とはやう《様》かはりて、おの〳〵みづからかむか《考》へて、思ひえたるさまをも、いひこゝろみ、心得がたきふしをば、とひ《問》きゝ、かへ《返》さひもして、かたみにあげつろひ、さだむるわざ」であるので、「げに学問のために、よろしきしわざと聞えたれど、それさしもえあらず」と、自ら考えること、自分の考えを言葉に出すこと、分らないことを尋ね、お互いに議論することもできる会読はよさそうではあるが、それほどのことではない、と宣長はいう。

宣長によれば、「よの中に此わざ［会読］するを見るに」、大方、はじめのうちは、「こゝかしこかへさひ、あげつらひなど、さるべきさまに」理想的に見えるけれども、度重なるにつれて、「おのづからおこたりつゝ、一ひらにても、多くよみもてゆかむとするほどに、いかにぞやおぼゆるふしぶしをも、おほくなほざりに過すならひ」であって、結局は、一人で読むことと変わりなくなってしまうという。また、初学者などは、「いさゝかみづから考へうるちから《力》はなきに、これもかれも聞えぬことがらなるを、ことごとにとひ出むことをもつゝましくて、聞えぬながらに、さてすぐしやめる」ようなので、こういう初学者のためには、かえって講釈のほうがすぐれているのだという。もちろん、講釈も、「たゞ師のいふことをのみ頼みて、己レちからいれむとも思はず、聞クことをのみむね《（旨）》とせむは、いふかひなくくち《（口惜）》をしきわざ」である。下見の予習をして、「はじめより、力のかぎりは、みづからとかく思ひめぐらし、きこえがたきところどころは、殊《こと》に心をいれて、かへさへよみおけば、きく時に、心のとまる故に、さとることも、こよなくして、わすれぬもの也」と、講釈の欠点である、自ら考えることの欠如を補うことを説いている（『玉勝間』巻八、こうさく・くわいどく・聞書）。

この優劣論は、松坂に帰った後に行った会読の経験がもとになっていたかもしれない。というのは、宣長は、何回か会読を試みているからである。宣長は、安永六年（一七七七）一月から寛政元年（一七八九）九月までの一三年間に、『万葉集』の会読を一六〇回、行っている（山中芳和『近世の国学と教育』、多賀出版、一九九八年）。具体的にいえば、松坂で『万葉集』の講義・会読を三回終了し、三回目は途中まで行った。四の日の夜を定日として、第一回は講義、宝暦一一年（一七六一）五月二四日に始まり、安永二年（一七七三）一二月一四日に終わる、前後一二か年半。第二回は会読で、安永四年（一七七五）一〇月二四日に始まり、天明六年（一七八六）一〇月一二日に終わる。前後満一一か年。第三回は天明六年（一七八六）一〇月二二日に始まり、晩年に及んでいる。寛政二年（一七九〇）以前はおおむね会読であったが、寛政二年三月一〇日から講義に変わった（村岡典嗣『増補　本居宣長』1、平凡社東洋文庫、二〇〇六年）。山中のいう

『万葉集』会読一六〇回は、この第二回目と第三回目の最初にあたる。寛政二年以後は講義に変わったのは、やはり『玉勝間』に記されているような苦い経験があったのであろうか。

師の説になづまざる事

山中芳和によれば、『万葉集』の会読の出席者は松坂在住の門人で、四人から六人の少人数で行われ、最も多い時でも一〇人であったという。この席では、賀茂真淵や契沖の説が参照されるばかりか、地方の鈴屋《すずのや》門の弟子たちの説も紹介、検討されることがあったという。そして、ここでは、師弟間の討議がなされていた。そうした宣長の会読を伝える資料もある。そのなかで、宣長は、「師此説ヲ云テ座中ニイカガゾ、ミナ人コトワレト云。常雄、高蔭、大平、此説ニシタカ《（従）》ヒヌ」と、自己の見解への是非判断を門人大平らに求めたという（山中前掲書）。

　こうした師弟間の討論は、なにも宣長だけに固有なものではなく、「古学の道」を開いた「大人《うし》」賀茂真淵門でもなされていた。真淵は『仮名書古事記』を書いていた明和五年（一七六八）に、『古事記』の会読を行っているが、その時期に、松坂にいた宣長に手紙で、自分とは違う意見を求めている。

　古事記御覧御案と合事、又は御案の外に宜《よろしき》も見え候由。又御案と相違の事も多《おほし》との事、必さ有《ある》へき也。その相違の事を委《くは》しく御示可レ被レ成候。度々会読せしといへと誤る事も多く、

> 今又見る度も改る事もあれは、其相違こそ好ましき事なれ。必書て見せ給へ。猶また思ふ事あらはいふへし。（宣長宛賀茂真淵書簡、明和五年正月二七日）

よく知られているように、宣長は、和歌や神道の秘伝伝授を否定した。この秘伝伝授の否定にも、会読が契機となっていたのではないかと思われる。自己と「相違」する意見を宣長に求めていた賀茂真淵も、一人の意見では間違いが多いからと、遠慮なく意見を言ってくれるよう求めていたからである。

> 古事記下巻此度遺候。最前之上巻中巻に御案と違ひ候事有レ之由。其事承《うけたまはり》度《たく》候。とかくにかゝる物は、一人之見に而《て》は誤も多《おほき》ものなれば、随分御吟味の上、必御遠慮なく御示可レ被レ成候。相考候而改可レ申候。但近年に至、学事あかり候。今より十年前なるにはいまたしき事多かり。古事記も今一往改たく候へとも不レ得レ暇遺恨也。幸貴兄之御了簡を御申越候はば大慶に候也。（宣長宛賀茂真淵書簡、明和五年三月一七日）

このような「学事」にたいする真淵の真摯な姿勢は、そのまま宣長の有名な「師の説になづまざる事」につながっている。

> 大かた古をかむかふる事、さらにひとり二人の力もて、こと〴〵くあきらめつくすべくもあらず、又よき人の説ならんからに、多くの人の中には、誤もなどかなからむ、必わろきこともまじらではえあらず、そのおのが心には、今はいにしへのこゝろこと〴〵く明らか

也、これをおきては、あるべくもあらずと、思ひ定めたることとも、おもひの外に、又人のことなるよきかむかへもいでくるわざ也、あまたの手を経るまに〳〵、さき〳〵の考のうへを、なほよく考へきはむるからに、つぎ〳〵にくはしくなりもてゆくわざなれば、師の説なりとて、かならずなづみ守るべきにもあらず、よきあしきをいはず、ひたぶるにふるきをまもるは、学問の道には、いふかひなきわざ也、（『玉勝間』巻二）

宣長研究の古典『本居宣長』の著者村岡典嗣《つねつぐ》は、この師説といえども批判する精神を、「プラトオは愛すべし。真理はさらに愛すべし」という古語を引照して、秘伝伝授を否定する自由討究の精神だと高く評価している（前掲『増補　本居宣長』1）。ちなみに、江戸の地で人々に講釈をして、国学を広めた平田篤胤（一七七六―一八四三、安永五―天保一四）もまた、宣長の「師の説になづまざる事」を引照しながら、「今の世の漢学の先生」が弟子の反対説を許さないことを「心きたなきわざ」だと批判し、弟子が「実に真心より師を尊みて、さて疑はしき事は、いくたびも、問ひ究め、信《したが》ひがたき事は論《あげつら》ひ試みもして、勤め学ぶをこそ、誠によく学ぶ者とは、いふべけれ」（『気吹舎筆叢』巻上）と説いていた。

「師の説」をも批判せよという考えは、村岡典嗣のいう「自由討究の精神」であった。そしてそれは、たんに国学の特権的な精神ではなく、会読という場から生まれた双生児ともいえる蘭学にも共通する精神でもあったといえるだろう。一八世紀中ごろ、会読をする民間の自主的な読書会が自然発生的に現れ、討論しながら日本古典やオランダ書を読みはじめたのである。その意味で、徂徠に端を発する読む会読は、二つの新しい潮流、すなわち蘭学と国学の揺籃場所であったといえる。

4　蘭学と国学の共通性

読む会読の場で読解しようと挑戦したテキストは、玄白らのオランダ語原書と真淵・宣長らの日本古典と異なっていたが、共同読書である会読のなかで、新たな思想を作り出した点では共通していた。一八世紀中ごろ、会読する自発的な民間読書サークルを作り、共同して何かをし遂げようとする人々が現れたという現象をどのように理解したらよいのであろうか。この点について、すでに会読の場が彼らにとって遊びの場であったという側面を指摘した。カイヨワのアゴーンとルドゥスという類型からいえば、蘭学や国学などの共同読書の場が、立身出世にかかわらないだけではなく、お互いの読解力を競い合う遊び（アゴーン）の場になったわけである。そこでは、これまで誰一人読解することのできなかった、難しい書物を翻訳する困難を克服する「連城の玉をも得し心地」、喜び（ルドゥス）があったのである。

草木とともに朽ちることのない「名」

われわれが注意しなくてはならないのは、こうした会読の場に参加する人々の精神である。どのような思いをもって、彼らは会読という遊びに参加したのだろうか。おそらく、参加という表現では彼らの熱の入れようを説明できない。誇張して言えば、彼らは己れの人生を賭けた、というべきであろう。彼らは自己の全精力を尽くして、真面目に遊んだのである。道のためとか、国益のためとかという目的は、彼らにとっては後からついてきたものだろう。自己の行為をあとづけて説明するためのものであって、当初からそのような高邁な理想をもっていたわけではないだろう。もっと彼らの内側から突き上げるものがあったように思える。

ここで想起すべきは、蘭学者や国学者には、自己の「名」を残しておきたい、生きた痕跡をこの世の中で残しておきたいという思いがあったという点である。そうした思いのうらにある焦燥感は、「草木とともに朽ちる」（『後漢書』朱穆伝）という常套句によって表現されていた。前野良沢は少し変人の気味があったが、彼は伯父に「世に廃《すた》れんと思ふ芸能」を習いおけ、芸といっても、誰もがするようなものではなく、「当時人のすてて世ぬことなりしをばこれをなして、世のために後にその事の残るやうにすべし」（『蘭学事始』巻上）と諭されていた。また、杉田玄白は、『解体新書』出版を躊躇する同志に反対して、それを急いだ理由を、「凡そ丈夫は草木と共に朽つべきものならず、かたがたは身健《すこ》やかに齢は若し、翁は多病にて歳も長《た》けたり。ゆくゆくこの道大成の時にはとても逢ひがたかるべし。人の死生は預め定めがたし。始めて発するものは人を制し、後《おく》れて発するものは人に制せらるといへり。このゆゑに翁は急ぎ申すなり」(『蘭学事始』巻下)と述べ、短い人生の中で「草木と共に朽」ちない、人よりも先んずる行いをしたいと思っていたからであったと説いている。こういう良沢や玄白の思いを代弁しているのが、玄白と良沢のあとを継いだ大槻玄沢が、蘭学入門者のために書いた『蘭学階梯』(一七八八年刊)の一節である。

実ニ、吾人泰平ノ恩沢ニ沐浴シ、鼓腹欣抃《キンベン》、豊衣美食スルコトヲ得テ、草木ト同ジク朽ルハ、丈夫ノ恥ル所ナリ。茲《ココ》ニ、和蘭勧学警戒ノ語アリ。曰、「メン ムート エーテン ヲム テ レーヘン マール ニート レーヘン ヲム テ エーテン」[人は生きるために食べなければならない。しかし、食べるために生きるのではない]ト。(『蘭学階梯』巻上)

ここにあるのは、草木とともに朽ちてしまうことを拒否して、何かこの世の中に生きた痕跡を残したいという思い(切望・願望・希求)である。玄沢はそのような思いに訴えて、蘭学を志す人々に勉学を促しているのである。この「草木とともに朽ちて」しまいたくないという思いは、たんなる修辞的、常套的な表現として解すべきではなく、玄沢個人の、そして広くは、「我輩の職務は、今日この世に居り、我輩の生々したる痕跡を遺して、遠くこれを後世子孫に伝ふるの一事に在り。その任また重しと云ふべし」(『学問のすゝめ』九編)と説いた福沢諭吉にまでいたる、蘭学者共有の思いであったのである。

宣長の述懐

実は「草木とともに朽ち」たくないという思いは、国学者本居宣長も同じであった。『鈴屋文集』巻下の「述懐といふ題にて」という文である。少し長いが、宣長の切実な思いを表出していると思われるので引用してみよう。

昨日はけふのむかしにて、はかなくのみすぎにすぎゆく世ノ中を、つく〲と思へば、あはれわが世も、いくほどぞや、手をりてかぞふれば、はやみそぢ《(三十路)》にもあまりにけり、命長くて、七十八十い《(生)》けらむにてだに、はやくなかばは過ぬるよと思へば、まだよごもれ《(世籠)》るやうなる身も、ゆくさきほどなきこゝちのして、心ぼそくぞおぼゆる、かくのみはかなく、こゝろなき木草鳥けだもののおなじつらに、なにす《(為)》としもなく、あかしくらし《(明し暮し)》つゝ、いけるかぎりのよをつくして、いたづらに苔の下にくちはてなむは、いとくちをしく、いふかひなかるべきことと思ふにも、よろづにいたりすくなく、つたなき身にしあれば、何事をしいでてかは、よの人にもかず《(数)》まへられ、なからむ後の世に、くちせぬ名をだにとゞめましと、いとゞ人ににぬ《(似)》おろか《(愚)》さゝへとりそへてぞ、かなしくこころう《(憂)》かりける、さりとてはた、身をえう《(用)》なき物に、はふらか《(放)》しはつ《(果)》べきにしもあらず、かくのみつたなくおろかなる心ながら、何わざにまれ、おこたりなく、わざと心にいれて、つとめたらむに、つひにはひとつゆゑ《(故)》づけて、なのめ《(斜)》にしいづるふしも、などかはなからむと、あいなだの《(頼)》みにかゝりてなむ。

「みそぢにもあまりにけり」とあるので、この文との前後関係はわからないが、『古事記』研究を志したころであろう。「述懐」という題の文を書くことは、蘐園派の詩文の影響があるといえるかもしれないが、「なにすとしもなく、あかしくらしつゝ、いけるかぎりのよをつくして」日常性に没してしまうことなく、何か生きた痕跡を残したいという思いは、蘭学者と重なっている。そして、この思いは、宣長だけではなく、宣長の教えを継いだ人々のものでもあったのである。平田篤胤にせよ、また篤胤門下で、大塩平八郎の乱に呼応して蜂起した生田万にせよ、こうした世の中に生きた証を残したいという思いが語られている（拙著『近世神道と国学』）。

ちなみに、宣長の自画像もこうした思いから描かれたのであろう。宣長は一生涯のうち、何枚かの自画像を描いている。人生の節目節目で彼は自画像を描いているのである。一番有名なものは、「敷島のやまとごころを人問はば朝日ににほふ山桜花」の歌が書き添えられている、六一歳のときの自画像である。また、四四歳の自画自賛像には、宣長自身が考案した鈴屋服に身をまとい、桜の一輪挿しと文机が描かれている。それは、和歌と『古事記』という彼の一生を象徴するものであったといえるだろう。こうした自画像を残すこと自体、彼がこの世のなかに痕跡を残しておきたいという「述懐」の思いがあったことを示している。

ちなみに、自画像の宣長の鈴屋服は、自らデザインしたものである。平安朝の雅《みや》びを憧憬する国学者らしい服装をしたわけである。このような仮装し、変装する宣長は、カイヨワの遊びの類型のなかでいえば、ミミクリー（模擬）の遊びをしているのではないかと思われる。ミミクリーとは、「自分を作り変えることによって、世界から脱出する」遊びである（『遊びと人間』）。この遊びをする人は、「自分の人格を一時的に忘れ、偽り、捨てて、別の人格を装う」（同右）、「自分自身が幻想の中の登場人物となり、そうしたものとして行動する」（同右）のである。宣長は物真似と仮装をして遊んでいるのである。幼い女の子がおままごとをして、母親ごっこ、料理ごっこ、洗濯ごっこをするように、宣長は王朝人ごっこをしているわけである。ミミクリーの遊びに熱中するという点でいえば、宣長が一生涯、毎日といってよいほど、和歌を詠みつづけたことも、解釈できるのではないか。彼は和歌を詠み、「もののあはれ」を感得することによって、中世王朝人ごっこをしていたのではないか。彼は少なくとも精神的・感情的に王朝人になる（仮装・変装する）ことによって、江戸後期の松坂に町医者として生きる「社会的役割を隠して、真実の人格を解放し、その結果として得られる自由な雰囲気を利用」（同右）しようとしていたのではないかと思われる。

共同で検証される「発明」＝真理の喜び

ともあれ、会読に集った蘭学者と国学者のなかには、生きた証しをこの世の中に残したいという強い思いがあったことはたしかである。そのような思いは、会読のなかで満たされるものであったのだろうか。道のために尽くすという真理追究の精神が、こうした会読の前提になっていたことは間違いない。しかし、これだけでは抽象的すぎるかもしれない。もっと会読の場に即して見てみなくてはならない。

宣長の「師の説になづまざる事」のなかで説かれているように、もともと学問は、「大かた古をかむかふる事、さらにひとり二人の力もて、ことぐ〵くあきらめつくすべくもあらず」、「つぎ〵〵にくはしくなりもてゆくわざ」である。学問の世界では、真理は今この地点で、一人で実現できるようなものではなく、その実現は、はるかかなたにあって、多くの人たちが、少しずつ真理の覆いをとってゆくものであった。ここには、新たな知見をつけ加えてゆき、それを積み重ねてゆくという考えがあった。読む会読の討論のなかで明らかにされるのは、この新知見だった。それは「発明」されるものだったのである。これまでの解釈の間違いを正して、新たな知見を提出することも、「発明」であった。

会読の場では、そうした個人の「発明」が共同で討論される。公開の討論のなかで、その

「発明」の真理性が試験されるのである。個々人の内省的な、ということは主観的な思いつき（真理の体得）ではなく、客観的な真理であるかどうかが、複数の者の討論によって検証されるのである。もしそれが検証され、正当なものと認められたとき、「発明」者の喜び・誇りはいかばかりのものであったろう。国学者であれば、それは『古事記』の一語の解釈であるかもしれない。あるいは、『万葉集』の歌の一句かもしれない。蘭学者であれば、オランダ語の一語であるかもしれない。しかし、その一語の解釈・翻訳を「発明」した者にとって、その喜びはなにものにも代えがたいものであったろう。玄白が『解体新書』の翻訳のなかで、一語の意味が明らかになったときの喜びを記しているが、それはまさに「連城の玉をも得し心地」（『蘭学事始』巻上）だったのである。

会読の場はそうした喜びの場であった。だから遊びとして成立したのである。そしてまた、そこは、参加する人々が自己の「発明」を残すことができる場だった。「発明」はたった一語の解釈であるかもしれない。しかし、その解釈が多くの人々に真理と認められ、後世の人々に踏襲されていくとしたら、「発明」者にとっての喜びはいかほどだったろう。真理実現の過程に、わずかでも参与しえた自信と誇りは、何もなすことなく「草木とともに朽」ち果て、日常生活のなかに埋没してしまうことと比べ、どんなに生きる意味を与えるものであったろう。会読の場は、そうした生きる喜びを得られた場ではなかったか。道のためという大義名分によって表現されるにせよ、そこにはこうした小さな「発明」の喜びがあったのではないか。たとえば、山片蟠桃《やまがたばんとう》の『夢の代』には、自己の「発明」としての無鬼論を誇っている。

太陽明界ノ説、及ビ無鬼ノ論ニ至リテハ、余ガ発明ナキニシモアラズ。（『夢の代』凡例）

この「発明」は競争の中で得られるものであった。自己の新知見は同志との間の競争の中で出されたのである。人とは異なる知見を提出する。それが独断や臆説ではなく、真理として認定されるために、討論に付される。そこで競争者によって真理と認められたならば、競争者であればあるほど、その喜びは大きかったろう。宣長の『万葉集』会読の実態を紹介した山中芳和が、「宣長がいう「あらそい」とは、他者との優劣をきそう「競争」ではなく、真理の解明を共に目指して行う、進歩のための「論争」にほかならなかったのである」（『近世の国学と教育』）と述べていたことは、正鵠を射ている。蘭学の会読もまさにそうした「論争」の場であったといえるだろう。

読む会読の場は自己の「発明」を出し合い、生きた痕跡を残すことのできる創造的な場であったといえるだろう。蘭学者にしても、国学者にしても、民間で自主的な会読をしたのは、こうした場が身分制度の社会とは異なる、知的刺激に充ちた空間だったからである。そもそも、生きた痕跡を残したいという思いは、身分制度のもとで自己の才能を伸張させることのできない者たちのものであった。生まれたときから生き方が決まっていた彼らは、「草木とともに朽ちる」ことを拒否して、日常性のマンネリズムから飛び出し、知的創造を遂げることのできる会読の場に集まってきたのである。

第四章　藩校と私塾

1　学校の二つの原理

一八世紀中ごろになると、儒学学習の藩校が全国各地に建てられるようになる。さらに一九世紀初めには、先に紹介したように、松浦静山が宝暦頃（一七五〇年代）を振り返って、「此五六十年前、挙世の文盲」を驚くほどに、すでに儒学は武士必須の教養になっていた。この間には、安永八年（一七七九）に松浦静山が創設した平戸藩藩校維新館を含めて、全国各地の藩校の創設ラッシュがあったのである。明治二年（一八六九）当時の総藩数は二七六であるが、このうち、資料がないために不明である藩と明治時代になって藩校ができた五七藩を除くと、二一九藩に藩校があった。そのなかで一八七校、約八五％が宝暦から慶応まで（一七五一―一八六八）の一一七年間に設立されていた（国立教育研究所編『日本近代教育百年史』3、教育研究振興会、一九七四年）。宝暦以後の江戸後期が「教育爆発」（辻本雅史『近世教育思想史の研究』、思文閣出版、一九九〇年）の時代とされる所以である。

「属性」と「実績」

この諸藩の藩校、さらに広く、幕府の昌平坂学問所や私塾を含めた、江戸後期の学校のなかで、荻生徂徠式の読む会読や、伊藤仁斎式の講ずる会読＝輪講はどのように行われていただろうか。具体的な事例を見る前に、まず、学校のなかで、会読や輪講をとりあげる意義を述べておこう。

イギリスの社会学者ロナルド・P・ドーアによれば、江戸時代の身分制度のもとでの学校には、原理的に二つの主要な安定した変数があったという。すなわち、「属性」と「実績」である。ドーアは、「一つは社会における身分と権力の配分の基礎である属性の原理であり、他の一つは実績を表彰する方法を見出そうとする、教師の（少なくとも学問の道に自分の知的生命を賭けている教師の）自然な傾向である。二つの変数の間の矛盾は各学校において妥協策として様々な制度上の工夫を生んだ」（『江戸時代の教育』）と指摘している。この二つの変数は、丸山眞男流にいえば、「であること」（＝「属性」）と「すること」（＝「実績」）だといってよい

(『日本の思想』、岩波新書、一九六一年)。丸山によれば、近世日本の社会は「である」論理の典型であって、「そこでは出生とか家柄とか年齢(年寄)とかいう要素が社会関係において決定的な役割を荷なっていますし、それらはいずれも私たちの現実の行動によって変えることのできない意味をもっています。したがって、こういう社会では権力関係やモラルでも、一般的なものの考え方の上でも、何をするかということよりも、何であるかということが価値判断の基準となるわけです。大名や武士は一般的にいって、百姓や町人に何かをサービスするから、彼らにたいして支配権をもつとは考えられないで、大名であり武士であるという身分的な「属性」のゆえに当然──先天的に──支配するという建て前になっています」という。もともと、藩校は、「である」論理の貫徹する世襲身分制度のなかに生きる武士たちを教育するわけだから、「属性の原理」が浸透していたのは、当然といえば当然であった。しかし、それだけではない。ドーアが指摘するように、「少なくとも学問の道に自分の知的生命を賭けている」という限定がつけられているとはいえ、「教師の自然な傾向」として、「すること」(=「実績」)を表彰する傾向があったからである。藩校の教師たちは、先に述べたように、「子弟学ヲ好ム者アレハ、父兄之ヲ恐《オ》ドシテ、今ニ儒者ニセラルルトテ、之ヲ戒ムルニ至ル」ような非学問的な環境のなかで、自らの「実績」によって、その職を得ていたために、「属性」よりも「実績」を重視するのは「自然な傾向」であり、生徒たちのなかにも、そうした教師たちの期待に応え、努力・

勉強して「実績」をあげようとする者も現れたのである。

ここで注目せねばならないことは、この「属性」ではなく、「実績」を重視する学校が、「門閥制度」の身分制国家のなかで、平等化を実現できる場だったという点である。このことは強調して、強調しすぎることはない。荻生徂徠が、「学問ノ上ニ、貴賤ノ爵位ヲ立ルヲバ、非礼ト定メ玉フ」（『太平策』）と説いていたように、学校には、理念的には「貴賤ノ爵位」がなかったからである。そうした学校内の平等を実現した例として、大坂の有力町人「五同志」が出資して創設した懐徳堂の「書生の交りは、貴賤貧富を論ぜず、同輩と為すべき事」という言葉は、あまりに有名である（テツオ・ナジタ『懐徳堂——18世紀日本の「徳」の諸相』、子安宣邦訳、岩波書店、一九九二年）。もちろん、幕府から公認されていたとはいえ、懐徳堂が民間の学校であったから、そうした平等化が可能だったという側面は考慮すべきである。しかし、藩校内にかぎっては、生徒間は平等であると掲げている藩校もあった。たとえば、竜野藩の敬楽館には、藩主自らが書いた次のような「条約」（天保五年、一八三四）が講堂に掲げられていた。

爵禄・年歯ハ達尊ノ二ツナレトモ、此館ニヲイテハ業ノ精粗、術ノ巧拙ヲ以テ其人器ノ差等ヲ論スルナレハ、兎角ニ成業ノ人ヲ貴トス。素ヨリ此館ニ師範タル人ヲ崇敬スヘシ。是其道ヲ重スルノ本意ナリ。（資料2冊、五二三頁）

また、松平定信が定めた白河藩（のちに桑名藩）の立教館にも、同様の規定がある。

於二学校一貴賤ノ坐席ヲ論セス、上ヘモ親シク下ヘモチカクシテ可二修行一事、

（立教館令条、文化六年、資料1冊、九一頁）

もちろん、生まれつきの「爵禄・年歯」の「属性」からの完全な解放は、いわば理想形態であって、身分制度が存続するかぎり、藩校が現実には「属性」の原理を根本としたことはいうまでもない。しかし、そうだとしても、時代が下るにつれて、徐々にではあるが、身分の「属性」よりも「実績」を重んずるようになっていったことは間違いない。これから、この過程を見てゆくことになるわけだが、その際、本書のテーマである会読を焦点とすることの意義はどこにあるのだろうか。

会読と身分制度との軋轢・妥協

学校が「実績」を重視し、平等化を実現しようとするとき、必然的に起こってくる問題がある。それは端的にいえば、競争という問題である。「貴賤」のない学校では、身分の「属性」に安住することは許されず、適塾に学んだ福沢諭吉のいう「正味の実力」が試されるようになるからである。そこに、竜野藩の敬楽館の規約のいう「業ノ精粗、術ノ巧拙」を競い合う、競争が生まれてくるのである。これまで見てきたように、対等な者同士が討論し合う会読は、そうした競争の目に見える場所だった。この点、ドーアは、「多数の学校では、上級における集

団討論――そこでは能力の差が余りにも明白になり得る――は必修ではなかった。学校によってはそれを専門家の卵である寄宿生だけに限っているところもあれば、能力に自信のある通学生を任意に参加させる制度のところもあった」（『江戸時代の教育』）と、「集団討論」が能力の差をあらわにするという会読のもつ本質的な問題性を指摘しつつ、その普及は限定的であったと付け加えているが、必ずしもそうではなかった。

武田勘治によれば、『日本教育史資料』に報告の出ている藩校二四〇余校のうち、輪講および会読の両方ともに採用された藩校が七〇余校、輪講のみで会読のなかった藩校が同じく七〇余校、さらに、会読のみで輪講のなかった藩校が三〇校あるという。要するに、二四〇校のうちの一七〇校、七〇％の藩校が輪講、会読を行っていたのである。しかも、輪講と会読のなかった残り七〇余校も、このうち「会講・講会・講習・講究会・質講その他、輪講や会読に類する（あるいはそれらと名称が違っているだけの）会業があったか、あったらしい」（『近世日本 学習方法の研究』）と指摘している。このように圧倒的多数の藩校で、輪講・会読が行われているという事実からして、ドーアのいうように、かりに上級者に限定され、必修ではなかったとしても、会読、輪講が藩校教育の中核的な学習・読書方法となっていたことは疑いない。

しかし、会読の場は「正味の実力」＝「実績」を原理とするだけに、そこには当然、「属性」を原理とする身分制度との間に対立・衝突が生まれることになる。「属性」の身分制度が厳然とあるかぎり、ドーアが指摘しているように、「能力の差が余りにも明白になり得る」集団討論の会読をおこなうにしても、その差が表に出ないような配慮も必要となってくるだろう。そこには「属性」の原理と妥協せざるをえないようなことも起こってくる（天野郁夫『教育と選抜』、第一法規出版、一九八二年）。この点については、後に金沢藩明倫堂の事例に即して見ていくことにして、ここでは最初に、私塾の会読を見てみよう。というのは、私塾であれば、身分制度の「属性」原理から相対的に自由であったため、会読のもっていた三つの原理（相互コミュニケーション性・対等性・結社性）が、藩校に比較すればより発揮できるからである。事実、天野郁夫によれば、私塾の「自由な学習の場」は「同時に、若者たちが年齢も身分もかかわりなく、互いの能力をはげしく競いあう、知力の競技場となっていった」のであり、この「知力による競技の場となったのは、ほかならぬ輪講や会読の席であった」（『増補 試験の社会史』、平凡社ライブラリー、二〇〇七年）のである。

これまでも、広瀬淡窓の咸宜園、緒方洪庵の適塾、吉田松陰の松下村塾などの私塾が、いかに身分制度の枠外にある自由な空間であったかについては、しばしば論じられ、高く評価されてきた（R・ルビンジャー『私塾』、サイマル出版、一九八二年、海原徹『近世私塾の研究』、思文閣出版、一九八三年、沖田行司『藩校・私塾の思想と教育』、日本武道館、二〇一一年）。これにたいして、官立の昌平坂学問所や藩校は守旧派の牙城であって、自由にたいする抑圧、開明にたいする保守という単純な図式で論じられてきた憾がある。しかし藩校でも、「能力の差が余りにも明白になり得る」会読が採用されることによって、世襲制度との間の矛盾があらわになっていくという面もある。ただ、そのような内部の軋轢・妥協については、多方面にわたっているうえに、細かい議論となるので、必ずしも明らかになっているわけではない。本書のねらいは、そうした内部の軋轢や妥協を明らかにすることにあるのだが、まず順序として、私塾を見たうえで昌平坂学問所や藩校の会読を見ていくことにしよう。

2　私塾の会読と競争

私塾とは、幕府の昌平坂学問所や藩校などの「支配権力機構とは無関係に設けられた教育機関で、民間の知識人の自宅が教場に用いられ、その属する学派・流派独自の教育方針によりながら、一般的には子弟の身分にかかわりなく自由な教育」が行われた学校（ぺりかん社版『日本思想史辞典』「私塾」の項、川村肇執筆）で、伊藤仁斎の古義堂や荻生徂徠の蘐園塾がこの範疇に入る。ただ、彼らに端を発する会読流行後、一八世紀中ごろ以降の私塾の場合、学習内容や方法に関していえば、昌平坂学問所や藩校と、それほど異なっていたわけではなかった。ある意味では、相互補完的な関係にあったともいえる。後に見るように、私塾がそのまま藩校に移行する場合もあるし（たとえば福岡藩）、私塾での教育が前提となって藩校に入学する資格を得る場合もある（たとえば水戸藩）。もし学習内容や方法が異なっていたとすれば、このような現象は起こりえなかったろう。

では、どこに違いがあるのか。それは端的にいえば、藩校は就学を強制する場合があるのにたいして、私塾は自発的に入学するというところにあるといってよいだろう。さらに、前者は原則的には武士に限られていたのにたいして、後者は武士以外の庶民にも門戸を開放し、封建的な割拠主義をも超えていたことも、大きな違いである。藩校は藩内の武士に入学が限定されているのにたいして、有名な私塾になると、全国各地から生徒を集めていた。

そのため、私塾では、「正味の実力」＝「実績」を競い合う競争も、「属性」を重んずる藩校に比べれば、障害が少なかった。対等な生徒同士の会読は、そうした競争の場だった。ドーアが注目しているように、これから紹介する亀井南冥の私塾のなかに、会読における競争がはっきりと出てくるのである。ただし、ドーアは「輪講に競争の要素を採り入れた点で恐らく例外的なものといえよう」（『江戸時代の教育』）と、例外的なものと見なしているが、決してそうではないことは、本書のなかで明らかになるだろう。

競争心に訴える「教の術」

亀井南冥（一七四三—一八一四、寛保三—文化一一）は、福岡藩校教育のなかに会読を導入した徂徠学派の儒者である。徂徠学派の僧大潮元皓《だいちょうげんこう》に学んだ南冥は、明和元年（一七六四）に開いた私塾蜚英《ひえい》館で会読を採用し、二〇年後の天明四年（一七八四）に福岡藩校甘棠《かんとう》館（西学問所）教授を命ぜられると、甘棠館でも会読を行った。熊本藩時習館とともに、徂徠学派の会読本位の学習法を藩校に導入した早い例として知られる。まず、私塾蜚英館における会読がどのようなものであったのかを見てみよう。

「蜚英館学規」には、会読は「諸生会集し、共に一書に就きて、其の義を講究」する場だと定義し、討論の判定者、問答の仕方、成績の付け方を明文化していた。それによれば、判定者となる舎長は、生徒間で経書の文章についての問答をさせる。その際、発問する者と答える者との間で、どちらかが論破されるまで論戦を繰り広げるのだという。ただ、勝負がつかないときには、舎長が双方の勝負に判定を下したうえで、各生徒に批点（●印）と圏点（○印）をつけるという。

南冥を継いだ息子、亀井昭陽（一七七三—一八三六、安永二—天保七）の『成国治要』（一七九一年成）は、蜚英館での会読の様子を伝えている。それによれば、会読の場はまさに「師旅」（軍隊）に譬えられる真剣勝負の場であったことがわかる。その一端を引用すれば、「各々其の論を主璋す。春華、其れ乱るるや、窮詰極尽、各々自ら其の意の出づる所を是として、奮揚《ふんやう》し論破し、拳を握り爪を徹するに至りて、自ら知らず。其れ猶ほ鼓の音の初めて合し、万騎波駭《はがい》し、寔《まこと》に厥《そ》の武を奮ひ、勢い推すべからざるがごとし」（巻下）とある。昭陽は沸騰する討論も、討論を重ねるうちに、自ずから明者と闇者が明らかになり、人々は明者に心服し、「同類相求め、異見相和」するようになったという。

こうして会読の勝負が終ると、舎長は名簿の批点（●印）と圏点（○印）との数を数えて、圏点の多い成績順に、次回の会読の席順を決定する。つまり、会読の場での席順は、「殿」（下功）と「最」（上功）、すなわち成績の優劣によって決まったのである。

塾生は歯を以て次と為し、外来は爵を以て次と為す。同歯同爵は、入門の先後を以て次と為す。若し人或いは以て推譲して自ら下る者は、必ずしも次を改めず。但し、会講の課の殿最《でんさい》は其の時の勝劣に従ふ。（『蜚英館学規』）

ここでは、生徒はより上位の席順を目指して、お互い鎬《しのぎ》を削ることになる。南冥は、席を争奪しあうことが「義に於いて失するに似」ると認めないわけではないが、だからといって会読が競争の場であることを否定しない。この点、南冥は次のように弁護する。

論語に曰く、「君子は争ふ所無し」「八佾篇」と。今、会講に勝負の式を設け、其の席を争奪するは、義に於いて失するに似たり。然りと雖も、中古に讎校《しゅうかう》の名有り。両本相覆校すること、仇讎の如きを謂ふなり。講書の難きことを見るべし。華人と雖も、猶ほ是の如し。況や我が東人の子をや。年少が負けを悪《にく》むは、人情の常なり。其れ唯だ負けを悪めば、是を以て勝ちを求む。其れ唯だ勝ちを求むれば、是を以て自ら奮ふ。奮へば斯《こ》れ強く、強ければ斯れ進み、進めば斯れ楽し、楽しければ斯れ久し、久しければ斯れ化す。既に化して覚えず、其の修は自ずから来りて、禦《ふせ》ぐべからず。此れを之れ教の術と謂ふ。夫子の射を謂ひて、君子の争ひと為す。以て其れ勝者を怨まずして、己を正さんことを求むるなり。余の会講に於けるや、之れを取る。（『蘐英館学規』）

学習者が競争によって自ら発奮して学力を身につけていくということを、「教の術」と表現しているところは、いかにも「先王の道、古者これを道術と謂ふ」（『弁道』）と説いていた徂徠学にふさわしいといえよう。具体的にいえば、広瀬淡窓が南冥を評して、「先生極メテ教育ニ長セリ。蓋《ケダシ》其人才ヲ愛スルコト、天性ニ出テタリ。人一善アリト雖モ、敢テ捨テス。中行［中庸］ノ士モ、亦之ヲ愛ス。狂簡ノ士亦之ヲ愛ス。人ニ於テ、唯其長ヲ見テ、其短ヲ見ス。予カ如キモノ、極テ懶惰ノ性質ニテ、自ラ奮フコト能ハス。然ルニ先生術ヲ以テ之ヲ鼓舞シ、止メント欲スレトモ、能ハサラシム。其教導ノ術、抑揚測リ難シ。要スルニ、其ノ人ヲシテ、憤発踴躍、自ラ止ムコト能ハサラシムルニ在リ」（『懐旧楼筆記』巻八）とあるような、学習者が知らず知らずのうちに学問に励むようにさせるという術策性もさることながら、ここで想起すべきは荻生徂徠の弟子、太宰春台の競争心についての面白い考えである。

凡天下ノ人、争競《サウケイ》ノ心ナキ者ハ有ラズ。争競ハ、アラソヒ、キソフナリ。キソフトハ、人トハリアフナリ。人ト争テハ、人ニ勝ンコトヲ思ヒ、人ト競テハ、人ニ後《オク》レジト思フ。是人情ナリ。又夏ハ涼キ処ヲ好ミ、冬ハ温ナル処ヲ好ミ、栄利ノ事ニハ、人ヲ推ノケテモ進ミタク思ヒ、労苦ノ事ニハ、人ヲ出シテ己ハ逃《ノガレ》タク思ヒ、人ト物ヲ分ル事アレバ、自己ニハ少モ善キ物ヲ、少モ多ク取タク思ヒ、利ニ就クコトハ、青蝿《セイヨウ》ノ肉ニ集マルガ如ク、害ヲ去コトハ、毒蛇ヲ畏《オソ》ル、ガ如ク、都《スベ》テ何事モ人ニカマハズ、己ノ便利ヲ求ル心アル、是天下ノ人ノ実情ナリ。此実情ハ、賢者モ愚者モ、君子モ小人モ、同ク有リ。若《モシ》此情ヲ制セズシテ、其マヽニテ捨置カバ、天下ノ乱止ムコト無カルベシ。（『聖学問答』巻上）

春台は、天下の人すべてに「争競ノ心」が「人情」としてあると認めていた。朱子学のように、こうした「人ト争テハ、人ニ勝ンコトヲ思ヒ、人ト競テハ、人ニ後レジト思フ」「争競ノ心」自体を否定するのではなく、それを正しい方向に向けさせることを求めるのである。「年少が負けを悪むは、人情の常なり。其れ唯だ負けを悪めば、是を以て勝ちを求む」と説いている南冥の「教の術」は、春台のいう「争競ノ心」を「人情」として前提とするという意味でも、きわめて徂徠学的であるといえるだろう。この点、ドーアが指摘するように、「宋学派の観点から見た場合のこの種の方式［会読］の欠陥は、それが競争という要素を導入するところにあった。地位・名誉のために人と競い合うことは社会秩序を破壊するものであり、また学問の正しい目的に対して有害な誘因ともなるものであった。このような誘因に影響されると学問は、朱子が戒めた「名利」の追求に堕してしまう。南冥はこの種の議論のあることを承知していて、それに反論を試みた」(『江戸時代の教育』)のである。

このように徂徠学派の亀井南冥らの会読では、競争が学習効果の観点から容認されていたことが確認できるだろう。ただ、それによって、会読における競争の問題が顕在化しているともいえる。すでに仁斎において、同志会のなかでの「勝心」が批判されていた。もともと「朋友」という対等な人間関係のなかで会読するとき、競争が起こる。難しい書物を討論し合いながら、協力して考えるというよりは、お互いに新奇な論(「発明」)を競い合うことになるのである。ただ一方で、先に述べたように、経済的な利害や社会的な権勢と結びつかない、アゴーンとしての競争の遊びであれば、余裕があるだけに、なお生産的であったし、また何より「正味の実力」のみで席順が決まる会読の場は、「属性」を原理とする福岡藩内の異質な空間だったことは間違いない。

広瀬淡窓の三奪法と月旦評

江戸時代、私塾のなかで、このような会読における競争を徹底的に推し進めたのが、南冥の子、亀井昭陽塾で学んだ広瀬淡窓であった。文化一四年（一八一七）、淡窓の創設した咸宜園（以前の塾名は、成章舎、桂林園）では、会読が教育の中心におかれ、徹底した実力主義がとられたのである。

広瀬淡窓（一七八二―一八五六、天明二―安政三）は、九州における天領直轄の中心地、豊後国日田の有力商人の子として生まれた。生来、病弱で、古川哲史によれば、「淡窓の生涯は病気の連続であり、七十五年の三分の二すなわち五十年間は、病気および睡眠のために寝床の上に費やされたと見てよいのではあるまいか」（『広瀬淡窓』、思文閣出版、一九七二年）とされるほどであった。そのために、家業の商売ではなく、学問と教育に志した。寛政九年（一七九七）一六歳のとき、淡窓は亀井昭陽に入門し、戦場のような会読で鍛えられた。亀井塾の会読は三日に一度、夜に行われ、出席者は一四、五人であったという。さすがの淡窓も、「始テ至リシトキハ、彼ノ風ニナラハス。摧折《サイセツ》セラルルコト多」かったという。しかし、「明春帰省ノ時、先生余ニ語リテ、子ガ始テキタリシトキハ、甚タ平々タリ。今ハ大ニ伸ヒタリトノ玉ヒシ」（『懐旧楼筆記』巻七）と、半年後には、大いに学力も伸長したという。

この亀井塾の会読経験をいかして、淡窓の創案した三奪法と月旦評は、実力主義を保障するユニークな制度であった。三奪法とは、入門時に年齢・学歴・門地をいったん白紙に戻す、いわば「属性」原理を完全否定する処置である。

我が門に入る者は、三奪の法有り。一に曰く、其の父の付くる所の年歯を奪ひ、之れを少者の下に置き、入門の先後を以て長幼と為す。二に曰く、其の師の与ふる所の才学を奪ひ、不肖者と伍［くみ］を同じくし、課程の多少を以て優劣と為す。其の君の授くる所の階級を奪ひ、之れを卑賤の中に混じ、月旦の高下を以て尊卑と為す。是れ三奪の法なり。（『燈火記聞』巻二）

入門者はこの三奪法によって「父」「師」「君」という「属性」の繋縛から自由になった。これによって、年齢の大小にかかわらず、それ以前、誰から学び、どの程度学んだかも関係なく、さらに武士や庶民の別なく、自分の実力のみが試されるようになる。つまり、咸宜園に入門したときに、生徒たちは改めてスタート地点に立たされるわけである。この生徒全員に「出発点として平等の機会」（カイヨワ）が与えられたことが、咸宜園が、「咸宜」（『詩経』商頌の言葉）すなわち「コトゴトクヨロシ」「ミナヨロシ」と名付けられた一つの理由である。

淡窓が咸宜園を主宰していた時代、入門簿によると、享和元年（一八〇一）から安政三年（一八五六）までの五六年分の入門者二九一五人のうち、武士が一六五人（五・五％）、僧侶は九八三人（三三・七％）、庶民は一七六七人（六〇・八％）であった（井上義巳『日本教育思想史の研究』、勁草書房、一九七八年）。圧倒的に町人・百姓の出身が多いが、武士もある程度、混じっていた。その意味では、咸宜園は武士教育の藩校とも、また庶民教育の寺子屋とも異なる中間的な教育機関であったといえよう。それゆえ逆に、三奪法の制度（ルール）によって、はっきりと身分制度の社会と隔絶する必要があったといえる。

こうして、いったんリセットされた後、生徒は、月旦評という一か月一回の厳正な客観的な評価によって、無級から始まり、一級から九級まで（各級に上下があるので、合計一九級）の等級を一段ずつ昇級していくことになる。近代の学校では、学力の発達に応じて、いくつかの段階をたて、下の段階から上のそれへ移るときに、試験や日常の成績を勘案してきめる等級制度をとるが、咸宜園はまさにそうした等級制を先取りし、「実績」のみによって評価する近代的な学校制度を先駆けて実行していたわけである。

会読＝奪席会のシステム

この咸宜園のなかでは、会読が重要な位置を占めていた。それはまた、席を奪い合う奪席会ともよばれていた。この奪席会という会読では、淡窓が講義した書物の三日分がテキストとなった。テキストによって多い少ないはあるが、たとえば、一日の講義が六枚であれば、三日分は一八枚となる。この限られたテキストと淡窓の行った講義の解釈が、会読のさいの討論の基準となるわけである。出席する生徒たちは、一〇人か一二人ずつのグループに分けられ、七級以上の生徒が会頭となって、会を主宰する。まず、会頭が上座に座り、帖簿に生徒の人名を書き、前回の甲乙の順位によって、生徒は二列に座らされる。つまり、順位によって席順が定められるのである。

いよいよ、会が始まる。最初に席順の第二位の生徒が、第一位の生徒に向かい、テキストのなかで解釈の難しいと思われる、二句以下の短い箇所を質問する。第一位の生徒がこれを明晰に講じ終わることができたならば、会頭と相対の席に上り、机上に書物を開く。次に、第三位の生徒が、解釈の難しい二〇字を第一位の生徒に向かって質問する。また、第一位の生徒が明晰に答え終わると、今度は第四位の生徒がまた二〇字を質問する。これにたいしてもまた、明晰に答えることができたならば、第一位の生徒は賞点マル三を獲得できる。

次に第一位の生徒は第五位の生徒に向かい、短い句、一句を質問する。第五位の生徒がこれを説明することができたならば、第一位の生徒に代わって、第五位の生徒が相対の席に上るが、第一位の生徒はもとの最上位の甲席を占めることができる。

ただし、第一位の生徒が最初の第二位の生徒の質問に答えることができて、相対の席に上ったあと、第三位の生徒の質問にたいして説明することができなかったならば、第三位の生徒が相対の席に上ることになる。これを奪席という。この場合、第一位の生徒は、賞点も獲得することはできない。というのは、第二位の生徒の第一問目の質問は、簡単な短句にたいするものであって、賞点を獲得できるほどの価値がないからである。もし第三位の質問に答えることができて、第四位の質問に至って、答えることができなかったときには、第四位の生徒が代わって相対の席に上るのである。この場合、第一位の生徒ははじめて、賞点マル一を獲得できる。そして、第四位の生徒の質問に答えることができたならば、先に述べたように、賞点マル三を獲得できるのである。この時にはじめて、第一問目の質問の短句に答えられたことの効果も出るというわけである。

このように順次、質問を発していって、質問者と解答者の説がともに明瞭でない場合には、他の生徒が解説することができる。このときには、この生徒が相対の席に上る。また、論説が多岐にわたり、出席者を一周しても、なお善美の説がない時には、すでに最上位の甲席を占めていた生徒がまた解答することができる。しかも、その説が正しいときには、褒美点が与えられる。そして、順次、質問を発することは最初のときと同じである。問答が三周すると、会は閉会となる。

また、淡窓先生が会頭であったときには、特別に賞点が加算された。その際、テキストとなった書物の難易に応じて、賞点マル一が三点、ある場合にはマル一が五点・一〇点などの差があったという。以上が『南柯一夢抄録』が伝える会読＝奪席会のありさまである。

咸宜園における会読も、亀井塾と同じように、文字通り真剣勝負の場であった。だから、席を奪われた者は切歯扼腕して涙を流し、会読前の出口とは違う出口から退出したという。上位者と下位者とは出口が違っていたからである。たしかに、咸宜園教育は徹底した実力主義によって貫かれていたのだが、このように実力主義は席順を奪いあう競争と表裏一体のものであった。咸宜園で歌われたという『以呂波歌』のなかには、次のようにある。

いつまでも下座に居ると思なよ席序の訳を得と知《とく》るべし

六級も七八級も経上りて九級に至る人ぞ勇々《おお》しき

初より人の上には立難し浮世の様は皆かくとしれ

なんとも勇ましい上昇志向である。しかし、こうした競争を学問の世界にもちこむことは、本来「己れの為めにする」はずの学問が、「人の為めにする」ことになってしまうのではないか、実力を競うだけで、自己の道徳性を涵養するという、本来学問の目指すべき目標が見失われてしまうのではないか、という批判が当然のことながら起こってくるだろう。同時代の藩校では、たとえば、米沢藩の藩校興譲館では、「後世末学ノ流弊」とは、「学業ヲ他ノ技芸ノコトク心得テ、学力ノ優劣ヲ競フ事、技芸ノ勝負ヲ争カ如キアリ」（莅戸《のぞき》以徳「学要弁」、文化一〇年、資料1冊、七五二頁）と非難されていた。また、道学者程伊川は、学校は「礼儀」を先にする場であるにもかかわらず、生徒たちを競わせるのは「教養の道」ではない、と説いていたではないか（『小学』外篇、立教）。咸宜園の「塾法」はこうした伊川の考え方に反しているのではないか、という疑問が、淡窓に投げかけられた。

淡窓はこれにたいして、中国と日本の社会的・歴史的状況の違いをふまえて、次のように答えている。

淡窓によれば、中国では、公卿士大夫は世襲ではなく、科挙によって匹夫から大臣にまで立身出世することができるので、「人心洶々トシテ、名利ニ競フコト、火ノ熱スルカ如」くして、学問をする者は「学問ヲ以テ名利ヲ釣ルノ具」としてしまっている。そのため、「心ヲ道義ニ潜ムル者」など百人に一人にすぎないどころか、百人中だれもいない（先に見た古賀穀堂と同じ認識である）。こうした現況を憂いて、程伊川は、「奔競ノ心ヲ抑へ、沈潜ノ思ヲ凝」らさせようとして、学校内での競い合いを否定していたのだ。ところが、わが国は中国とは正反対である。武士はみな世襲の禄を食んで、「賢モ進ムニ道ナク、愚モ退クニ縁ナシ。人心皆傲惰《ゴウダ》偃《エン》蹇《ケン》〔おごりたかぶる〕ニシテ学業ニ趣」かない。だから、「月旦評ヲ設ケ、之ニ示スニ栄辱ヲ以テシテ、之ヲ鼓舞スル」のである（『夜雨寮筆記』巻三）。こう述べて、咸宜園のやり方を正当化する。世襲制度の世の中であるからこそ、競争は有効な学問への動機づけとなるというのである。逆にいえば、科挙という試験によって、匹夫から大臣にまで立身出世する道が開ければ、学問は「名利ヲ釣ルノ具」となってしまい、じっくり「沈潜ノ思」をいたすこともなく、堕落するだろう。淡窓のこの言葉は、学問が立身出世の資本となる明治時代に、重い意味をもつことになるだろう。

適塾の会読

ところで、日田の咸宜園から大坂の緒方洪庵の適塾に入学した者がいたのも、彼らがこうした競争に耐えたタフな向上心の持ち主だったからだろう。咸宜園に一年余在塾して、権四級上まで昇級した、幕末・明治の卓越した軍事指揮官大村益次郎（一八二五—六九、文政八—明治二）は有名だが、ほかにも久留米の蘭方医松下元芳や福岡の蘭方医武谷祐之などがいた。彼らはすんなりと適塾に適応できたのである。というのは、天保九年（一八三八）に緒方洪庵が大坂に開いた適塾でも、咸宜園同様に、学力に応じて八ないし九級の等級制があり、文法を学ぶ初級からはじまり、上級になるとオランダ語原書を会読していたからである。

テキストは、当時の蘭学塾と同様、文法は『和蘭文典 前編』（一八四二年刊、箕作阮甫翻訳の通称「ガランマチカ」Grammatica of Nederduitsche Spraakkunst）、文章論は『和蘭文典 後編 成句編』（一八四八年刊、通称「セインタキス」Syntaxis of Woordvoeging der Nederduitsche Taal）を使用した。塾生は、この刊本（刊本がない場合は写本）をもちいて、初学者はまず「ガランマチカ」の素読をうけるかたわら、先輩の講釈を聞いた。ついで「セインタキス」を素読と講釈の同様の方法で学び、文章に通じたのちに、原書の会読をした。適塾における素読、講釈、会読の学習方法は、当時の藩校・私塾における儒学学習方法と変わらなかった。むしろ海原徹は、漢学塾のなかでも、会読を中心においた咸宜園の「実力一本槍の昇級システム」の蘭学塾への影響は大きかったと指摘している（『近世私塾の研究』）。また、海原によると、適塾の姉妹塾である緒方郁蔵（洪庵の義弟）の独笑軒塾の「階級課業次第」にも、一級から六級までの等級があり、六級には「文法書素読生」と、まず素読が最初に行われ、さらに五級に「文法書前編会読」、四級に「文法書後編会読」、三級に「万里窮理書会読」とある（同右）。この独笑軒塾の等級制は適塾にならったものだと思われる。

福沢諭吉の回想はすでに紹介した。適塾の会読は、各級ごとに、毎月六回（一と六の日、あるいは、三と八の日）行われた。その人員は各級一〇人から一五人程度で、級ごとに会頭がいて、級の程度によって塾頭、塾監、一等生がこれにあたった。テキストには、塾所蔵の原書を使ったが、一部しかないため、塾生は各自一回の分量三枚から四、五枚程度を筆写して予習した。テキストに関しては、不明の箇所があっても、一字たりとも他人に質問することはできず、自分の力で、ヅーフ部屋に置かれていた、長崎の商館長ヘンドリック・ヅーフが編纂した蘭和辞書『ヅーフ・ハルマ字書』をたよりにして、会読のために予習した。福沢が回想しているように、「如何な懶惰生でも大抵寝ることはない。ヅーフ部屋と云ふ字引のある部屋に、五人も十人も群をなして無言で字引を引きつゝ勉強して居」たという。

梅溪昇によれば、「辛苦を重ねた予習ののちに迎える会読の有様は、その当日にその場で参加者がクジを引いて席次を定め、その順序にしたがい数行ずつオランダ語を解釈する。するとつぎの席のものが質問するというようにして、順々に進める。会頭はだまってこれを聞いていて、まず、わきから質問をさせる。いよいよわからぬとなると討論になる。順次このように進んで会読を終了したのち、その日の成績について会頭の採点があって、自己の分担箇所を完全に解釈できたものは△印、討論で正解のもの、すなわち勝者は○印、敗者には●印がつく。△印は○印の三倍ほどの成績に評されたようである。こうして一ヶ月間の成績を調べて優秀者を上席とし、三ヶ月間首席を占めた者は一つ上級へ進むのであった」(『緒方洪庵と適塾』、大阪大学出版会、一九九六年)という。こうした会読の勝負について、安政五年(一八五八)に福沢諭吉が江戸に立った後に適塾の塾頭になった長与専斎は次のように回想している。

輪講の勝敗は一身の面目非常の競争なれども、銘々字書頼みにて説を付け、一語一句たりとも私《ひそ》かに人の教えを乞うが如き卑劣のことをなすものなく、みな自己一己の工夫を凝らして学力を闘わすこととなり。(『松香私志』、平凡社東洋文庫『松本順自伝・長与専斎自伝』)

塾中畳一枚を一席とし、その内に机・夜具その他の諸道具を置き、ここに起臥することにて、すこぶる窮屈なり。なかんずく、あるいは往来筋となり、または壁に面したる席にあれば、夜間人に踏み起され、昼間燭《とも》を点して読書するなどの困難あり。然るに毎月末、席換えとて輪講の席順に従い、上位の者より好み好みに席を取ることゆえ、一点にても勝を

占めたる者は、つぎの人を追退《おいの》けてその席を占むるを得るなり。（同右）

この会読に見られるように、適塾のきわだった特徴は、身分・地域にかかわらない、「学力を闘わす」空間であった点にある。実力のある者だけが、よい場所で眠ることができる。文字通り、よい場所を占めることができるのである。まさに競争の理念型である。

ずっと後のことだが、明治初年の箕作麟祥《みつくりりんしょう》の仰曦《ぎょうぎ》塾もまた、翻訳の実力のみを評価とする会読を行っていた。仰曦塾では、初段から九段に分け、初段から三段までの生徒は下等生徒、四段から六段までは中等生徒、七段から九段までは上等生徒として、等級の昇進は洋書読解力のみによって定められた。その学則には、「塾中ノ生徒、貴賤長幼ハ勿論、士農工商ノ別ナク、学術ノ高下ニ従テ、其座席順ヲ定ムルヲ公トス。右席順ヲ定ムルガ為月次輪講ノ優劣ニ従ヒ毎月朔日其坐位ヲ変置ス」（「築地仰曦塾学則」、『日本近代教育百年史』所引）とある。蘭学・洋学塾は会読＝輪講による実力本位の場であったのである。

自由・対等な場での猛勉強

亀井南冥の蜚英館、広瀬淡窓の咸宜園、緒方洪庵の適塾は、会読によって競争心を煽り、学習意欲を高めるとともに、徹底した実力本位の空間であった。「支配権力機構とは無関係に設けられた教育機関」であった私塾だからこそ、可能だったことは間違いない。たしかに、私塾は会読の原理である対等性を貫徹しやすい場所であった。実際、すべての「属性」を奪った咸宜園の三奪法は、家柄や身分を超えた対等性を制度化するものであった。また制度化の一方で、後に見る吉田松陰の松下村塾のように、松陰個人のカリスマ的な魅力のもとで対等性が担保され、自由活発な討論の会読が行われることもあった。どちらにしても、対等な人間関係のもとで「実績」本位の競争が行われることによって、学力をつけることができたのである。

言葉をかえていえば、私塾における会読の場は、「知力による競技の場」（天野郁夫）であった。それは、先に述べたようにカイヨワのいうアゴーン（競争）の遊びの場だったともいえる。この競技には、経済的な利益や社会的な権勢がともなわなかったからである。天野は、咸宜園のはげしい競争試験は、「卒業後のどのような資格や栄達の道とも結びつかない、あくまでも塾の内部に限られた競争で」あり、「それは現世的な利益のためではなく、月旦表の最上席に名をつらねるという「名誉」を目的とした競争であった」（前掲『増補 試験の社会史』）と指摘していた。適塾の会読でも同じである。「輪講の勝敗は一身の面目非常の競争」（『松香私志』）であるけれども、その「競争」は「塾中畳一枚」の占有場所を争ったのであって、塾内の「名誉」を目的とするものだった。

しかし、だからこそ、私塾のなかでは、真面目によく学びえたともいえる。この点、宮川康子は、『福翁自伝』のなかで、福沢が何か目的があって勉強しているわけではない、だからよく勉強できたと言っていることを取り上げ、江戸時代、大坂が「自由学問都市」であったと論じている（『自由学問都市』、講談社選書メチエ、二〇〇二年）。この指摘は、福沢が学んだ適塾ばかりでなく、もっと広く敷衍できるだろう。福沢は次のように言っていた。

夫《そ》れゆゑ緒方の書生が幾年勉強して何程エライ学者になつても、頓《とん》と実際の仕事に縁がない。即ち衣食に縁がない。縁がないから縁を求めると云ふことにも思ひ寄らぬので、然らば何の為めに苦学するかと云へば一寸《ちよい》と説明はない。前途自分の身体は如何《どう》なるであらうかと考へた事もなければ、名を求める気もない。名を求めぬどころか、蘭学書生と云へば世間に悪く云はれるばかりで、既《すで》に已に焼けに成つて居る。唯昼夜苦しんで六《むつ》かしい原書を読んで面白がつて居るやうなもので、実に訳けの分らぬ身の有様とは申しながら、一歩を進めて当時の書生の心の底を叩いて見れば、自から楽しみがある。之を一言すれば――西洋日進の書を読むことは日本国中の人に出来ない事だ、自分達の仲間に限つて斯《こ》様な事が出来る、貧乏をしても難渋をしても、粗衣粗食、一見看る影もない貧書生でありながら、智力思想の活潑高尚なることは王侯貴人も眼下に見下すと云ふ気位で、唯六かしいければ面白い、苦中有楽、苦即楽と云ふ境遇であつたと思はれる。（『福翁自伝』）

福沢諭吉が、幕末の適塾の学生たちがなぜ猛勉強したのかを述べたこの文章は、たんに蘭学書生ばかりか、私塾のなかで学問に励む者たちにもあてはまるのである。

3　藩士に学問をさせる――藩校の会読採用

江戸後期、藩校がかかえていた共通の課題は、身分制度のぬるま湯のなかにどっぷり浸《つか》っていた藩士たちに学問への意欲をもたせる動機づけだった。もっとも一般的な学問への動機づけの言説は、学問することは主君への「御奉公」だと、武士としての自覚や忠誠心にうったえるものである。たとえば、元文・延享年間（一七三六―四七）の長州萩藩の達しには、「文学ノ儀ハ人倫本ヲ務ムル忠孝第一ノ教ニ候。武芸其外《ソノホカ》諸稽古等、皆為レ可レ遂ニ《ゴホウコウヲトグベキタメニ》御奉公一、諸士可ニ相嗜一事《アヒタシナムベキコト》勿論ノ儀」（資料2冊、六六五頁）とある。しかし、もともと儒学の書物を読む学問は、武芸の「稽古」とは違って、それほど「面白」いものではなかった。亀井南冥が藩校甘棠館（西学問所）教授だったころの福岡藩では、あからさまに書生に次のように諭していた。

　学問は他の稽古事とちかひ不ニ面白一《おもしろからざる》事に候故、自然懈怠《けたい》に及候輩も有レ之候様被ニ聞召一《きこしめされ》候。総体御奉公は道理に暗《くら》候ては御用達少候条、部屋住の人弱年の面々なとは学問を当時の御奉公と心得相勤可レ申候事。

（福岡藩、「天明六年七月、執政学校師員ニ告テ書生ヲ諭サシム其辞ニ云」、資料3冊、四頁）

学問することが主君への「御奉公」だといっても、もともと上級武士の子弟であれば、いかに凡庸であっても相応の役職につくことができるのだから、わざわざ学問などしなくてもよいし、逆に下級武士の子弟であれば、どんなに学問をしても、出世のチャンスはないのだから、ただでさえ「面白」くもない学問への意欲も起こらないだろう。一八世紀末の寛政年間、熊本藩では、城下の「俗間の流説に、高禄の家は入学を恥《はぢ》、有二才気一者は入学を厭《いとふ》」(脇蘭室『学校私説』、久多羅木儀一郎編『脇蘭室全集』、一九三〇年)とささやかれていた、と藩校時習館訓導であった脇蘭室は伝えている。中国や朝鮮のように、科挙がない日本では、起こるべくして起こった事態であった。学問が立身出世に結びついているならば、事は簡単であるが、何度も述べてきたように、そうではなかった。まして、学問といっても、寛政異学の禁以降は、道徳的に完璧な人格者である聖人になることを目指す朱子学が、教学の中心になって、幼い頃から四書の素読を強いられたのだから、一層、面白くなかっただろう。いくら「御奉公」する武士の自覚を呼び覚まそうとしても、掛け声だけに終わってしまうのも仕方がないことであった。

武士に学問をさせる法

もちろん、藩当局も、何とか学問への意欲をもたせようとして、さまざまな文武奨励策をうちだした。一言でいえばそれは、賞罰というアメとムチによる利益誘導型の奨励だった(江森一郎『「勉強」時代の幕あけ』、平凡社選書、一九九〇年）。寛政の三博士の一人、朱子学者柴野栗山（一七三六—一八〇七、元文一—文化四）は、寛政年間の幕府の文武奨励策に影響を与えたといわれているが、彼は「教と申物は人に目を覚《さま》させ候様に致候が肝要にて御座候。人に目を醒させ候は賞罰の二つに無二御座一候ては参不レ申」（『上書』）と説いていた。しかし、この信賞必罰という功利的な方法は、「君子の徳は風なり、小人の徳は草なり。草、これに風を上《くわ》うれば、必ず偃《ふ》す」（『論語』顔淵篇）という儒学の本旨から外れるだろう。トップが学問を好めば、自然と下々も学問に励むようになるというのが、儒学本来の姿であったからである。

米沢藩の明君上杉鷹山（一七五一—一八二二、宝暦一—文政五）は、掛け値なしに、自ら率先して学問に精励した模範的な藩主だったが、それは誰にでもできるわけではない。上杉鷹山に賓《ひん》師《し》として丁重に米沢の地に迎えられ、藩主と儒者のあるべき姿として伝説化した折衷学者細井平洲も、「胎内よりひとにうやまはれ出生し給」う「尊貴の人の子」は、そのまま「おびたゞしき尊崇をうけて」育てられ、「前に伺候する程の者は、息をひそめ容《かたち》を守りて、先《まづ》其座の機嫌をのみはかりて取扱ひ奉る」ばかりで、「常に臣妾の介抱のみにそだち給」う。そのため、「幸に善良の質を受給へば、それが中にても、賢明の君とはなりたまふもあれども、もし不幸にして、驕傲の気象を受給へば、遂には暗愚暴戻の君に終り給」うと説いていた（『嚶鳴館遺草』巻三）。ちやほや育てられ、奢侈と逸楽にふける藩主に、真っ先に心を入れ替えてもらうことなどは、現実的には難しかった。

そうはいっても、何か手を尽くさねばならない。ことに、いかに身分は低くても、職場である藩校を充実させたいと願う教師にとって、学生の学問への動機づけは焦眉の課題だった。では、何ができるのか。自分たちで変更可能なことといえば、藩校内のカリキュラムと学習方法の改革である。

一八世紀中ごろまでの藩校では、講釈中心のカリキュラムが組まれていた。しかし、山崎闇斎流の教師から教えを垂れる講釈では、荻生徂徠が「学文ノ事、上ノ御世話ニテ、昌平坂・高倉屋敷ニテ儒者講釈スレドモ、御旗本ノ武士ニキク人絶テナシ」（『政談』巻四）と批判していたように、学生の自発性を期待できない。かりに講釈への出席を強制したとしても、学習効果は期待できない。享保の改革期以後、幕府では、朱子学者室鳩巣などの献策もあって、半ば義務的に講釈席に各部署から当番で出席させていたのにたいして、柴野栗山は次のように批判していた。


承候者も畢竟皆勤めの様に相心得、一役一人づゝ罷出《まかりいで》列座為《いたさせ》レ致候までにて、講釈は何を申やら耳にも入らず、承《うけたまは》りながら浮世の事考へ居申候様にては、何の用にも達《たち》不レ申候。（『上書』）

講釈を聞いていても、何も耳に入らず、「浮世の事」を考えているのだという。これでは、強制しても、何の効果もない。そこで浮上してきたのが、一八世紀中ごろから、民間に流行していた会読であった。すなわち、「何を中やら耳にも入ら」ない講釈に比べ、亀井南冥が、「其れ唯だ勝ちを求むれば、是を以て自ら奮ふ」と推奨していたように、会読の競争心は勉学への動機づけとなったからである。実際、講釈と会読の教育効果の違いは、たとえば幕末の長岡藩の資料のなかで、次のように認められていた。

一六ノ日ヲ講釈トテ、都講ノ講義ヲナス此日ハ、重役初メ下座ニアリテ、村夫子ノ講義ヲ敬聴ラシク。シテ、キ、終リテ、一二質義等ヲナス。生徒ハ大半睡眠セリ。三八ノ日ヲ会読トシテ、口頭ニ勝ヲ争フ。故ニ生徒質問課ハ生徒ナリノ学ヲ研スルハ、多ク之レニアリ。時間ハ午後七ツ時ヨリ六ツ時［午後四時から六時］迄一時間トス。

（旧長岡藩、遷善閣、慶応大改革後、資料4冊、二三六頁）

講釈では「大半睡眠」していた生徒が、別の日の会読では「口頭ニ勝ヲ争フ」のである。たしかに、競争をともなう会読・輪講は、学習意欲をかきたてるという点で、一定の効果ある学習方法であると認知されていた。先に紹介したように、幕末には、『日本教育史資料』に報告の出ている藩校二四〇余校のうち、一七〇余校（七〇％）が会読・輪講を行っていたのも、会読の競争がもたらす学習意欲に目を付けたからであろう。

もちろん、講ずる会読＝輪講が、「読書の益は専ら会読・輪講に在り」（浜松藩、経誼館掲示、資料1冊、四三〇頁）、「進学ノ益ハ輪講ニアリ」（六浦藩、明允館学則、資料1冊、二二〇頁）と評価され、藩校のなかに採り入れられて制度化されるとき、起こってくる問題がある。カイヨワが、「遊びは自由で任意の活動であり、喜びと楽しみとの源である、という定義に問題はない。参加するように強制されれば、遊びは、遊びであることをやめてしまう。それは、そこから急いで解放されたい拘束、苦役になってしまう」（『遊びと人間』）と説いていたように、仁斎の古義堂や徂徠学派の自主的な会読、「ターヘル・アナトミア」の翻訳の会読、そして畳一畳分を争った適塾での会読がもっていた「遊び」の要素は薄れてしまう。そもそも私塾であれば、退学することもできたが、就学を強制された藩校では許されず、嫌々ながら行う、拘束された苦役となる危険性をはらんでいたからである。しかし、そうだとしても、実際、藩校のなかで、何が起こっていたのかを見てみる必要がある。

そこで、寛政年間（一七八九―一八〇一）を境として、藩校の会読普及について見てみよう。ここで寛政年間を境とするのは、藩校への会読普及が、寛政年間の幕府の昌平坂学問所の会読採用によって、一挙に広がるからである。それには、後に述べるように、全国の諸藩の優秀な遊学生が集まった昌平坂学問所の書生寮の果たした役割が大きいが、ともかくも、学問所採用以前と以後には大きな違いがある。まずは、寛政の異学の禁以前の藩校の会読について見てみよう。

熊本藩校時習館の例

藩校の人材教育のなかに会読を採用したもっとも早い例は、熊本藩の時習館だった。時習館は、宝暦四年（一七五四）一二月、明君の誉れ高い六代藩主細川重賢《しげかた》が、熊本城内二ノ丸に創設した藩校である。重賢は藩政改革をすすめるにあたって、有為な人材を養成することが重要だと考え、堀平太左衛門を学寮係に任命し、侍講の秋山玉山とともに学校設立にあたらせた。その設立趣旨の達しに、学校は「人才鎔鋳ノ所」であると述べ、「生徒ノ才ニ従ヒ教育」することを目標とすると宣言していた（資料3冊、一九六頁）。亀井南冥は、熊本藩の藩風を賞賛して『肥後物語』を著しているが、そのなかで、「学校ニテ、人才ヲ仕立ルコトヲ政ノ基トシタマヒシコト」（凡例）を特筆大書して、賞賛した。事実、ドーアによれば、この「人才」という言葉が藩校設立に関する文書のなかで最初に出てくるのは、この熊本藩であったという（『江戸時代の教育』）。それまでの藩校は、武士や町人・百姓の風俗教化を目的とした「四民教導」（金沢藩明倫堂、資料2冊、一六一頁）のための機関だったが、時習館は明確に藩士の人材養成を主要目的とする学校として建てられたのである。

この達しにはまた、「成人ノ輩、会読等ニ罷出《マカリイデ》候義ハ、儒官門人ノ外タリトモ、勝手次第、以《モッテ》儒官ノ内へ可ニ申入一事」（資料3冊、一九七頁）とあるように、会読を藩校教育のなかに採り入れることを明文化していた。時習館の教育課程は、まず一〇歳前後で入学し、藩校内に設けられた初級の句読斎に入り、孝経・四書・五経・唐詩・文選の素読から始め、一五、六歳までに終了することになっていた。次に中級の蒙養斎に進み、素読を引き続き行うとともに、会読を始め、一八、九歳には講堂（尊明閣）に転昇した。さらに優秀な者を選抜して居寮生に命じ、上級の菁莪斎に入れて、その生活を藩費で賄《まかな》った。菁莪斎では、四書・六経のなかから、各自任意に一つを選んで専門的に学ばせ、三年を一期として、成績優秀な者をさらに選抜して藩外に遊学させた。

初級教育である素読段階については、句読斎生と蒙養斎生との二等級、上級教育である会読では、講堂生と居寮生（菁莪斎生）との二等級に分けて、生徒の年齢と学力に応じて等級制を設けて、それぞれ教場を別にした（石川謙『日本学校史の研究』、日本図書センター、一九七七年）。また、試験は隔年のものと、毎月のものとの二つがあった。この時には、教授と学校目付、訓導が列座したうえで、句読斎生には素読、居寮生には輪講をさせて評価した。

このように時習館において藩校教育のなかに「其の討論を致す」（資料3冊、二〇三頁）会読＝輪講が、生徒の等級性と試験とともに位置づけられたのである。とくに、歴史書の会読が義務づけられていたことには、「学問は歴史に極まり候事ニ候」（『徂徠先生答問書』巻上）とする徂徠の影響を見て取ることができるだろう。

歴史諸子百家詩文集等、ミナ博覧渉猟ス、是ヲ旁業トス、昼間ヨム処、ミナ夜ニ入思ヲ潜ム、是ソノ静一ヲ致スナリ、旁業ノ内、三史〔『史記』『漢書』『後漢書』〕五子〔『老子』『荘子』『荀子』『揚子』『文中子』〕等ハ、会読准経ナリ、六経ミナ史ナリ、史学疏ナレバ、経学密ナルコト能ハズ、コレ経済ニ施スコト得ガタシ、三都二京ハ、五経ノ鼓吹ト云ヘルハ、名言ナリ、故ニ歴史諸子、ミナ六経ノ羽翼ナリ、旁業即正業ナリ、

(「時習館学規科条大意」、資料3冊、二〇六頁)

こうした教育課程の制度化をすすめたのは、初代教授である秋山玉山(一七〇二—六三、元禄一五—宝暦一三)であった。もともと玉山は、林家の三代目、林鳳岡の門から出たのだが、荻生徂徠の学問にも私淑していたといわれる。『先哲叢談』によれば、徂徠学派の服部南郭、服部仲英、高野蘭亭、滝鶴台とも親交をもっていた(巻八)。また、時習館建設を命じた藩主細川重賢も、「月々六回近侍ノ者ヲ集ヘ会業アリテ」、「其身一代ニ会読アリタル書籍経史集数百巻ニ及」び、徂徠門下の服部南郭や高野蘭亭などを「先生々々ト尊ミ常ニ邸ニ招待」したといわれている(熊本藩、資料3冊、二〇一頁)。とすれば、玉山が藩主重賢の支持のもとに、徂徠流の会読を時習館の教育方法として採り入れ、「人才」を養成しようとしたと推測してもよいだろう。

ある時、重賢は秋山玉山を召して四方山話をしているなかで、「汝は国家の大工殿じやが、外に頼む事迚《とて》はなし」と玉山にいって、我が藩の若き子弟たちを導くには、「一所に橋をかけ

ぬやうにして向うの河岸に渡しくれよ、川上の者は川上の橋を渡り、川下の者は川下の橋を渡り行かば、其者共廻り道なしに才能をなすべし。とにもかくにも河向うの孝悌忠信の道にさへ、橋をかけてもらへば吾用に立つべし」と諭したという（『銀台拾遺』、『藩学史談』所引）。この逸話は、時習館では、藩士個々の個性を重んじて有用な「人才」を教育せよ、という重賢の意思を示したものであるといえる。そして、このような教育観は、「手前より注文を出」した型通りの凡人ではなく、「治平久敷続」いた時には「くせ馬」のような「疵物」であってこそ有用だという、長所を伸ばし個性ある才能を育てようとする徂徠の教育観が影響していたのである（『徂徠先生答問書』巻中）。

　そもそも、この藩校設立のきっかけの一つが、会読の場であったという。

［片岡朱陵は］本庄飽田郡に住居ありて、日々会読四つ頃［今の午前十時］より八つ頃［今の午後二時］迄が極《きまり》なり、相済みたる後、夏抔《など》は丸裸になり、先生も弟子も同様寝転びて咄《はな》され、暮頃より酒にも相成る事節々あり、或時志水才助縁側に寝て、此日は会席も出ずして居らる丶故、脇よりも寝入りはせぬかと申されければ、否々貴様達の会よりも、よき事を工夫するなりとて、矢張寝転び居りしが、其内会読も済み、何《いづ》れも毎《いつ》もの様に寝転びて咄し居られ候処、才助縁側よりカケ咄にて、先生々々御国も段々書物読多く相成候、何卒学校を取立て度事なりと申されければ、先生ゴット起上り膝立直し、是れは至極の心得、取締て

御相談可ㇾ申と銘々存寄《ぞんじより》を述べ評議あり。（宇野哲人他『藩学史談』、文松堂書店、一九四三年）

会読が終われば、「夏抔は丸裸になり、先生も弟子も同様寝転びて咄」したという自由奔放な会読後の「評議」をもとに、片岡朱陵は、江戸にいる秋山玉山に学校建設を求める手紙を書いたという。ちょうど同じ頃、江戸でも藩主重賢が玉山に学校建設の諮問をしていた折であったので、片岡朱陵の手紙を見て、「誠に天なり不思議の機会也と歓」んだのだという（同右）。あまりにできすぎた話だが、かりに風聞だったとしても、時習館の創建が、徂徠に私淑したといわれる片岡朱陵たちの会読する学習集団の発案だったとする点は、注目すべきだろう。

だが実際は、時習館の教育も、必ずしも当初の思惑通りに実現できたわけではなかった。寛政一〇年（一七九八）に時習館の訓導になった（一年で辞めている）脇蘭室は、文化五年（一八〇八）時点で、時習館の居寮生は廃止になり、試験も中絶したうえに、講釈諸稽古なども半減してしまっていたことを伝えている（『学校私説』）。蘭室によれば、すでに寛政一〇年の時点で、三と八の日の月六回の講釈には生徒は集まるが、そのほかの平日講堂で行う「独看・会読・文詩の業」などの時には、「貴族高禄の子弟は甚《はなはだ》稀に見受申候義にて、実に如二晨星一《しんせいのごとし》と可ㇾ申体に御座候」であったという（同右）。聴くだけの講釈には出るが、学力が試される会読には参加しなくなっていた。蘭室はこのような事態を次のように嘆いている。

此義可ㇾ怪《あやしむべき》の第一に御座候。三八日の講釈は、学者無学者を不ㇾ論、志の有無に不ㇾ拘、一統に経書の講説を聴申候事故、歳月を積、自然と義理に明に相成、善に進候益は可レ有二御座一候得共、一月六度暫時の事にて御座候へば、学問修行の方は、平日師友に相接、講習討論仕候こそ、其益可レ多義に奉レ存候。　（同右）

教師の側から言えば、講釈よりも会読のほうが有益だと考えても、学生たちは安易な聴くだけの講釈に流れていたのである。予習と発表を強いられる演習ゼミを嫌がり、出席して聴いているだけの講義で単位を稼ごうとする現代の学生と変わりない。今でさえ、そうなのであるから、身分制度の時代、自分の学力のなさをさらけ出すこともある会読などに参加する「貴族高禄の子弟」が明け方の星のごとく、きわめて稀だったとしても、不思議でも何でもない。「属性」を原理とする身分制度と「実力本位」の会読との間の矛盾がすでに、会読を率先して採用した熊本藩に現れていたといえるだろう。問題点はこれだけではない。もう一つの会読の引き起こした問題は、同じく九州の雄藩福岡藩のなかに見ることができる。

福岡藩甘棠館——亀井南冥蟄居事件

熊本藩の藩校時習館を見習い、私塾蜚英館で会読を行っていたのが、先に紹介した亀井南冥であった。天明四年（一七八四）に、南冥の私塾はそのまま福岡藩校甘棠館（西学問所）に衣更えして、正式に藩校として認知された。しかし、寛政四年（一七九二）、南冥は突然、甘棠館

（西学問所）教授の地位を逐われ、蟄居《ちっきょ》させられてしまう。この南冥蟄居事件のなかに、会読の問題点が潜んでいたと思われる。

通説的には、この蟄居事件の原因は、これより二年前の寛政二年五月に、老中松平定信から林大学頭信敬宛てに言い渡された「学派維持ノ儀ニ付申達」、いわゆる寛政異学の禁が関係しているのではないかと考えられてきた。異学の禁とは、徳川家康に仕えた林羅山以来の朱子学を公式に「正学」と位置づけて、昌平黌のなかでは、徂徠学や折衷学などの朱子学以外の「異学」を排除した禁令である。ただし、この令達は、あくまでも昌平黌内部に向けてだされたものであって、諸藩の藩校に及ぶものではなかった。しかし、幕府の権威のもとにその影響は無視できなかった。福岡藩の南冥の処分も、そうした影響の一例としてとらえられ、「いわゆる異学の禁の生んだ悲劇の最大なるもの」（和島芳男『昌平校と藩学』、至文堂、一九六二年）と評されてきた。

これにたいして、八木清治は、慎重な言い回しではあるが、「正学」―「異学」の学問統制の枠組みとは違う視点から、この南冥蟄居事件を解釈している。八木によれば、「異学」徂徠学排斥というこれまでの見解では、寛政四年の南冥処分以後も、甘棠館（西学問所）が即座に廃止されず、寛政一〇年（一七九八）まで存続し、「異学」徂徠学による藩校教育が行われていた事実は理解できないという。むしろ南冥事件を解く鍵は、南冥の私塾と藩校との二重性にあるのではないか、と八木は推測している（『旅と交遊の江戸思想』、花林書房、二〇〇六年）。

先に述べたように、南冥の私塾蜚英館と福岡藩校甘棠館（西学問所）とは隣接していて、南冥は蜚英館を主宰しつつ、甘棠館教授の任についていた。このような形態の私塾は、『日本近代教育百年史』では、「学者が私に塾を主宰する場合と一応区別する意味で、家塾という範疇」によって説明されていて、江戸時代、特別なものであったわけではない。しかし、この私塾教師と藩校教授を併任するところに、問題が生じる危険性があった。

藩校甘棠館の入学生は、当然のことながら福岡藩士に限られていたが、私塾蜚英館には、南冥の高名を慕って、他国からの遊学者たちも入学していたからである。八木はここに注目して、南冥を蟄居させることによって、藩当局は他国者との交流を禁じて、「私塾のもつ開かれた性格、つまり他国からの遊学者を受け入れる機能を奪いとり、私塾もまた藩の統制下」におこうとした、と指摘している。たしかに蜚英館では、先に見たように、学力を唯一の評価基準とする競争的な会読が、他国の人々も含めて、対等な関係のもとで行われていた。とすれば、藩当局にとって、他藩の人々との交流は好ましいものではなかったのではないかと思われる。このあたりに南冥の処分問題の理由があるという八木説は、それほど的外れなものではないだろう。

民間の私塾で自発的に会読していたときには、さして問題にならなかったことが、官立の藩校のなかに採り入れられるや、顕在化したといってよいだろう。広瀬淡窓によれば、南冥が教授であった福岡藩校甘棠館（西学問所）もまた、学問に熱心のあまり「上下無二検束一」かったという（『懐旧楼筆記』）。なにしろ南冥は豪傑として知られ、あるときは褌一枚の裸体で外に出て、近隣の悪少年どもが群飲するところに行って、すりばちのような大盃で共に飲み合い、浩歌長嘯してかたわらに人なきがごとくだったと伝えられている。こうした上下の「検束」なさは、「夏抔《など》は丸裸になり、先生も弟子も同様寝転びて咄」したという熊本藩の会読会に見られるように、もともと会読の対等性という原理から生じるものであるうえに、しかも、その対等な相互コミュニケーションは藩内にとどまらず、外部に開かれていた。本来、会読の参加者は必ずしも藩内に限る理由はなかったからである。会読は藩と藩との垣根を越える可能性をもっていたのである。

江戸後期になると、各藩で優秀な藩士を遊学させるようになる。その遊学先は、各藩の藩校が自藩の藩士しか入学を許していなかったため、ほとんどが私塾だった。先に見た咸宜園や適塾はその代表的遊学先だったことはいうまでもない。こうした諸藩の武士や庶人のいる私塾では、身分差や年齢差を問わず、学力のみを競い合わせる会読が、もっともふさわしい学習方法だったといえる。しかも、後にも述べるように、そうした競い合いの中から、政治的な問題について横議・横行するような現象も生まれてくる。ここで、とりわけ注目すべきは、徂徠学派の南冥の私塾蜚英館と福岡藩校甘棠館では、政治を論ずること自体が禁止されていなかったという点である。たしかに甞英館学規と甘棠館学規でも、当時のどこの藩でも掲げられていたように、「時政を弾議〔せめそしって議論〕し、大人を誇誹することを禁ず」と規定されてはいた。しかし、南冥はそう言いつつも、政治を議論し、人を論評することは、他日に役立たせようとするのであるから、善政や偉行を論ずるのは、この禁止事項にはあたらない、と付け加えていたのである。「政事即学問、学問即政事」（島田藍泉宛書簡、天明四年、『亀井南冥・昭陽全集』巻八上）とする南冥からすれば、当然といえば当然の規定であったが、だからこそ、逆に福岡藩の当局者の立場からすれば、南冥塾は危険極まりない存在だったろう。当時、藩内部の政治的な問題を論ずること自体、忌避されていたのに、さらに会読の一つの原理である相互コミュニケーションする政治的討論を他藩の人々と行うようなことがあれば、どうなるのか。藩当局の恐れは想像にあまりある。こう考えてくると、南冥への処罰はそうした藩を超えた横議・横行への方向性をあらかじめ断ち切った事件だったといえるだろう。

4　寛政異学の禁と闊達な討論――昌平坂学問所の会読

江戸幕府は、南冥蟄居事件をさかのぼること二年前、寛政二年（一七九〇）五月に、半官半民の形態をとっていた林家の私塾にたいして、いわゆる寛政異学の禁を出して、朱子学以外の学問を講ずることを禁止した。老中松平定信が林大学頭信敬に宛てた諭達で、「朱学之儀、慶長以来御代々御信用之事」であるが、「近き頃世上種々新規之説を為し、異学流行、風俗を破候類」もあるのは、まったく「正学衰微」のためであるので、以後は門人たちに「異学」を禁じて、「正学」を講究するようにせよ、と訓告したのである。また、それまで林家に独占されていた幕府儒官に、徳島藩儒の柴野栗山（天明八年就任）、幕府小普請組の岡田寒泉（寛政元年就任）、大坂で塾を開いていた尾藤二洲（寛政三年就任）、佐賀藩校教授の古賀精里（寛政八年就任）らを登用して、教学の刷新をはかった。

さらに幕府は、素読吟味（一五歳未満の幕臣の子弟を対象にした素読の試験）・学問吟味（一五歳以上の旗本・御家人を対象とする儒学の試験）をもうけるなどの一連の改革を行い、寛政九年（一七九七）には、完全に幕府直轄の昌平坂学問所として開校させた。林家の私塾であったときには、優秀な儒者（学者）を育てることが教育の目的であったが、これ以降、昌平坂学問所は、引き続き、武士や庶民一般の成人を対象とする仰高門日講《ぎょうこうもん》を行い、風俗教化の任を担う一方で（仰高門日講の講釈については、先に講釈を説明した際にのべたので、参照していただきたい）、幕府直参の旗本・御家人の子弟教育に主眼を置くようになった。

朱子学と会読

この寛政異学の禁によって、朱子学が幕府公認の官学になった意義は大きい。この点、異学の禁の達しには、「朱学の儀は慶長以来代々御信用の事」とあるが、誤解のないように付け加えておけば、慶長年間の徳川家康による林羅山の採用をもって、朱子学が官学となったわけではなく、この時はじめて官学として認められたのである。ただ、それも、幕府は中国や朝鮮のように科挙を実施したわけではなく、学問吟味といっても、優秀な人材を登用する道を開いたわけでもなく、せいぜい学問奨励のために行ったにすぎなかったことは、これまで繰り返し述べてきた。そうだとしても、なぜこの時点で、幕府は朱子学を官学としたのだろうか。ここでは、この問題を会読という本書の観点から考えてみよう。換言すれば、徂徠学や朱子学の思想内容からの考察ではなく、教育的な観点からの考察ということになる。

この教育的な観点から注目すべきは、石川謙によれば、「昌平坂学問所では、官営に移し、学問講究所に切りかえた当初から、講釈と会読とを学習法上の二つの支柱として重んじた」（前掲『日本学校史の研究』）という点である。学制改革をリードした尾藤二洲と古賀精里の二人が立案した寛政一二年（一八〇〇）四月の「聖堂御改正教育仕方に付申上候書付」には、次のように定められていた。

講堂え儒者並に見習、毎日不レ明に出席仕、講釈、経書会読、詩文典点削などは儒者相勤、素読・歴史等は見習相勤候様可レ仕候。

これによって、講堂での「経書会読」は、「講釈」とともに、御儒者（昌平坂学問所の教官）が出席すべき重要な教育の場となった。実際、御儒者の御座敷講釈は、毎月四・七・九の日に月九回行われたが、会読＝輪講はもっと頻繁に開かれた。御儒者が会頭（生徒たちの討論の審判者となるが、討論の最中は黙って聞いている）となって出席する会読＝輪講だけでも、『詩経』『書経』『春秋左氏伝』の輪講はそれぞれ毎月六回、『易経』と『周礼』はそれぞれ毎月三回あり、また生徒のなかから選任された教授方が会頭となる会読＝輪講は、『小学』が毎月二七回、『論語』は毎月三六回（一日の講席が三回ある）にも及んでいる（『日本近代教育百年史』3）。このように寛政異学の禁は朱子学を「正学」と規定しただけではなく、学習・教育方法についていえば、「講釈」よりも「経書会読」を教育の中心におくようになったことで、革新的な改革だったといえる。

では、尾藤二洲（一七四七—一八一三、延享四—文化一〇）や古賀精里（一七五〇—一八一七、寛延三—文化一四）らの寛政朱子学派は、会読をどのようにとらえていたのだろうか。この時、松平定信に抜擢されて御儒者になった尾藤二洲が、「会業日告二諸子一」（『静寄軒集』巻二）という会読を始める際の注意を述べた文章がある。そのなかで、二洲は「凡そ読書は精思を貴ぶ。思ひて精《くは》しからざれば、猶ほ之れ思はざるがごとし」といい、思索が精密でないところから新奇の説を立てるようになる、と批判していた。

若し夫れ思ひの未だ嘗てせずして、乃ち遽《にはか》に古人を議し、或は浪《みだり》に新奇の言を造為し、自ら以て一家を成す者と為すは、固《もと》より吾の深く醜《にく》む所にして、諸君の為さざる所なれば、則ち亦た必ずしも論ぜざるのみ。（同右）

思索を精密にしろということは、先に見たように徂徠でも春台でも説いていた。徂徠らによれば、山崎闇斎流の講釈では、疑いを持たず、自らで考えることをしない。これにたいして会読は、疑いを喚起する点で、朋友との「講習討論」（太宰春台）は有効性があると唱えられていた。二洲の議論はこうした徂徠・春台を踏まえながらも、朱子学の立場から新奇な説を立てようとする徂徠・春台を批判して、自ら「一家」をなす事を否定し、会読参加者を窘《たしな》めているわけである。

この「精思」の重視という点は、幕末期の昌平坂学問所の御儒者となった塩谷宕陰が、天保年間に書いた浜松藩の経誼館掲示のなかで、次のように述べているのが参考になるだろう。宕陰によれば、「読書の益は専ら会読・輪講に在」る。というのは、獲得しやすいものは失われやすいというのが、物の理だからである。講釈は、耳から入って心に通じ、困学の労を省くうえに、聞いたこともすぐに役にたつので、学問の近道であるように思える。ところが、聞くだけで、予習・復習する独看の少ないものは、目と字に慣れず、心と書が熟さず、耳から入ったものは、すぐに忘れてしまう。かりに忘れないまでも、自己の本来の「性霊」を開くことはほとんどない。これにたいして、会読・輪講は、書にたいして理を考え、経によって道を論じ、心目口耳をともにはたらかせることによって、「神智」を開き、学問に有益である。これに力をいれることが深ければ、効果も遠大であるのはもちろんだという。

　また、「会業日告二諸子一」において注意すべき点は、二洲もまた、「会業」の参加者を「諸君」と呼びかけていることである。先に徂徠が、「故に吾、諸君に六経を以て四子を観んことを欲するなり。四子を以て四子を観んことを欲せざるなり」（『徂徠集』巻一八、四子会業引）と、「会業」参加者を二人称複数代名詞の「諸君」と呼んでいたことを見たが、二洲もまた同じである。その意味で、学派を問わず、この「諸君」という言葉は、会読参加者の対等性を象徴する二人称だったといえるだろう。

　ただ、この点、二洲が徂徠を踏まえているとは、必ずしもいえないかもしれない。というのは、朱子自身に「諸君」という呼びかけがあるからである。朱子の「論語課会説」には、次のようにある。

　今、将《まさ》に論語の書を以て、諸君と学に相従はんとす。而《しか》して惟《た》だ、今の所謂《いはゆ》る講は、事とするに足らざるなり。是を以て、敢て区々薄陋、聞く所を以て諸君に告げず。諸君、第《た》だ先儒の説に因て、以て聖人の志す所を逆《むか》へ、孜々《しし》として蚤夜《さうや》、以て精思し、退いて之れを日用に考ふれば、必ず将に以て之れを自得すること有らんとす。而して以て幸いに熹〔朱熹〕に教へよ。其の合はざること有るは、熹請ふ、諸君の為に之れを言ふことを得ん。
（『朱子文集』巻七四）

さらに、廬山の白鹿洞書院を復興して、学生たちに示した「白鹿洞書院掲示」の後記のなかにも、「諸君、其れ相与《とも》に講明遵守して、之れを身に責めば、則ち夫の思慮云為の際、其れ戒謹して恐懼する所以の者、必ず彼れより厳なるもの有らん」（同右）とあるように、朱子は「諸君」と相ともに講学することを求めている。「学とは講習討論の事を謂ふ」（『大学章句』伝二章）と説いているように、個人的な修養とともに、「学とは講習討論の事、つまり教室的、あるいは研究会的な学問の方法」（島田虔次『大学・中庸』）によって、「諸君」と学問をしていたのである。

中国近世の儒学思想のなかにリベラリズムを見る、アメリカの中国哲学研究者ドバリーは、「白鹿洞書院掲示」後記のなかで、「朱熹は、学問は議論することによって進展すべきものであること、またその議論は学生が問い、教師が答えるという一方的な問答形式でなくて、学生相互の徹底的な討論の形式をとるべき点を、二度にわたって指摘している」（『朱子学と自由の伝統』、山口久和訳、平凡社選書、一九八七年）と論じている。師―弟子の上下関係でないことを示すのが、この諸君という二人称複数代名詞だろう。朱子自身が、闇斎流の教師の説をひたすら聞くという講釈の態度ではなかったことは、朱子の説にたいして「述べて作らず」の態度をとった闇斎にとっては、なんとも皮肉なことだが、尾藤二洲にとっては、「精思」し、お互いに問うという学問者の態度は、会読にとっても基本的なものであり、それはまた朱子自身のものである、ととらえられていたのかもしれない。ただ注意すべきは、これが、ドバリーの理解する朱子のものであって、ドバリーが強調するように、朱子の「講学」がこの「学生相互の徹底的な討論の形式」であったかどうかは、なお検討しなくてはならない課題である。というのは、もしそうだとすれば、朱子の「講学」こそが会読の原型ということになり、「書ノ会読スルト云事、中華ニテハ決シテナシ」（『文会雑記』巻一上）、「唐上にても諸生を教候に会読様之義は未た承リ不レ申候」（大島桃年上書）という江戸の人々の認識は間違っていたことになるからである。

しかし、この点、学生間には「学生相互の徹底的な討論の形式」を勧めたとしても、朱子と弟子との間に、会読ほどの対等性があったとは考えにくい。『論語』のなかの孔子と弟子との問答のように、あくまで師と弟子との間の問答だったからである。津田左右吉は、「弟子が師について学ぶといふことは、知識の無いものが有るものからその知識を与へられることであり、何ごとかを師に問うてその答えを得れば、それで知識が与へられたことになり、さうすることが即ちかれらの学問なのである。一問一答は、さういふ学問のしかたの公式化せられたものと見られやうし、問答の重ねられたものとても、一度の問答で十分の知識が得られなかつたばあひに、さらにその説明を求めましたまでのことである」(『論語と孔子の思想』、岩波書店、一九四六年)と指摘していた。朱子とその弟子たちが、このような孔子と弟子の関係を超えて、相互に対等な関係で討論していたかどうか、この点はなお検討の余地があるだろう。

もしかりに百歩譲って、「自発性の重視と討論を通じての教育は、新儒学の初期から見られた中心的考えであった」(『朱子学と自由の伝統』)とするドバリーの朱子学理解が正しいとすれば、会読において、対等な「諸君」に「精思」を求めている二洲は、朱子学の「中心的な考え」をとらえていたといえるだろう。さらに、もう一ついえることは、会読においては、ドバリーのいう「学生が問い、教師が答えるという一方的な問答形式でなくて、学生相互の徹底的な討論の形式」が、朱子以上に実現されていたという点である。というのは、会読では、生徒間で徹底的な討論をしている最中、教師は黙っていて、討論が決着しなかったときに裁定する第三者的な立場に立っていた(教師がいない場合もある)からである。この点でも、朱子は科挙の学問を批判するなかで、「諸君」と呼びかけていたが、はじめから科挙のない近世日本で、尾藤二洲が「諸君」に呼びかけるとき、より純粋に「己れの為めにする」同士の対等な学問となっていたといえるだろう。

会読における「虚心」

ところで、寛政朱子学派と朱子との関連でさらにいえば、尾藤二洲が、先にみた金沢藩の明倫堂の「入学生学的」に「会読之法は畢竟道理を論し明白の処に落着いたし候ために、互に虚心を以可レ致二討論一義に候」とあるような、会読における「虚心」の重要性を説いたことも注目される。この点、二洲は朱子説に依拠して、読書における「虚心」を説いていた。

朱子門人ニ読書ノ方ヲ示シテ、シバ〱「虚レ心切レ己」トノタマヘリ。読書ノ人コノ意ヲ知ルベシ。心虚ナレバ道理ヲ見ルコト明カニシテ、聖賢ノ本意ヲ得ヤスシ。己ニ切ナレバ、体察シ出シテ聖言ノ意味深長ナル処ヲ知ル。若《モシ》心虚ナラズシテ、其胸中ニ先《マヅ》自《ミヅカラ》是《ゼ》トスル一説アレバ、聖賢ノ言語ヲ却《カヘツ》テ己ガ意思ノ如ク見ナシテ、其本旨ヲ得ズ。己ニ切ナラズシテ、汎然ト読過セバ、聖賢ノ書ミナ紙上ノ空談トナリテ、寸益ヲモ得ザルナリ。学者聖賢ノ書ニ対セントキハ、イツモ此四字ヲ忘ルベカラズ。（『正学指掌』）

ここで二洲が、朱子の「虚レ心切レ己」という言説を引照しているように、もともと「虚心」は朱子の読書法のなかに見えるものであった。

書を読むは、是れ心を虚にして、己に切なるを須《ま》つて、方《まさ》に能《よ》く聖賢の意を得。己に切なれば、則ち聖賢の意、虚説とせず。（『朱子語類』巻一一、二一条）

三浦國雄によれば、「朱子がその読書論で強調したのは、「虚心」と「熟読」であった」（『朱子集』、中国文明選3、朝日新聞社、一九八六年）という。「朱子において書物――とりわけ経書は、おのれの生の切実な問題として受けとめられねばならない。重心はむこう側にあるのではなく、いま現に生きている主体の側に置かれる。しかし彼は、自己一己の主観によって任意に経書を読めとは決して云わない。読書においても「私意」を捨てて「虚心」に対峙せよと繰り返し語っている。おのれを「虚」にすることによっていったん共通的基盤に同化させ、その基盤――宋学者の言葉でいえば「公」――に立った上で各自の生へ歩み出せというのである」（同右）。ただ、朱子が「虚心」というとき、「某、向時、朋友と書を読むことを説き、它《かれ》に思索して疑ふ所を求め去ることを教ふ。近ごろ方に書を読むことを見得たり。只是れ且つ恁地《かくのごとく》に心を虚にして、上面に就きて熟読す。久しうして自ら得る所有らん」（『朱子語類』巻一一、七五条）とあるように、朋友との読書のなかでの「虚心」の必要性が説かれることもあるが、孤独な読書のなかで、自己の私心を捨てて、聖賢の書物と向き合い、対峙しろという意味合いが中心となっているように思える。

これにたいして、二洲の場合、自己の偏見や独断を斥けて、虚心坦懐にテキストに向かうという意味はもちろんのこと、異質な他者である「朋友と書を読む」過程のなかで、自己の先入見や独断を克服していくという意味が、朱子以上に強く含意されていたのではないかと思われる。おそらくは二洲には、この後者の意味での朱子の「虚心」が、会読の場で強いリアリティーをもって受けとめられたのであろう。というのは、寛政異学の禁以降、全国的に普及する藩校の会読の心得として、「虚心」がしばしば説かれていたからである。たとえば、次に挙げるような注意である。

　輪講会議の時、虚心にして程朱正学の説を吟味可レ致候。己れ先入を主張して相争ふへからす候事。（淀藩明親館、明親館条令、資料1冊、三頁）

　輪講・会読の時、虚心平気にして、自己に益あるを専らとすへし。己先入の説を主張して声色を変し相争ふへからす候事。（神戸藩教倫堂、条目、資料1冊、一一〇頁）

　師友問難の際、宜しく虚心平気にして以て其の義を明らかにすべし。躁《さは》ぎ妄《みだ》りに勝を求むべからず。（前橋藩校、条約、資料1冊、五七三頁）

会読の際、自己の「先入の説」を強情に主張することなく、他者の意見をよく聞き、「勝を求」めて相争うなという戒めは、まさに二洲の「虚心」説とぴったりと重なっている。「虚心ならずんば以て理を明らかにすべからず。平気ならずんば以て物に接すべからず。虚平を以て道となすには非ず。而れども道に進むには必ず虚平より始む」（『素餐録』）。逆にいえば、二洲の「虚心」説は、頼春水や古賀精里ら同志と会読を行っていたからこそ、朱子の「虚心」説をリアリティーをもって再解釈することができたのではないかと思われる。

こうした「天地公共の理」としての「道」（同右）を明らかにするために、独断を排して、異説を聞き入れる「虚心」説は、たんなる競争の場ではない会読を志向していたものとして解釈することができる。ここでは一つの面白い事例を紹介しよう。先に見たように、競争心に会読の効果を認めたのは亀井南冥であったが、同じ福岡藩の藩校で、まったく別の会読が行われていたのである。

福岡藩では、天明四年（一七八四）に城の東西に両学問所が開校した。先に見た亀井南冥が館長になったのが、西学問所甘棠館であった。これにたいして、東学問所修猷館は、代々藩儒筆頭の家柄の竹田定良を館長としていた。竹田定良（一七三八―九八、元文三―寛政一〇）は貝原益軒の弟子竹田春庵の外孫で、益軒の学統を継いでいた。修猷館でも会読が行われていたが、そこでは益軒流の謙譲を旨として、競争を否定した点は面白い。もともと「君子は礼儀を専らにして争なし。争は小人のことなり」、「争はざるは人に交はるの道なり」（『大和俗訓』巻八）とする益軒もまた、「心をむなしく」することを説いていた。

学問の道は心をむなしくし、へりくだり、よくしれることをもしらざるが如くにし、能く行ふことをも行はざるが如くにし、我が才と行とにほこらず、わが智を先だてずして、人に問ひ、人のいさめを聞き用ひ、我が過を改めて善にうつるべし。かくのごとくすれば、学問の益あり。（『大和俗訓』巻二）

「よくしれることをもしらざるが如くにし」た益軒の謙虚さは、『先哲叢談』の次のような逸話にも現われている。ある時、益軒が船に乗っていると、同船の人々はお互い名前も知らず、雑然と向かい合い、語り合っていた。そのなかに一人の少年がいて、儒学の経書を得意げに「旁《かたは》ら人無きが若《ごと》」く講談した。その間、益軒は黙っていて、一言も発せず、「能無き者」のようだった。ようやく船着き場について、別れ際に、各々が名前と郷里を告げるにいたって、少年ははじめて大先生益軒であることを知って、恥ずかしくなって、名前も告げず、こそこそと逃げ去ったという（『先哲叢談』巻四）。謙遜もここまでくると、少し嫌味な感じがするが、ともかくも「我が身にほこらず、人に高ぶらずして、心をむなしくし、人に問ふ」（『大和俗訓』巻二）謙譲の徳は、益軒が何より求めてやまないものだった。

そのため、修猷館の学規では、序において「益軒先生の主意を推て学規を定」めることを宣言して、第一条に「稽古の衆中孝弟忠信礼義廉恥を根本」とすることを掲げ、会読について次のように定めていたのである。

> 会読は字音字訓を正し、文句をさはき事の訳弁へ候事肝要に候。疑はしき所は不二差置《さしおかず》一相尋自分に見付たる所は他の了簡をも承可レ被レ申候。相互に謹み謙《ゆづ》りて争を好み被レ申間敷候。僉儀を詰候に至るは随分無二遠慮一論弁可レ有レ之候。文意を説候には詞繁《ことばしげ》からすして能分候様有レ之度事に候。（資料3冊、一五頁）

「相互に謹み謙りて争を好み被レ申間敷候」とは、南冥流の競争心を動機づけとする会読にたいする批判が込められているだろう。実際、お互いが「心をむなしくし、へりくだり」（『大和俗訓』巻二）議論を行うことが可能だったのか、問題はあるが、「虚心」と会読とのつながりは確認できるだろう。ここから会読を、異質な他者と出会う場であり、そこで自己の偏見を矯正しうる場、後にみるように「心術錬磨の工夫」の道徳的な修養の場としてとらえるという考えが生まれることになる。この「心術錬磨の工夫」の場としての会読という考えは、これまで見てきた徂徠流の競争の会読観とは異なるものであって、むしろ仁斎の会読（輪講）観に等しいものであったといえるだろう。そこには、面白い思想的な可能性もあるが、後に述べよう。

異学の禁の教育的背景

ここで、寛政異学の禁において朱子学以外の学問を禁じたことを考えてみよう。寛政期の昌平坂学問所の学制改革は、基本的に幕臣子弟の教育のためのものであって、「新奇な言を造為し、自ら以て一家を成す者」（『静寄軒集』巻二）は必要なかった。というのは、昌平坂学問所は人材を養成するための教育機関であって、新奇な学説を創出する研究機関ではなかったからである。

学問所で取り組むべきことは、どうすれば幕臣子弟をよりよく教育できるかにあった。そのための方法として導入された会読の討論では、一定の基準を設ける必要があったと思われる。

さもなければ、新奇な説を競い合うことになってしまい、収拾がつかなくなってしまうからである。この点について、明治になって幕府役人が証言した『旧事諮問録』の次のような問答が参考になるだろう。昌平坂学問所で学んだ漢学者島田重礼が、寛政異学の禁「以前にはよほど有名な人が講釈したので、徂徠学もあり、朱子学もあり、陽明学もあり、今日朱子学で講釈があると明日は陽明説で講釈するというようで、聴く者が適従する所がないから、それで異学禁制ということになったのです」と説明した後に、「学問所という名義から言うと、不都合ですな……」という言葉にたいして、

それで異説の多いために、書生間では喧嘩をするというようで困ったのです。

と答えている（第八回、昌平坂学問所の事）。学生の教育的な観点から、異学の禁がとらえられていることは重要である。まして、討論の会読＝輪講を教育方法の中心におくわけだから、討論の場で異説が飛び交うようでは、それこそ「喧嘩」になってしまう。眞壁仁が、徂徠学派と折衷学者の会読では、「公同の真理探究の目的が見失われるならば、諸説を折衷して解釈の新規さを競うものとなり、時に根拠のない勝手な私見を開陳し、さらに昂じれば討論相手を駁撃し、その場限りの論争に打ち勝つことが自己目的化される」（『徳川後期の学問と政治』、名古屋大学出版会、二〇〇七年）と指摘していることは、平野金華と太宰春台のやりとりを見てきたわれわれには、首肯される議論だろう。だからこそ、昌平坂学問所の学規（寛政五年）に「義理を討論し、

精微を講窮す、須《すべか》らく必ず依拠有るべし、切に無稽憶説を禁ず」とあるように、「討論」「講窮」する際の「依拠」基準となる明確な定説が必要だったのではないかと思われる。

ただ「異学」を禁じて排除したのは、あくまで教育機関としての昌平坂学問所の内部にとどまっていたのであって、その外では多様な学問の存在を容認していたことは注意せねばならない。この点で参考になるのは、美濃国岩村藩の藩校知新館の規則である。岩村藩は、林述斎と佐藤一斎を輩出した藩である。林述斎（一七六八—一八四一、明和五—天保一二）は、岩村藩主松平乗薀《のりもり》の三男として生まれ、寛政五年（一七九三）に林家の養子となって、昌平坂学問所設置の建議を進めた人物である。また、佐藤一斎（一七七二—一八五九、安永一—安政六）は述斎のもとで幕府御儒者となったが、陽明学を学び、「陽朱陰王」と評されたことはよく知られている。岩村藩では、天保年間に一斎門下の若山勿堂《ぶつどう》を藩校知新館に招聘した。この知新館の「学校規約」には、次のようにある。

凡《オヨソ》生徒タル者経業専務タルヘシ。経業ハ一家ノ説ヲ固守セス、衆説ヲ折衷スル勿論ノコトナレトモ、初学ノ徒、已ノ権度《ケンド》未タ定ラス叨《ミダリ》ニ凡百ノ雑説ヲ渉猟ストモ、是非ヲ誤リ得失ヲ弁セス、支離散漫根著スル処ナク、廃衡ノ軽重ヲ分ツ能ハサルニ均ク其弊害モ亦少カラス。姑《シバラ》ク朱子ノ定説ヲ守リ其意ヲ得ルヲ要トナスヘシ。

（岩村藩知新館、年不詳、資料1冊、四八〇頁）

経学の修業においては「一家ノ説ヲ固守セス、衆説ヲ折衷スル勿論」であるが、自己の見識のない「初学ノ徒」は「姑ク朱子ノ定説ヲ守」ることが肝要だという。学力のある者と「初学ノ徒」を分けて、前者においては「衆説」の折衷を認めながらも、後者では、しばらくの間、「朱子ノ定説」を守るべきことを説いている。こうした考えからすれば、「経業」の専門家佐藤一斎が教育の場で「朱子ノ定説」に従う限り、個人的に「異学」である陽明学を奉じたとしても、何ら問題ないということになる。要するに、是非を自ら判断することのできない「初学ノ徒」には、教育上、一定の基準が必要だというわけである。

また、寛政異学の禁にたいして、「人は其気質の近き処によりて、各好む処同じからざる者ニ御座候」だから、「学問も必伊洛の流ニ無二御座一候共、人々の好みに任せて、漢魏以上唐宋以下の嫌《きらひ》なく、修行致させ度ものと奉レ存」（「冢田多門上疏写」）と、学問の多様性を説いて異学の禁に反対した、いわゆる寛政の五鬼（山本北山・亀田鵬斎・冢田大峯・豊島豊洲・市川鶴鳴）の一人冢田大峯（一七四五―一八三二、延享二―天保三）も、文化八年（一八一一）に名古屋藩の明倫堂の督学に自らがなったときには、朱子の注釈を廃止して、『冢註孝経』『冢註論語』などの自分自身の「冢註」本を教科書に採用している（資料1冊、一三六頁）。大峯もまた、自分が藩校の責任者に任ぜられるや、教育上、一定の基準を決めておく必要に迫られ、己に異なる学風の者を排斥したのである。ここからも逆に、異学の禁が、朱子学や徂徠学、あるいは大峯学の思想内容が問題だったのではなく、すぐれて教育的見地からの発案だったことが推測できる。

昌平坂学問所の会読

では、会読の場でどのような討論がなされていたのだろうか。寛政異学の禁では、教育的な見地からとはいえ、朱子学以外の学問を禁じたのだから、徂徠学や蘭学のような自由闊達さはなくなってしまい、会読といっても、随分、様相は異なっていたのではないか、討論といっても、たいしたことはない、と想像するかもしれない。本当にそうなのであろうか。それを確かめられるような、会読の発言者の言葉を逐一記録している資料があればよいのだが、管見の範囲ではない。そのため、実際これを知ることはなかなか難しい。しかし、会読の際の注意事項はあるのに、討論の内容が分からないというのでは、画竜点睛を欠くだろう。それで、古賀精里の息子で、昌平坂学問所御儒者となった古賀侗庵（一七八八―一八四七、天明八―弘化四）の『中庸問答』のなかの一節をもとに、どのような討論がなされたのかを再現してみよう。

寛政異学の禁以降の昌平坂学問所や藩校の会読＝輪講は、基本的には、「新奇な言を造為し、自ら以て一家を成す」（『静寄軒集』巻二）ような独創的な解釈を生み出すものではなく、朱子の四書集注（『大学章句』『論語集注』『孟子集注』『中庸章句』）を「依拠」基準にした、一定の枠内での討論であったことは間違いない。ただ、その枠内であるとはいえ、討論の余地は十分あった。

明・清代には、朱子の注釈にたいする注釈という意味で疏釈《そしやく》本といわれている、科挙受験用の多くの四書集注の注釈書が書かれた。この疏釈本の間には、さまざまな見解の差異がふくまれていた。というのは、疏釈本の読者である科挙受験者からすれば、多くの受験者のなかで採点者の目を引く答案を書くために、そうした微妙な差異が重要だったからである。ともあれ、たとえば、佐藤一斎が、昌平坂学問所の書生寮に遊学するような「儒業を以て教授せん」とする上級者のために挙げている、朱子学系の四書疏釈本だけでも、次のようなものがある(『初学課業次第』)。明・胡広等撰『四書大全』三八巻、明・蔡清撰『四書蒙引』一五巻、明・林希元撰『四書存疑』一四巻、明・陳琛撰『四書浅説』一三巻、明・張居正撰『四書直解』二〇巻、清・呉荃撰『四書大全説約合参正解』三〇巻、清・李沛霖撰『四書異同条弁』四〇巻、清・陸隴其撰『四書松陽講義』一二巻、清・陸隴其撰『四書講義困勉録』三七巻、清・呂晩村撰『四書講義』八巻である。このほかに、陽明学者佐藤一斎らしく、「異説多しといへども、取るべきの説もまた少なからず」として、陽明学系の四書疏釈本として、明・鄭維嶽撰『四書知新日録』三二巻、明・張鼎撰『四書述』一三巻を付け加えている。こうした諸疏釈本をふまえて、昌平坂学問所での討論が行われたのである。そこでは、疏釈本の差異をめぐって、何が朱子の本意に沿っているのか、さらにいえば、四書本文のテキストの本意にあたっているかどうか、討論が繰り広げられたのである。おそらくは行われたであろう会読の討論を、数多くの疏釈本を引用しながら、討論すべき論点を明示している古賀侗庵の『中庸問答』の一節から例示してみよう。

四書の一つ『中庸』には、「夫婦の愚も、以て与《あずか》り知るべし。其の至れるに及んでは、聖人と雖も亦《ま》た知らざる所有り。夫婦の不肖なるも以て能《よ》く行ふべし。其の至れるに及んでは、聖人と雖も亦た能《あた》はざる所有り」（『中庸章句』第十二章第二節）という一節がある。現代語訳すれば、愚かな夫婦でさえ、君子のふみ行うべき道をあずかり知ることができるが、その極致となると聖人でさえも知ることができないところがある。愚かな夫婦でさえ、それを行うことができるが、その極致となると聖人でさえ行うことができないところがある、という一節である。

討論の焦点となるのは、この愚かな夫婦でさえ、知って行うことのできるものとは何かにある。朱子はこれを「夫婦居室」（『中庸章句』）、すなわち、夫と婦《つま》とが一緒に生活することと解している。この朱子の『中庸章句』の注釈を受けて、では、この「夫婦居室」とは、何を意味しているるか。この解釈をめぐって、明・清代の疏釈本の間で、さまざまな意見が提出されている。

まず呂晩村『四書講義』では、愚かな夫婦でさえ知って行うことができる、「夫婦居室」のこととといえば、それは「男女交感」のこと、男女間の性的な行為であるとする（第一意見）。ところが、孫詒仲『四書緒言』では、『中庸』にそんな不謹慎なことがあるはずはないと考えて、日常生活のこまごました事柄を指しているにすぎないとする（第二意見）。侗庵の父親、古賀精里は『中庸章句諸説弁誤』のなかで、この第二意見に賛同している。しかし、侗庵は精里の説とは「合はず」と反対意見をのべる。侗庵によれば、二つの意見は、両方とも偏った見方をしているという。もともと、夫婦の日常生活の間には、さまざまな事柄があって、「男女交感」もそのなかの一つにすぎない。それを朱子のいう「夫婦居室」とイコールにすることはできない。また逆に、日常生活一般に解してしまえば、「夫婦」間という『中庸』本文から離れて、この箇所をとらえることになってしまい、朱子の本意からも背馳《はいち》してしまうだろう（第三意見）。

三つの意見が出されたわけだが、さて、この三つのうち、どれが朱子の本意、ひいては『中庸』本文の意味を正しくとらえているのだろうか。ここから討論が始まるのである。経文の一句一節ごとの解釈をめぐって、昌平坂学問所や藩校のなかで、このような討論が繰り広げられたであろう。事実、侗庵の弟子で、後に阿部正弘に抜擢されて福山藩儒となった江木鰐水《えぎがくすい》（一八一〇―八一、文化七―明治一四）の日記の天保七年（一八三六）正月二八日条には、この日の夜に、前年五月から、月三回行っていた「中庸会読卒業」すとあり、清・汪武曹撰『増訂四書大全』を主テキストとしながら、参考書として清・陸隴其撰『四書講義困勉録』『四書松陽講義』、それに「先生の著す所の中庸問答」をあげている。有志一六人（このなかには、侗庵の息子で、後に昌平坂学問所の御儒者になる古賀茶渓も含まれていた）で行っていた自主的な会読のなかで、侗庵の『中庸問答』を踏まえながら、討論を重ねていたと想像される。

その際、侗庵自身、朱子の「佞臣為《た》るよりは、寧《むし》ろ争臣為らん」（『大学問答』）と決意しており、朱子学の枠内とはいえ、是々非々を貫き、父精里の説とは「合はず」と、反対する意見をもっていたように、侗庵の弟子たちもまた、師説と異なった意見を提出する者もあったろう。本居宣長が「わがをしへ子にいましめおくやう」のなかで、「吾にしたがひて物まなばむともがらも、わが後に、又よきかむかへのいできたらむには、かならずわが説にな〻づみそ、わがあしきゆゑをいひて、よき考へをひろめよ」（『玉勝間』巻二）と説いていたが、この「自由討究の精神」（村岡典嗣）はそのまま侗庵のものであったからである。もちろん、朱子学の枠内であるうえに、師侗庵以上の学識に裏付けられた根拠ある批判をすることは、よほど難しかっただろう。とはいえ、その可能性はあったし、会読の場は、そうした異説をぶつけ合う討論の場だったのである。

書生寮のつわものたち

もともと昌平坂学問所は幕臣子弟のための教育機関であったが、享和元年（一八〇一）に幕臣以外でも入学できるようになった。それまで、昌平坂学問所の構内に役宅が与えられていた御儒者には、それぞれ私的な門弟がいたが、彼らを一所に集めて公営の校舎＝書生寮のなかで教育することが許可されたのである。定員は、幕臣の入る寄宿寮と同じ、四八人だったという（『旧事諮問録』）。これによって、御儒者の門弟という資格で、諸藩の藩士や処士・浪人、場合によっては庶民までも、書生寮に入ることができるようになった。

この書生寮の創設によって、全国の諸藩から優秀な学生が書生寮に入るために御儒者のもとに集まってきた。書生寮への入寮者が、どの御儒者の門から入学したかを知る手がかりとなるのは、『書生寮姓名簿』である。弘化三年（一八四六）現在の在寮者から慶応元年（一八六五）一〇月に至る二〇年間までの入寮者の所属藩と御儒者門、年齢などが記されている。これによると、林門（第九代から第一二代）の入寮者は一〇一名、古賀門（古賀精里・侗庵・茶渓の三代）が一二六名、佐藤一斎門が六五人、安積艮斎門が一〇六名、中村敬宇門が五六名、そして塩谷宕陰門が二七名などである。

また、書生寮に藩士を遊学させた藩数は、延べで九一藩に及んでいる。『書生寮姓名簿』には五〇四人の氏名が記載されているが、このうち七九人は処士（郷士）・浪人であり、所属藩不明のものが一五人いる。残る四一〇人はすべて藩士であるが、全国に散らばっていた（『日本近代教育百年史』3）。彼らは、「郷里で抜擢せられて出て来る人」たちで、いわば「当時の洋行の類」（『旧事諮問録』）、すなわち外国留学と同じであった。先に述べたように、藩校は他藩の遊学生を受け入れることはなかったが、諸藩の藩士を受け入れた昌平坂学問所の書生寮は、その意味で、私塾とは異なる、江戸時代、唯一公式に認められた官立の「洋行」先だったのである。

この遊学先の会読での討論で頭角を現したのは、会津藩と佐賀藩の遊学生であったといわれている。和島芳男によれば、佐賀藩の弘道館は、「一千人の生徒に対し教授以下指南役まで合わせても一七人という手不足のため、会読も生徒自身が主導して互いに奇説妙論をたたかわすうちにおのずから言外の真理をとらえる経験を積むので、ここの出身者は昌平校の会読に出ても議論に勝を制することが多かったとのことである」（『昌平校と藩学』）という。これにたいして、東の雄会津藩の日新館は、藩士の子弟を強制入学させ、江戸時代、素読・講釈・会読を行う「最も進歩した複合等級制を編成」して（石川謙『近世教育における近代化的傾向――会津藩教育を例として』、講談社、一九六六年）、生徒間に「某ハ何歳ニシテ何等ヲ及第ト互ニ競争ノ心」（資料1冊、六八〇頁）をかきたて、すこぶる教育効果をあげていた。昌平坂学問所に官費遊学＝「洋行」を許された者は、こうした藩内の競争に勝ち上がってきた優秀なエリートたちだった。

各藩の藩士たちの気風をうかがえるのは、幕末の慶応二年(一八六六)一四歳の時に書生寮に入り、明治になって大学本校と改変された後にも在学した高橋勝弘の「昌平大学の総況」(『昌平遺響』)である。これは、大久保利謙《としあき》が紹介しているものである(『大久保利謙歴史著作集4 明治維新と教育』、吉川弘文館、一九八七年)。それによれば、明治初期の大学本校には八六藩四〇〇余人の書生が在学していた。そのなかで、佐賀藩士は、「謹厳にして身成りを修め、大抵絹衣を着け、仙台平の袴を穿ち、室内身の廻りも美麗にして風采の派手やかなること諸藩の中第一なりし。是は閑叟公の考に書生の見苦しきは藩の恥なりとて、学質を厚うせられしに由るとかや。応接厳格に構へ一言苟《いやし》くもせず、胸襟窺ひ易からず、他藩の士とは打解けて話さぬ風なりし」という。ちなみに、「薩摩の士は絣《かすり》の短衣を着け、白の兵児帯《へこおび》を締め、東征の被髪を伸ばしきり〳〵と髷《まげ》を結び、山本権兵衛、上村彦之丞両氏などの風采今も目に在り。何れも勇壮質朴なれども、余り議論をなさず、又敢て他藩の士と交を求めず、多くは四十余人の同藩と往来せり。次に土州藩士は一体に天真爛漫、胸懐洒落物に拘泥せず、能く他藩の人とも交り、又頗《すこぶ》る政談を好み喧《やかま》しき方なりし。学問は大体に通ずるを旨とし、豪傑風の人多し。次に肥後藩は士風温厚にして学問には身を入るゝ方なりし」という。

名士たちと面会、談論

文久二年（一八六二）に書生寮に入った久米邦武は、その「謹厳にして身成りを修め」た佐賀藩弘道館出身の遊学生の一人であった。先にわれわれは、若き日の久米も参加した鍋島閑叟の『唐鑑』会読において、「書生が会読で失答したとして御詫には及びません」と反論した弘道館助教の言葉のなかに、会読の対等性を見た。このような会読の場で、藩主とも対等に討論してきた久米にとって、江戸遊学は、名士たちと議論することが大きな目的であった。久米によれば、江戸では、「外出すると有名な人物に紹介を求めて訪問し、面会し、談論し、遊学の主要目的は課程よりは大家先生の訪問にあり、読書よりも名士の談話によって学問は進むもの」と考え、さらに「大家先生」「名士」を求めて、全国を遊学の名目で「遊歴」して、各地の「大家先生」「名士」との談論「議論」をしたという。また「寮内でも申し合せて会読をして議論を闘はすを有益とし、優秀な学友の卓抜な議論は人を啓発する力が強いと信じて居た」（『久米博士九十年回顧録』上巻）という。ドーアはこの久米の回想を引照して、「諸藩間のこのように広範囲な学生交流がもたらした一つの重要な効果はもちろん、全国的規模の知的共同社会の形成を助けコミュニケーションの接点と経路を確立したことだった。コミュニケーションの確立は自覚的な民族意識の台頭を促し、また一旦政治的変動が生じると、その変動が中央集権的国民国家の成立に向うのを確実化した」（『江戸時代の教育』）と指摘している。こうした「全国的規模の知的共同社会の形成」にいたるコミュニケーションの発生の場こそが、相互コミュニケーションを原理とする書生寮での会読であったのである。

後に述べるが、このような遊学先での「大家先生」「名士」との談論「議論」の実践者が、藤田省三が「幕末日本における政治社会の「横議・横行」の先駆者」（「書目撰定理由――松陰の精神史的意味に関する一考察」『吉田松陰』、日本思想大系、岩波書店、一九七八年）と評する吉田松陰だったといえるだろう。松陰は江戸に出て、昌平坂学問所の安積艮斎と古賀茶渓、佐藤一斎門下の佐久間象山といった江戸の名士のもとを訪問し、さらに東北・関西地方を「遊歴」して、全国各地の「大家先生」と「面会し、談論」した。そのなかには、水戸藩の尊王攘夷思想を提示した『新論』の著者会沢正志斎もいた。松陰がこうした藩や身分の垣根を飛び越えて、対等な関係で「議論」しあうことができたのも、幼い時から会読によって自己を鍛え、江戸においても、同志たちと自発的な会読をしていた経験があったからだった（この点は後に述べる）。昌平坂学問所の書生寮の遊学生もまた、こうした松陰と同様の「横議・横行」の精神をもって、全国を「遊歴」し、「大家先生」「名士」との談論「議論」をし、「全国的規模の知的共同社会」を形成していったのである。

書生寮から全国藩校へ

書生寮には、自由闊達な雰囲気がみなぎっていた。久米は、書生寮時代を回想しているが、それによれば、久米が入寮したころの書生寮は、「五十余年前の建物で、無性（精？）な学生が交々《こもごも》住み荒したから、汚い事夥《おびただ》しく、棚は塵埃に、醬油徳利が油盞と雑居」していた。各生徒は八畳または六畳の部屋に二畳分の場所を与えられ、入学順に、暗い「後巾着」の位置から、冬でも大抵は外光で書物が読めた明るい「前巾着」の席に進むのが通例だったという。生徒は教師の前に出る時さえ、服装に無頓着だった。一日二食の食事は粗末なもので、毎月生徒の一人が当番を務めて、各人の食べた回数に応じて食費を徴収することになっていた。寮内では飲食が禁止されていたが、実際には行われていた。寮内の酒盛りは「礼記会」と呼ばれていた。そのいわれは、真偽のほどはともかくとして、次のように伝えられている。ある時、生徒たちが酒宴の現場を古賀精里にみつかったが、生徒たちは『礼記』を学んでいて、その補習を夜半に行っているのだという苦しい弁解をした。好人物の精里はその言い訳をそのまま信用することにしたのだという。

　この久米の回想を引用しながら、ドーアは、「学校の規則や教師の訓戒だけから想像すると、江戸時代の教育は道学者的な固苦しさ一色に塗り潰されていたような印象を受けるが、久米の回顧録のような思い出を読むと、そういう偏った印象が是正される。久米やその友人たちの記録に後々までも残った気に入りの漢詩は、すべて有名な遊女の悲劇的な死をうたったものだった」（『江戸時代の教育』）と説いているが、これは書生寮という特別な場だったからこそ、起こり得たといってよいだろう。対等な会読のもとに競い合い、同志の連帯感を強め合った書生寮の遊学生だったからこそ、このような自由闊達さがありえたのである。同時代的にいえば、福沢諭吉が伝える緒方洪庵の適塾と同じ自由闊達さであり、少し時代を飛び越えてしまえば、戦前の旧制高校の寮生活とも等しいものであろう。「洋行」した遊学生というエリートゆえにもちえた自由であった。そして、後に見るように、こうした自由闊達さのなかで、はじめて「縁を離れた」議論も可能だったのである。

ちなみに、書生寮の自由闊達さは、書生寮という諸藩のエリートが共同生活を営む特権的な場であるうえに、もう一つの理由があるだろう。それは、「礼記会」伝説の主、古賀精里の後に、書生寮を管理した精里の子、侗庵の寛容さにもあると思われる（精里は厳格な人であったので、「礼記会」伝説の主は侗庵であったかもしれない）。侗庵もまた、書生寮の学生たちをあたたかく遇していたからである。

侗庵は古賀精里の三男で、精里の後を継いで、昌平坂学問所の御儒者となった。侗庵は、先に紹介した「佞臣為るよりは、寧ろ争臣為らん」（『大学問答』）という言葉に示されているように、朱子学者としての高い見識をもつとともに、諸子百家に通じる博覧強記の人であった。『詩経』や杜甫の律詩などは、終生、一字も忘れなかったという。また、文人として一級であったばかりか、後にも述べるように、内に秘めた経世の志をもっていた。文化年間のロシア人によるエトロフ島の襲撃事件から対外的な危機意識を抱き、ありとあらゆるイギリス・ロシアに関する情報を蘭学者との交流のなかで収集して、それをもとに『擬極論時事封事』や『海防臆測』などの海防論を著した、江戸後期の忘れられた儒学者だった（眞壁仁の大著『徳川後期の学問と政治』が出て、広く江湖に知られるようになったのは最近のことである）。

侗庵の「寛厚温籍」の人となりを伝えているのは、幕末に小栗忠順とともに、親仏派として活躍した栗本鋤雲（一八二二―九七、文政五―明治三〇）である。鋤雲は幕臣であるから、天保年間に昌平坂学問所に入学し、書生寮ではなく、寄宿寮に入っていた。ある年の元旦、新年の祝いをしようと、学生三〇人ばかりが侗庵の書斎の前を通り、玄関に行こうとした。ところが、生憎、雪後のぬかるみのため、泥を避けようと、あっちこっちうろついていたが、一人の学生が下駄のまま、廊下に飛び上がって通り抜けたのを見て、他の者たちも残らず、廊下に飛び上がって、泥がついたまま、にぎやかに、侗庵先生の『易経』講義の口真似をして、「このような場合には、変通せざるをえない」と、言いながら過ぎようとした。ふと障子の隙間をのぞいてみれば、なんと侗庵先生がにっこり笑って座っていらっしゃった。一同は、深く恐懼して、そうそうに逃げ去ったのだが、後で一言の譴責も蒙ることがなかったばかりか、翌年からはいつも、必ずその通路には、泥を避けるための炭俵が厚く敷き詰められていたという。鋤雲はこの一件からも、侗庵の「寛量」を知ることができると述べている（『匏庵遺稿』）。こうした逸話をみるとき、侗庵はまさに異質な他者を受け容れる会読の「虚心」を体現していた人物であったということが察せられるだろう。

こうした書生寮で学んだ学生が、各藩の藩校の教授となって、会読を広めていったのである。このことが、会読の開放性を全国に広げることができた一因ではないかと思われる。もし昌平坂学問所が旗本・御家人のみに入学を制限していたとすれば、換言すれば、ドーアのいう「全国的規模の知的共同社会の形成を助けコミュニケーションの接点と経路を確立した」書生寮がなかったとすれば、それほどの影響力はもたなかったのではないか。藩の境界を越えて、勉学する意欲のある者たちが集まり、自由闊達な会読を行ったところに、書生寮の大きな思想史的な意義があるのである。

ちなみに、先に「門閥制度は親の敵」（父親の親友、野田笛浦《てきほ》は昌平坂学問所で古賀精里に学んでいた）とする福沢諭吉が、故郷中津の漢学塾のなかで、凡庸な上級武士と「学校に行て読書会読と云ふやうな事になれば、何時でも此方が勝つ」と回想していたことを紹介したが、その中津の漢学塾とは、天保一四年（一八四三）に白石照山が江戸遊学から帰ってきてから開いた晩香塾であった。実は、この白石照山は、天保一〇年（一八三九）に古賀侗庵の門人として昌平坂学問所の書生寮に入寮していたのである。しかも、中津に塾を開いた照山は、亀井南冥・昭陽の学問に触れて、独学で朱子学から亀井学に転換したといわれている儒者である（小久保明浩「塾の構造――中津藩の塾を中心に」『講座 日本教育史』2、第一法規、一九八四年）。とすれば、福沢が一四、五歳から一九歳のときまで学んだ照山は、僴庵のもとで、書生寮の会読によって鍛えられ、自由闊達な雰囲気に触れるとともに、亀井塾での徹底した競争を支持する儒者だったのである。それゆえに、福沢も「門閥制度」とは異なる「読書会読」の場で、自己の才能を伸ばし得たのであろう。

さらに注目すべきは、白石照山が、福沢同様に「門閥制度」の不条理にたいする強い憤懣をもっていた人物だったという点である。ペリーの来航した嘉永六年（一八五三）、照山は中津を追放されてしまう。その原因となった事件は、御固番《ごかためばん》事件とよばれている。小久保明浩によれば、従来、中津藩では門番の警固は足軽の役目であったが、これを改め、下士の役割に変更していった。そのため、下士であった照山も、この警固役を務めることになったのだが、下士たちの不満は照山を通して爆発した。照山は「藩府、我輩に命じて抱関撃柝《げきたく》［門番と夜警］の事を執らしめんとす。此れ我輩を侮辱するものなり」と主張して、同僚とともに解職することを求めた。ところが、逆に藩当局は、下士たちが徒党を組んで藩に要求を迫ったことを理由に、その首謀者と目された照山を追放したのである（小久保前掲論文）。江戸の昌平坂学問所の書生寮で、全国の優秀な遊学生たちと対等に渡り合い、切磋琢磨しながら、書生寮の斎長にもなった天下の秀才が、下士という身分ゆえに、門番を命じられる。照山の屈辱感・憤りは、そのまま「門閥制度」を「親の敵」とする福沢のそれであったろう。福沢はこの事件のあった翌年、安政元年（一八五四）に、蘭学を志して長崎の地に飛び出すのである。

5 全国藩校への会読の普及

江戸後期、藩財政の困窮に加えて、一九世紀になると、対外的な危機も重なり、全国どこの藩でも、なんらかの藩政改革を行わざるをえなかった。その際、藩財政の立て直しのため、藩士に質素倹約を励行させる消極的な政策や、領内の特産物の開発などの積極的な政策を強力に推し進めてゆくには、有能かつ剛腕な人材が必要になってくる。そのためには、才能や能力によって、下級武士といえども藩政に参画させる人材登用・抜擢が切実な課題とされ、人材育成の方策として、学校が重要な位置を占めるようになるのである。こうした傾向はすでに前世紀に現れていたことは、先に見た。学校を「人才鎔鋳ノ所」（一七五四年）とした熊本藩の藩校設立趣旨の達しを先駆としながら、一七八〇年代には、学校の機能を「国の用に立つ人材」の養成と規定する藩令が増えていた（ドーア「徳川期教育の遺産」、M・B・ジャンセン編『日本における近代化の問題』、岩波書店、一九六八年）。一九世紀には、この傾向が一段と強まり、藩政改革の一環として藩校が新たに創設され、あるいは学制改革が実行されることになる。藩校は学問好きの藩主のお飾りではなく、国家（藩）のために有用な人材を育成する機関として、またそれができないまでも、道徳的な（もっと卑近にいえば、奢侈に溺れることなく、最低限、倹約して禁欲的な生活を営むことができる）藩士を教育する機関として公的に位置づけられてくるのである。先に述べたように、藩校の約八五％が宝暦から慶応まで（一七五一―一八六八）の一一七年間に設立された（『日本近代教育百年史』３）。

このように一九世紀の藩校は人材育成の公的機関として位置づけられ、藩士子弟の自発的な入学を期待するなどと、呑気なことはいっていられなくなり、強制就学が行われるようになる。海原徹の調査によれば、藩校における強制就学の制度化は、ほとんどが天保年間（一八三〇―四四）以降に具体化された。『日本教育史資料』１～３冊所収の二四三校のうち、①家臣団全員を出席強制にしたものが七六藩、三一・三％、②士分のみ出席強制、卒分は自由にしたものが八九藩、三六・六％、③出席強制を建前とするが、私塾や寺子屋に学ぶことを認めたものが二五藩、一〇・三％、④すべて学生各人の自由意志とするものが四七藩、一九・三％、⑤詳細不明六藩、二・五％となるという。全体の七〇％近くが、ともかくも、藩校への強制就学を実行したのである（『近世の学校と教育』、思文閣出版、一九八八年）。意欲のある藩士が勉学を志して入学するのではなく、強制的に身分の上下にかかわりなく、また、すぐれた素質をもっている者も、もっていない者も、一律に入学させるようになった。

人材養成のための等級制と教場の変容

先に述べたように、こうした強制就学によって、学校がもっていた二つの原理、すなわち「属性」と「実績」の原理の対立は、より深刻になっていった。鳥取藩の学館（尚徳館）は、嘉永六年（一八五三）になってようやく、家老から足軽までのすべての藩士の子弟の強制就学を実施したのだが、「経義聴聞」の際に、家老などの上級藩士の子弟が混じると、彼らは格式を論じたてて、席順に文句をつけ、学校への出席を拒むようになり、一致団結して登校を拒否した。しかも出席した講義であっても、家老などは教科書も持参せず、教師の「御儒者」が恭《うやうや》しく差し出すのを受け取り、講義が終わると、教師がまた恭しく受け取るという有様だったという（磯田道史「幕末維新期の藩校教育と人材登用——鳥取藩を事例として」『史学』七一巻二・三号、二〇〇二年）。藩校内で身分によらない、「実績」主義を貫こうとするとき、家柄・身分の「属性」に胡坐《あぐら》をかいてきた門閥重臣層が真っ先に反対したことは見やすい。

こうした目に見える衝突のみならず、制度的にも「属性」と「実績」の矛盾をうかがうことができる。「属性」を根本原則とする身分制度のもとでの藩校では、私塾咸宜園の月旦評のように、家柄・身分の上下にかかわらず、「正味の実力」＝「実績」を基準にして生徒を評価して等級づけるやり方は、きわめて難しかったのである。実際、等級をまったく設定しない無等級制の藩校も、天明元年（一七八一）以前には、九〇校のうち四二校、明治元年（一八六八）から明治四年の間にも、九四校のうち一三校あり、その数は決して少なくなかった。また等級を設けた藩も、咸宜園のように九級もの細かい学力段階を分けたのではなく、二等や三等とごく大まかに、それも年齢を基準にして分けたものにすぎなかった（石川松太郎『藩校と寺子屋』）。できるだけ、学力の差を目立たなくさせようとしたのである。しかし、いくら学力差を糊塗しようとしても、優れた人材の育成・登用は藩（国家）にとって喫緊の課題であったために、等級制は時代の流れであった。江戸後期には、無等級制から二等級へ、二等級から三等級へと、だんだん高次なものへと発達していった（同右）。なかでも、先に触れた「最も進歩した複合等級制を編成」していた（石川謙『近世教育における近代化的傾向』）会津藩の日新館では、一一歳から一八歳までの初等教育の素読所の四等級のうえに、さらに上等教育の講釈所の三等級があって、合計七段階もの等級があった。

ここで、勉学意欲の動機づけと客観的な評定の決め手となったのが、会読、とくに講ずる会読＝輪講であった。先に述べたように武田勘治によれば、全国の三分の二以上の藩校で、会読＝輪講が行われるようになっていたことからも、そのことは明らかである。その積極的な採用理由は、それが生徒たちの競争心を刺激するものであったことにあろう。学問は「面白」くないことを認めたうえで、生徒たちの競争心を利用して会読を行った亀井南冥を想起すればよい。実際、佐賀藩の鍋島閑叟が主導した弘道館の改革でも、また水戸藩の徳川斉昭が創設した弘道館でも、人材育成の目的のために、会読が中心的な学習方法として位置づけられているのである。幕末になると、「会読之優劣、術芸之巧拙を以て班位の順序を定め、門地之尊卑、官職の等級、並に年齢之長幼に準すへからす」(松代藩兵学寮定則、慶応三年、資料1冊、五〇一頁)とあるように、「会読之優劣」は「門地」「官職」「年齢」以上に優先するのだと定めて、会読を奨励する藩も出てくる。

会読＝輪講が藩校カリキュラムの中心になったことで、藩校の建築構造も、それにともなって変化した。近世教育史研究の巨人、石川謙によれば、講釈を行う講堂中心型から会読ができる小教室型の藩校に移っていったという(前掲『日本学校史の研究』)。

石川によれば、もともと「人間の本性を体得させるのを本領とした闇斎学派、講釈と講習とを学習第一の方途とした闇斎学派が、主導権をにぎって藩学を企画したり、改造したりしたところでは、講堂型を採用した場合が多かった」という。「闇斎学派が指導した藩学にあっては講堂型・無等級制の多かったこと、この二面の景観から、講堂型の本質をも闇斎学派の個性をも読みとることができる」。ところが、「会読本位ということになると、それに列席する生徒のたれもが一応の読書力と理解力とをそなえてかからねばならぬし、読書力のほどほどに応じて、会読する書物を選ぶ必要がある。ここに「進歩」が予想され、「われと発達する」学力の程度に即応するいくつもの教場が用意されなければならぬ。徂徠学派の教育構想の重要な一つに等級制があり、学校建築の構造に多数教場併置の案が含まれたのはこのためであった」という。たとえば、庄内藩の致道館の「教場の配置は、徂徠学派が主張する学習方法―学力の進歩に即応して教場をとりかえていく仕方、講釈を排斥して読書と会読と詩文研究とを重んじた課業形態、などにもっともふさわしい。このような構造をもった藩学は、〔中略〕時習館（熊本藩）をはじめとして、稽古館（彦根藩）・日新館（会津藩）などがつぎつぎに現われはしたが、この致道館になって完備したといえよう」という。

講釈の講堂型から会読の多数教場型への変化は、学校にたいして期待するものの変化だといってもよい。前者の場合、上下尊卑の道徳を教える風俗教化を目的とするのにたいして、後者では人材養成を目的とするといえる。もちろん現実には、それほど明瞭に分けられない。というのは、人材養成というときの人材の主要な要素となるのは、忠孝を実践する道徳的な人格性であるので、人材養成といっても、道徳的教化の側面を無視することはできないからである。しかし、大まかにいえば、二つは別であるといってよいだろう。

佐賀弘道館の難問・奇問

ところで、先に見た久米邦武が学んでいた佐賀藩の弘道館では、会読を行い、多くの人材が輩出した。そこは「徹頭徹尾自学自習主義」(中野礼四郎「佐賀の藩学考」『藩学史談』)であったといわれている。天保元年(一八三〇)、藩主鍋島閑叟は弘道館改革を断行し、天保一一年(一八四〇)の大拡張以降は、着座(参政の座につくことができる家格で、家老につぐ家格の者)はもとより、親類、家老など、すべての子弟を強制的に入学させ、「壮年の者は館内を以て住居と心得」るよう諭して(資料3冊、一二二頁)、寄宿させた。さらに嘉永三年(一八五〇)には「文武課業法」を定め、成績優秀者は家柄にかかわりなく、藩役人に登用する一方で、二五歳までに一定の課業を修了しないと、役方につくことを許さず、家禄を減らすという厳しい条件を明記した。

弘道館の生徒数は、寄宿生、通学生を含めて約一千人いたというが、教師の数は教授一人(古賀穀堂)、助教授一人、教諭五人、指南役一〇人に過ぎず、大部分は、学生仲間の上級生が指導した。六歳から一二歳までは、素読の段階だが、それがすむと、講釈はほとんどなく、もっぱら会読が行われた。とくに四書の会読となると、指名された者にたいして各種の意地悪い質問が連発されるから、相当苦心をして下調べをしておかないと、会読の席で返答ができず、赤面することが多かったという。しかも、その質問は、字句章句の解釈ばかりではなく、実地の行為にあらわすべき際、いかにすべきかというものが多いので、才気があり、頓智のある人でなければ答弁することができなかった。たとえば、長者には雁行すという句にいたると、一本橋を渡る際にはどうすればよいかという奇問がでて、韓信が漢の高祖にたいし、陛下はまさに将たりというところに来ると、まさに将たりとは、いかなる意味か、いかにすれば、まさに将たりうるか、その方法いかん、というような質問を連発して苦しめたのだという。このような質問ぜめをくぐってきたからこそ、昌平坂学問所への遊学者は、そこでの会読に勝ちを制する者が多かったといわれている（中野礼四郎「佐賀の藩学考」『藩学史談』）。実際、こうしたスパルタ教育によって、弘道館は久米邦武のほかにも、枝吉神陽、江藤新平、大木喬任、副島種臣、大隈重信などの俊才を生み出した。

しかし、このような難問・奇問の討論の場は、先に見た「才気があり、頓智」もある福沢諭吉のような者にとっては自己の力量を発揮できたかもしれないが、凡庸な上級武士にとってみれば、居たたまれない場だったろう。会読の場は学力の差があまりにはっきり出てしまうからである。その意味で、会読は、ドーアのいう身分制度の「属性」の原理と「実績」の原理の軋轢が顕在化する場だったのである。ここでは、その顕在化によって、何が問題となったかについて、金沢藩の藩校明倫堂をとりあげて、具体的に見てみたい。金沢藩は、『日本教育史資料』のなかに豊富な材料を提供しているうえに、冒頭に紹介したように、藩校明倫堂は会読を重んじて、会読をする際の詳細な規約を設けていたからである。先に会読の相互コミュニケーション原理の例証として紹介した「入学生学的」は、まさに明倫堂における詳細な戒めだった。

金沢藩明倫堂の事例――天保の学制改革

寛政四年（一七九二）に創設された金沢藩明倫堂は、はじめ四民教化の目的から講釈を重んじた。ところが、天保一〇年（一八三九）の学制改革では大きく方向転換をして、会読を中心とする藩士教育を目的とするようになる。年寄奥村栄実《ひでざね》が藩政改革の一環として、これを主導したのだが、大島桃年（一七九四―一八五三、寛政六―嘉永六、号は藍涯・柴垣）はこの学制改革の提唱者だった。桃年は、これより前、昌平坂学問所に学び、文政五年（一八二二）に帰藩し、藩校明倫堂の助教となった朱子学者である。とくに、昌平坂学問所遊学中は、後に仙台藩の養賢堂の学頭副役となる大槻磐渓（大槻玄沢の子）と親しかった。

もともと、創設期の藩校明倫堂は「四民教導」のための拠点として設立された。その趣旨は次の言葉に端的に示されている。

為二四民教導一、泰雲院殿［重教《しげみち》］学校可レ被二仰付一《おほせつけらるべく》、御内意之処、御逝去に付、今般右思召を継《つぎ》、文武之学校申付候、依レ之《これにより》新井白蛾儀学頭申付、其外諸芸師範人等、右様追々可二申付一候様、諸士は勿論町在之者迄も志次第学校へ罷出《まかりいで》、習学可レ仕候、

明倫堂では、「父子有レ親、君臣有レ義、夫婦有レ別、長幼有レ序、朋友有レ信」（明倫堂定、寛政四年）の五倫を教える「四民教導」という道徳的教化のために講釈が行われた。この講釈は、荻生徂徠がいう「講」すなわち仏教の僧侶がする説法と等しいものである。だから、京都から談義本の作者新井白蛾を招き、藩士の子弟ばかりか、町人・百姓までも聴講を許したのである。ところが、大島桃年はこうした創設当初の道徳教化の拠点から藩士子弟の人材養成機関への目標の転換を提言した。桃年によれば、「学校御教導の大本は御家中諸士子弟、学校え入り生徒被二仰付一、各学問の本意を不レ失様教候義に御座候」（『学政私考』、資料5冊、五五二頁）だからである。こうした考えのもと、天保期の学制改革では、すべての藩士の子弟を強制入学させることになった。

江森一郎が、桃年は「藩校創立時の理想をはっきりと否定し、あくまで「諸士」のみに対する教育の場に徹底せしめようとした」（『「勉強」時代の幕あけ』）と指摘しているように、この提言は大胆に明倫堂創設時の目標を否定するものであったといえるだろう。その否定の画期的な意味は、広く「四民」を教化するのではなく、藩士教育に限定するのみならず、「四民御教導」のための講釈を批判した点にあった。桃年によれば、講釈は四民の教化を目的とするもので、本来、藩校の「本務」（前掲『学政私考』）としてふさわしくないものだった。

講釈は御教導第一之義、且四民御教導抔《など》と被二仰出一も有レ之候得共、学校之法制には無レ之

事に候。学校に於て四民を教候と申義は別而古法《べっして》に無レ之事に候。（同右）

この「四民御教導」のための講釈にかわって、藩士教育の中心におかれたのが会読であった。しかし、藩士子弟が強制就学させられ、会読が中心となるとき、それが対等性を原理とするかぎり、身分制度との間に衝突を起こさざるをえない。とりわけ、一〇〇万石を誇る大藩金沢藩では、身分格式が重んじられていたから、その衝突も深刻だった。ドーアが紹介しているように、金沢藩では、学校においても身分格式がものをいった。寛政年間の明倫堂創設時には、「最も身分の高い家の子弟は登校の際、家臣二名、草履取一名、雨天にはその他に傘持一名のみを伴うように定めている。次の位の者は家臣一名、草履取一名、傘持一名、更に次の位の者は家臣一名、草履取一名で傘は自分で持つ、次子以下や更に身分の低い者は召使を連れずに登校し、彼らの草履は学校の下足番がまとめて管理することになっていた」（『江戸時代の教育』）とあるように、詳細な格式の規則を定めていたのである。

天保年間の学制改革では、こうした身分格式と会読の対等性原理との間でさまざまな工夫が試みられた。まず、上士・平士・下士の三グループに分け、それぞれの登校日を別にしたうえで、「人持子弟共会読」（上士）、「御大小将会読」（平士）、「諸組会読」（下士）のように、家格ごとに会読を設定した。家格ごとの会読では、列順は年齢によると定めて、上士・平士・下士のなかにある、細分された身分差を否定した。同一の家格内という限定をつけながら、一定の対等性を担保しようとしたのである。そのうえ、すべての明倫堂の生徒を一律に「入学生」と称させたのも、対等化の志向のあらわれであった。

家格ごとに三グループに分けられた会読は、各自の習熟度に応じながら、同一テキスト、同一等級で行われた。具体的には、桃年の上書によれば、次のようである（これがそのまま実行されていたかはわからない）。

下等乙　『小学』『大学』
　甲　『論語』『孟子』
中等乙　『近思録』『大学』
　甲　『論語』『孟子』
上等乙　『中庸』『詩経』
　甲　『書経』『易経』

上・中・下の三等級それぞれに甲乙をつけることによって、実質的には六段階の等級をつけている。このうち、初級段階の下等乙の『小学』『大学』は、会読ではなく、講釈によって「大意」を会得させることとされた。これらのテキストの解釈については、朱子学の枠をはめ、「他の儒家え参り稽古致し候義無用の事」（『学政私考』、資料5冊、五五四頁）とされ、他学派の儒者のもとでの学習を禁止した。先に述べたように、学習の習熟度に応じて段階をつけることは、「正味の実力」があらわになることから忌避される傾向があった。天保から嘉永までの間に、五級以上の等級制を採用した藩校数は四校しかないのだから（石川松太郎『藩校と寺子屋』）、明倫堂の実質六等級の急進性は明らかである。

就学強制にともない、明倫堂の教師よりも、身分的には上層の生徒が入学してきたことによる問題も起こってきた。その具体的な様子を、桃年は次のように伝えている。

生徒之人々相互に咄合仕候にも私共同役事は陰にても、何殿はヶ様被レ申《ようまうされ》、何先生御説者《は》ヶ様に々々と申候処、当時之入学生は幼年之面々迄も、溜《たまり》に於て公然同役事を云放しに致し、何某はヶ様申、何某はヶ様之説とて高声に評論仕候体に御座候。尤入学生は人持等よりして歴々諸士之嫡子中に候得者《さうらえば》、以前之生徒とは様子も違ひ可レ申候得共、既に被二仰出一を以師弟と被二仰渡一候上は　聊《いささかも》　別儀者無レ之筈に候。

（『今般就被仰渡心之趣書記候条々』、嘉永元年一一月、資料5冊、五四二頁）

「何殿はこのように申されていた」、「何先生の御説はこのようだ」というべきところ、「何某はこのように言った」というように、教官に敬語も使わず、声高に評論しているという。このような師弟の関係を弁《わきま》えない者への対処方法としては、教官の石高をあげ、身分を引き上げることが、もっともよい方法であった。というのは、「諸士之子弟ヲ教諭仕候事故、身分卑ク候《サウラ》而者《ヒテハ》教行ハレ不レ申」（『今般就被仰渡心之趣書記候条々』）からである。この点については、江森一郎が、藩校教官の地位の低さと石高アップは、明倫堂創立時点からの懸案であることを指摘しているが、このほかの方策もあった。それが、孔子を祀る祭祀である釈奠《せきてん》の挙行だった。この釈奠は教官の権威を高めるために、学問を神聖化させる意図があったのではないかと思われる。

大島桃年は天保期の改革にあたっての意見書『御仕法帳追加』（天保九年、一八三八）のなかで、「御学政の根本大綱領」（資料5冊、五四六頁）として二か条をあげていた。その第一は「御教導方」を統括する「都講」と「学校頭中」とを分離して、教学の独立を図ること、第二は「聖祠御建立、元日御規式、二月丁日え御移し釈奠の義可レ被レ行候事」であった。孔子廟を作り、二月に釈奠を執行することは、学問を神聖化することによって、教官の権威を高めることを目指すものではなかったかと思われる。換言すれば、藩の秩序とは異なる次元の学問世界を創出することによって（それは釈奠の儀礼によって視覚化されるもの）、それを主宰する教官権威を高め、「何某はケ様申、何某はケ様之説とて高声に評論」するなどというアナーキーな状態を克服できると考えたのではなかったかと思われる。

明倫堂の試験

咸宜園で見たように、等級制とともに試験・評価が「実績」を原理とする学校の重要な問題である。いかに客観的公平にできるかが、最大のポイントだった。この点、明倫堂ではどうだったのだろうか。明倫堂の試験制度について、時系列を追ってみてみよう。明倫堂では、文政二年（一八一九）に、試験が始まった。その時は、春秋の年二回の試験が行われた。試験内容は、四書・五経のうち、指定されたテキストの、ある章について、その章意・字訓・解義・余論を書かせる「弁書《べんがき》」をさせて、これに甲乙の評価をつけるものであった。これは、昌平坂学問所の学問吟味でも行われている方法であるが、ここでは、寛政三年以後に施行された紀州和歌山藩の事例から、その内容を説明しておこう。

和歌山藩で春秋の年二回行われた「弁書」は、半年間に修学したテキストから、一章あるいは一節を摘出して、仮名混じり文で書かせるもので、試験の時には、テキスト以外の参考書は持ち込み不可であった。答案は、「一章ノ大意ヲ解釈ス」る章意、「字義ヲ解釈ス」る字訓、「順序ヲ逐ヒ全章ノ旨趣ヲ解釈ス」る解義、「解義ノ外ニ自己ノ所見ヲ論説ス」る余論の四項目すべてを記載することが求められる。終わると、ただちに糊封して、試験場の用人に提出する。用人は生徒それぞれから提出された答案を一括して、書記役に渡す。書記役はこれをもって別室に行き、すべての答案を書き写して、名前をふせた匿名冊子として儒者に交付する。そして、これを受けて、儒者一同が協議のうえ、優劣を評定するという（資料2冊、八二八頁）。

ただ、こうした「弁書」というペーパー試験は、客観的に公平な試験制度を目指したものだが、金沢藩ではスムーズに事が進んだわけではなかった。そもそも開始の翌年、文政三年（一八二〇）正月の意見書によれば、教官側が「上中下」の三等のうち、上等の生徒に限って、拝領物を与えようとしたが、藩当局は「三ヶ年入精」の生徒にすべてに拝領物を与えようとした。ここで三年とあるのは、寛政四年（一七九二）の定のなかに、「諸生を御養被ㇾ成候者三年にて学業上達不ㇾ仕者は学校を出すへし」（資料2冊、一九一頁）とあるように、学業不振の者は三年で放校にすべきだとあるので、一応三年間、ともかくも修学した者は、成績の良し悪しは別に、報償を与えるべきであるとしたのであろう。

　習熟度ではなく、ただ出席しただけで褒賞が与えられるこうしたケースは、珍しいことではなかった。たとえば、高知では、毎年最低一定の日数を出席しただけで十分であったという（ドーア『江戸時代の教育』）。具体的には、一年間に文の学校に一〇〇回以上、武の稽古に一〇〇回以上出ることを五年続ければ、「褒詞ノ沙汰」があり、さらに五年（計一〇年）で「賞金ヲ下賜」し、引き続き五年（計一五年）で「更ニ賞金ヲ下賜」し、またまた五年（計二〇年）で、殿さまから直々《じきじき》に「賞ノ沙汰」に及ぶと規定されていた（資料2冊、九〇六頁）。出席日数だけで評価することの悪影響については、熊本藩の時習館の中山昌礼が次のように嘆いている。

　今講堂句読なとに出る者の大抵席のかさなるをもつて賞を行ふこと多し。これによりて少く怜悧なるものは日々出席をなして名牌をかく（掛）るはかりにて、さまて書を読み義を講することをつとめとせす、終年満席なと云て相ほこるなり。然《しかれ》とも学問を心にかけす、みたりに席を重て褒賞を求んとする心なれは、あなかちに精力をつくして学問をいたさゝるもことはりなり。　（『学政考』、天明五年、資料5冊、六一三―一四頁）

出席日数だけ稼ぎ、真面目に勉学せず、それで評価をえようとする「怜悧」な生徒も現れるというわけである。どこかの大学の授業を思わせるではないか。

このような弊害を予想して、明倫堂の教官側は、上中下の「差別」なく同様に褒賞をあたえるならば、「進みの為めにも相成申間敷」く（資料2冊、一八一頁）と、反対意見を述べていた。その結果がどうであったかはわからないが、天保期の改革前、天保八年（一八三七）の大島桃年の『学政私考』では、修学年ではなく、下等甲乙、中等甲乙、上等甲乙のそれぞれの段階で履修してきた経書をテキストとして「弁書」せよと提案している。そして、その成績の良い者だけを上位の段階に「転席」させ、悪い者はそのまま原級に差し止める、しかも、これはあくまで学習者個人の修学程度をはかる目的でなされるべきで、そのため「弁書」は匿名で採点するのではなく、試験の答案には名前をいれて、個々に添削して返却するようにせよという。

是迄弁書匿名に致し候得共、以来名前為ㇾ調《ととのへさせ》、且高下之次第相立不ㇾ申、謬誤之処は朱書を以改竄致し当人え相返し申度候。尤品題張出し不ㇾ仕候。此義は伊川先生嘗て議せられ候て試業に高下を相立候は、人をして争はしめ学者を教ゆる之法にあらすと被ㇾ申候議に従ひ申度候。

（『学政私考』、資料5冊、五五五頁）

これは、程伊川が「学校は礼義相先んずるの地にして、月に之れを争はしむるは、殊に教養の道に非ず。請ふ、試を改めて課を為す。未だ至らざる所有らば、則ち学官召して、之れを教へ、更に高下を考定せず」（『小学』外篇、立教）と説いていたように、生徒間の高下を争わないための趣旨をいかしたものであるという（先に見たように、この程伊川の言葉は、広瀬淡窓の咸宜園の競争主義への反対者が根拠にしたものである）。しかし、この桃年の提案は、明倫堂の「一統異存」があるということで、桃年一人の個人的な意見として藩当局に提出されたもので、ようやく天保一〇年（一八三九）になって、受け入れられた。

生徒勤学中、春秋両度充試業可レ被二仰出一候事。但一席切会読相済候授読之書籍を以、弁書致させ可レ申候。尤主附之助教にて相撰甲乙に依て転席可レ申段候事。

（資料2冊、一八二頁）

これによれば、春秋の二回の試業は、下等甲乙、中等甲乙、上等甲乙の会読の段階に応じて、テキストとなった「授読の書籍」によって「弁書」させることになったのである。しかし、これにたいしても、天保一〇年九月には、試験準備のため「数十日之間、専其業に力を用ひ、武事に力を難レ分之弊有レ之哉」（同右）という理由で、つまり、武術の稽古が疎《おろそ》かになり、文武両道がなりたちえなくなるという反対論が起こってくる。そのため結局、天保一〇年秋の試業は、この年春に受験できなかった者だけに限定すると再提案され、受理された。

さらに天保一二年（一八四一）正月には、試験時期を秋一回にせよと、提案され受理された。回数は一回に減らされたが、基本的には、大島桃年の学習者の修学程度を試験するという考えが貫かれていたといえるだろう。というのは、天保一二年には、生徒個々人の修学段階を無視した統一問題である「教授之惣品題」が廃止されることになったからである。その結果、学習者の「平生会読之躰」の平常点と「弁書」試験の結果の二つによって、教授・助教が相談して、「転席」を決めることになった。

ところが、三年後の弘化元年（一八四四）にはまた一転して、個々人ごとの成績判定の煩雑さを理由にして、統一試験問題に変更される。天保一四年一二月一三日、明倫堂督学渡辺兵太夫の次のような意見にもとづいて、翌年、弘化元年に「惣試業《そうしぎょう》」が行われたのである。

試業題之義、句読師幷入学生は授読之篇章之内を以教授等相撰差出来候処、多人数之義、甚紛敷煩雑之次第に御座候間、向後、惣試業之振《ふり》に仕、一統同様之篇章を相調申事に申談題之義も教授等より取立申義は指止、私共切にて二三ケ所を相撰指上、其内を以御渡之事に相成候て可レ然奉レ存候。尤惣試業題も同様私共より指上可レ申候。（資料2冊、一八四頁）

煩雑というが、どのくらいの生徒がいたのだろうか。天保九年の時に約二〇〇人、上中下等の三段階ごとには六六人、嘉永元年に約二六〇人、上中等に一三〇人、下等に一三〇人とされる（資料2冊、二〇二頁）。これだけの人数の処理が煩雑かどうかは、意見の分かれるところだろうが、ともかくも、この渡辺兵太夫の意見が通って、明倫堂では「惣試業」が定例化することになった。

嘉永元年（一八四八）の桃年の意見書は、この「惣試業」にたいする反対論である。そこには、日常の会読での成績と、予め問題が出され「下読」「下書」のできる「惣試業」での成績との間の齟齬が指摘されている。

> 惣試業之儀は諸士一統書を読ませ候との御趣意と奉ㇾ存候。然処是実に寸益なくして大害を生し候基と乍ㇾ恐《おそれながら》奉ㇾ存候。夫《それ》を如何と申候に其《それ》以来惣試業に因て読書之志に向者一人有ㇾ之候義承り不ㇾ申候。乍ㇾ然《しかしながら》初之年は何《いづれ》も儒家えたよ《（頼）》り下読下書等之稽古致し候人々も有ㇾ之候得共、次年よりは其様之事一切無ㇾ之様に相成候。且便所書《べんじよがき》・弁当書抔《べんとうがきなど》、近来世上に悪言申触し候義、以之外《もつてのほか》に御座候。（『私議』、資料5冊、五六四頁）

桃年は、試験は、「元来、会読席にて受授致し候処、各会得有ㇾ之候哉否を試候為め」（『私議』、資料5冊、五六二頁）、平常の会読席での成果を確かめるものである、と年来の主張を展開している。しかし、この桃年の意見にもかかわらず、嘉永四年の「惣試業」では、「当年都《すべ》て論語季氏篇より堯曰篇迄之内、当日惣御奉行より被㆓仰渡㆒之章節弁書之筈に候事」（資料2冊、一一七頁）と、嘉永六年でも、「当年都て孟子滕文公上下篇、当日惣御奉行より被㆓仰渡㆒の章節、弁書之筈に候事」（資料2冊、一八五頁）とあるように、試験範囲が予告されている。しかも、四書集注本は持ち込み可であった（ただし、『四書大全』は不可）。つまり、嘉永四年であれば、平常の会読とはかかわりなく、『論語集注』で季氏篇第一六から堯曰篇第二〇まで、嘉永六年であれば、『孟子集注』で滕文公上・下篇を勉強しておけばよかった。試験としてはより簡単なものへと流れているのである。

金沢藩の試験制度の試行錯誤を詳しく見てきたが、ここで確認しておきたかったことは、学力のみを判定する試験は、世襲制度とどうしても矛盾してしまうという点である。桃年が、一律の試験を課さず、個々人の修学段階に応じて個別に試験しようとしたのは、個々人の立場にたっているというよりは、程伊川の所説のように、競争を排することに主眼があったといってよいだろう。というのは、競争は世襲制度と相容れなかったからである。そのために、桃年はきめ細かい対応をしようとしたが、統一試験を行おうとした渡辺兵太夫もまた、試験問題を簡単にして、競争による学力差を外に出さないようにしたといえるだろう。どちらにしても、会読にともなう競争を薄めようとしたのである。しかし、先に咸宜園や適塾で見たように、対等な者同士が討論する会読に競争的な性格があるかぎり、世襲制度と衝突せざるをえなかった。この衝突を突破するためには、会読の場で競争で勝ち上がった学力・能力ある者を登用して、立身出世させる以外ないだろう。この道を閉ざしたままで、藩士子弟全員を強制就学させ、競争的な意欲を喚起しながら会読をさせるとき、どうしても壁にぶつからざるをえなかったのである。この現状突破の道は、身分制度が存続するかぎり不可能であり、明治になって、はじめて開かれることになる。しかし、それはまた、立身出世のための試験と競争への道を開くことでもあり、対等に討論しながら学びあうという会読の終焉をも意味していたことは、後に述べよう。

「虚心」の意義

ところで、大島桃年には、競争的な会読とは異なる、別の会読理念があったことは看過できない。この点すでに、われわれは、会読のなかで求められる、異質な他者を受け容れる「虚心」説を手がかりに、朱子と尾藤二洲、さらに亀井南冥の西学問所甘棠館に対抗した東学問所修猷館を見てきた。明倫堂の「入学生学的」には「会読之法は畢竟道理を論し明白の処に落着いたし候ために、互に虚心を以可レ致二討論一義に候処」とあるように、桃年も同様の考えをもっていたのである。

桃年の考えにしたがえば、会読は決して競争の場ではなく、あくまで「道理」にもとづいた「討論」の場であるばかりか、もっと積極的に異質な他者を認め合う態度を育成する修養の場だった。

会読法読書の修行に候のみならす、朋友切磋之間心術の工夫可レ有レ之に候、意必固我をはなれ申義、元来日用随時心術の工夫に候て、聖教の第一容易ならぬ義に候へ共、会読討論等は相手取り申義に候得は、右之心病あらわれ易き事候間、此等之類心付修行有レ之度《これありたき》事に候、左候へは書籍詮議の修行のみならす、自然と心術錬磨の工夫も長し申義に候間、万端自分に引取り当用の心得可レ有レ之候、（「入学生学的」、資料2冊、一九四頁）

会読の場はたんなる「書籍詮議の修行」の場にとどまらず、「心術錬磨の工夫」の場であるという。この「心術錬磨の工夫」のなかで養成される道徳的な資質が「虚心」である。「相手取」る会読の討論では、ともすれば、自分勝手に思い込んだり、必ずそうすると決め込んだり、固執したり、我をはったりする「意必固我」（『論語』子罕篇）の「心病」に陥りやすい。それゆえに、先に見たように、「妄《みだり》に己を是とし人を非とする心有レ之候事、見苦敷事に候、且又自分一得有レ之候とて、矜誇の色をあらはし候事。他人疎漏の誤りを妄に非笑致し候事。自分の非を飾り他説に雷同致し候事。鹵莽に会得の顔をなし他説をうはへに聞なし候事」（「入学生学的」）を戒めていた。こうした戒めを守り、討論を行うことができれば、自分勝手さを抑制し、異なる「相手」を寛容するような徳が自然と身につく。その意味で、会読の場は参加者相互の「心術錬磨の工夫」の場となりうるというのである。

そもそも、寛政異学の禁以降、藩士教育を担った朱子学者たちは、徂徠学的な人材観に対抗して、自己の存在意義をアピールする必要があった。熊本藩の藩主細川重賢が求めたような、「一所に橋をかけぬやうにして向うの河岸に渡しくれよ、川上の者は川上の橋を渡り、川下の者は川下の橋を渡り行かば、其者共廻り道なしに才能をなすべし」（『銀台拾遺』）とする、それぞれの個性を伸ばす職能的な人材とは異なる、人間像とそれを養成する方法を提示しなくてはならなかった。その答えの一つが「虚心」の徳性であり、会読はそうした「虚心」を身につける「心術錬磨の工夫」の場であるという主張だったといえるだろう。「虚心」は、教養ある治者としての徳であり、「良い官吏たる資質」（ドーア『江戸時代の教育』）だったといえる。眞壁仁が、江戸後期の昌平坂学問所と藩校が担った、「刷新された政治を担う有用な人材育成、すなわち藩や幕府の文書行政を担うに相応しい知識や技能を身につけ、公務を遂行するに必要な行動規範を内面化すること」を「政治的適正化」（『徳川後期の学問と政治』）と定義して、より具体的には「自己組織や派閥の縄張り争い、権限争奪になってしまう役人世界の現実を前に、官僚育成には目先の「小智」ではなく、「大理」に固着する精神」（同右）を陶冶することが求められていたと指摘しているが、まさに「虚心」はそのような目先の「小智」にとらわれず、相手の話をよく聞き取り、広い視野から判断する官僚の精神だったといえる。

実際、会読の場が朋友同士の切磋琢磨の場であり、自己を抑制するとともに、異質な他者を寛容する精神を養う「心術錬磨の工夫」の場であったことを、自ら身をもって体験した例もある。それは、幕末の安井息軒の三計塾で学び、後に西南戦争の時に、熊本鎮台司令官として西郷軍と激闘を演じた谷干城《たてき》（一八三七―一九一一、天保八―明治四四）の若き日の体験である。

安井息軒（一七九九―一八七六、寛政一一―明治九）は昌平坂学問所の御儒者でありながら、私塾三計塾を開いていた。昌平坂学問所の御儒者が同時に私塾を開いていたのは、古賀侗庵の久敬舎のような先例があり、息軒の友人塩谷宕陰も、昌平坂学問所の御儒者でありながら、私塾晩香堂を営んでいた。このような例は、ほかにもある。弘前藩校稽古館教授であった工藤他山は思斎堂を開き、明治になっても、二松学舎を開いた三島毅は大審院判事、紹成書院の岡松甕谷は中学師範学科の教授であった（生沼寛信『幕末維新期の漢学塾の研究』、渓水社、二〇〇三年）。こうした私塾が幕臣や藩士以外の多くの学生を集めたのはいうまでもない。幕末になると、福岡藩の亀井南冥の悲劇はもう過去の出来事だった。

息軒は三計塾の「斑竹山房学規」のなかで、「群居、言不レ及義は聖人之所レ憂候」という観点から、「書籍、政術、戦法之類は、終夜大声にて論候ても不レ苦候」と述べて、塾中での政治的論議を積極的に認めていた。息軒の伝記作者は、「多くは青年の徒で、藩の選抜生が多いので、他日、国に帰れば、或は藩黌の教授と成り、或は参政の位地に起つ人々であるから、其の学ぶ所も、治国済民の事に係り、先生の所謂「書籍、政術、戦法の類」のみならず、天下の大勢に関して、終夜大声にて議論したことも珍らは無い、然り、三計塾は政治家の養成所だ」（若山甲蔵『安井息軒先生伝』、蔵元書房、一九一三年）と説いているのは、少し褒めすぎの感もあるが、三計塾に多くの若い志士が集まり、議論し合ったというのは事実である。ちなみに、息軒は昌平坂学問所で古賀侗庵に学び、塩谷宕陰（一八〇九―六七、文化六―慶応三）ともっとも親しかった。天保二年（一八三一）に浜松藩経誼館の儒員となった宕陰も、会読の場で討論するなかで大声になることを許容して、「会読輪講は、須《すべから》く力を極め問難論究すべし。［中略］師弟の問難討論は、声色倶《とも》に厲《はげ》しきに至るも、亦た責めざる所なり。但し務めて勝を好むの心を去りて、非を悟らば即服す。方に是れ君子の争いなり」とする「経誼館掲示」（「経誼館生徒心得十ヶ条」）を書いていた。

このような息軒のもと、幕末の三計塾では「議論」が盛んだった。安政六年（一八五九）に三計塾に入門した谷干城はその様子を次のように伝えている。三計塾では、息軒が出席する表会と塾生たちの内会があった。自主ゼミ的な内会は「六七人相詰て輪講を為す」ものであった。「表会の輪講は先生是非の判断を下す故に、議論少しと雖も、内会に至りては議論縦横往々強《しい》て異説を主張する者」もいたが、この内会では「専ら相互に討論会議するを奨励」して、「生徒をして互に自己の智力を戦」わしめたという（『谷干城遺稿』巻一）。こうした政治的な「討論会議」のなかだからこそ、一層、異説を許容する寛容の精神を求められたといってよいだろう。

息軒は、金沢藩の明倫堂と同じように、次のように戒めていた。

会読議論之節は、和気平心を宗として、至当之義を可レ被レ求候、偏見を主張し他人之見を抑へ候は、学問之初に、先自ら非義に陥候故、習成《ならひせいとなり》レ性候て、他日入官之後、為レ害非二尠浅一候、読書之心得、是其大較に候、（安井息軒「斑竹山房学規」）

自己の偏見をかたくなに主張したり、逆に他人の意見を抑圧するのではなく、「和気平心」を旨として、「至当の義」を求める。だから、討論の過程はそのまま「偏見を主張し他人之見を抑へ候」精神を矯正する場になるだけではなく、他日、役人になったときに有益だというわけである。ここで養成される徳性がまさに「虚心」であった。実際、谷干城も、こうした異説を闘わせる会読の場は、自らの「疎暴頑愚」（『谷干城遺稿』巻二）を矯正する人間修養に一定の効果があったと認めていた。たしかに、明倫堂の大島桃年の「心術錬磨の工夫」は、絵に描いた餅ではなかったのである。

こうした「虚心」を培う「心術錬磨の工夫」は、実務家的な人材の技能を育成することとは違って、迂遠であるが、藩校のなかで求められたとしても、何ら不思議ではない。先にも紹介したアソシエーションの歴史を書いているホフマンによれば、一八世紀半ばにヨーロッパ世界の都市に生まれた自発的アソシエーションは、会則をもち、会員は平等という立場をとり、その目標は道徳改善、すなわち「自分の自我や利害、感情を抑えることを学ぶべきものとされ、さらに自分たちの例にならって社会全体を倫理的にも政治的にも形づくるべきものとされた」（ホフマン『市民社会と民主主義』）という。ホフマンによれば、そうした道徳改善への要求が読書サークルの設立にかかわっているのである。このようなヨーロッパ世界の現象をかたわらにおくとき、寛政正学派の朱子学者たちが、「自己組織や派閥の縄張り争い、権限争奪になってしまう役人世界の現実」（眞壁仁）のなかで「良い官吏たる資質」（ドーア）をもった人材養成の公的機関として藩校を位置づけ、会読のなかで「虚心」を求めたのも、一つの道徳改善の要求とみてよいだろう。彼らは、将来、幕政や藩政を担ってゆく武士たちが、「道理」にもとづく異質な他者との討論のなかで、独善的な自我や利害、感情を抑えることを学び合う場として会読をとらえたのである。その意味では、身分秩序のなかで異空間であった藩校で、道徳改善の目標をかかげたことは、決して特別なことではなかった。

もちろん、藩校は公的機関であって、自発的な結社ではないという反論があるだろう。まして、強制就学させられ、藩校によっては、一定の水準に達しない藩士子弟には、定められた年齢になっても扶持米《ふちまい》を与えないとか、養子縁組も許さないなどといった処分・脅迫があったのだから、自発性など、とんでもないというわけである。たしかに、藩校の場合、そういう面もあったが、道徳的な修身を根本におく朱子学者が、この時代、求められる人間像と方法を提示するとすれば、会読の場での「虚心」の涵養こそが、それに答えるものではなかったかと思われる。そして、後に述べるように、幕末の政治的な季節のなかで、ここには、新たな思想的な可能性も蔵していたのである。

第五章　会読の変貌

1　藩政改革と会読

一九世紀の藩校の学制改革は藩政改革の一環として提起された。藩財政の破綻、武士と百姓の困窮にたいする改革の一つとして、藩（国家）に有用な人材を育成し、登用することが切実な課題とされ、藩校はその課題に答える公的機関として位置づけられるようになった。先に見たように、藩校教育の目標として「人材」を最初に掲げたのは、宝暦四年（一七五四）設立の熊本藩の時習館であり、昌平坂学問所でも、「人材」養成が目的とされるようになっていた。実務家的な才気ある人材なのか。それとも、教養ある「虚心」の徳をもった「良い官吏」なのか。どちらにしても、彼らには、困窮した藩財政を立て直し、商品経済のなかにどっぷり浸《つか》ってしまっている武士の生活意識と行動を変え、武士から見れば、一揆や打ちこわしを起こしかねない百姓や町人たちを慰撫してゆく、さまざまな解決すべき課題があった。

一九世紀、武士たちはこうした藩士教育機関である藩校に強制的に入学させられ、会読を行うようになった。金沢藩で見たように、等級制や試験が試行錯誤を重ねながら整備され、学問への動機づけの決め手として、会読が採用されていったのである。しかし、会読が藩校教育の中核におかれるとき、それが本来持っていた自由さ・自発性は失われていったことは容易に想像される。たとえば、会読を重視した米沢藩でも、「独見」「下見」もせずに会読に出るようになっていた(緒方洪庵の私塾適塾での会読との対照は鮮やかである)。

これまで見てきたように、藩校も「正味の実力」が評価される点では「門閥制度」の身分制社会とは異質な空間であって、そのこと自体、評価すべきであり、強調してしすぎることはない。しかし、それにしても、そこには、民間の自発的な「社中」を形成した蘭学や国学のような、「発明」する創造性はなかったといわざるをえない。会読すべきテキストはあらかじめ決められていて、自主的に難解な書物を読解しようとするルドゥスの挑戦心は望むべくもなかった。遊びとしての会読という観点からいえば、「遊びは自由で任意の活動であり、喜びと楽しみとの源泉である、という定義に問題はない。参加するように強制されれば、遊びは、遊びであることをやめてしまう。それはそこから急いで解放されたい拘束、苦役になってしまう」のである（カイヨワ『遊びと人間』）。

政治的議論の場へ

しかし、一九世紀の会読の場は、遊びの世界とは異なる（といって、その要素がまったくなくなったわけではないだろう）、新たな展開をすることになる。一言でいえば、会読の場が政治問題の討論の場になってゆくのである。もともと、寛政五年（一七九三）の昌平坂学問所の学規五則のうちの第二則「行儀」には、「学校は是れ材を育て善を首《はじ》むるの地にして、教化の由りて出づる所なり。宜しく篤実退譲たるべし、必信必礼、国政を議す勿《なか》れ、成憲を失ふ勿れ」と、学問所内で「国政」を論ずることを厳しく禁止していた。この際、「其の位に在らざれば、其の政を謀らず」（『論語』泰伯篇）という孔子の言葉がその根拠となったが、しかしその一方で、儒学が本来、修己と治人を学問の目標とするかぎり、政治的な議論を、禁じたとしても、止めることはできなかった。会読の場に即していえば、経書の本意や字義を論じるだけではなく、「余論」として経文に関連ある事柄を付け加えるとき、眼前の腐敗・沈滞した政治・経済の現状を持ち出すようなことがなかったとはいえない。

実際、昌平坂学問所のなかでも、政治を論ずるようになっていた。『旧事諮問録』第八回「昌平坂学問所の事」では、もともと学問所は「道徳を奨励するのが目的だから、政事をどうするのという事に至っては、少しでも喙《くちばし》を容《い》れると睨まれるから、御儒者の前などでは黙っているのです」と、かつての学生に回想されている。「書生寮におりまして、平生激論を吐いて政事を論じたり、あるいは藩の失政を論じたりすると、どういう罰がありました」かとの問いにたいして、「罰ではございませぬが、性質《たち》の悪いという位のことです」と答えている。さらに、「時の弊政を道理に照らして極論するというようなことは」との問いには、「書生寮ではよほどの法外の議論もあるが、〔幕臣が入る〕寄宿寮の方はおとなしい」といい、続けて「書生寮の方は、幕政を罵るというようなこともありましたか」との問いには、「すべて御儒者の前では謹直なものでしたな」と答え、「書生寮にいる中《うち》だけで、藩へ帰ってはそんな乱暴なことは言われぬ」と答えている。この回想は明治にまで生きていた者たちのものだから、幕末の書生寮の様子であるが、一つの例証とはなるだろう。

こうした当事者の回想だけではなく、会読の場の変貌は、一九世紀になると各地の藩校で、国政を論ずることの禁止令が頻出していることからも察することができるだろう。

国家ノ成法ヲ誹判シ、我ヲ是トシテ、人ヲ非トシ、風俗ヲ乱《ミダス》ハ、小人ノ振舞《フルマヒ》ニ候。別テ相嗜《アヒタシナミ》礼儀忠実ヲ以テ相交《アヒマジハリ》候儀、可㆑為㆓肝要《カンエウタルベキ》㆒事、

（鹿島藩、徳譲館学制、文化七年、資料3冊、一八六頁）

公儀御政治は不㆑及㆑申、諸国之政事なりとも、妄に評論不㆑可㆑致候。

（白川藩、修道館行儀規、文政八年、資料1冊、六五九頁）

夫れ政事の得失を横議し、猥りに長上の淑慝［よしあし］を論ずるが若《ごと》きは、以て位を出づるの罪を犯す。（中村藩育英館、学規、文政一〇年、資料1冊、六六五頁）

御国家の御成法を誹判し、我を是とし人を非とするは小人の振廻《ふるまひ》に候条、老若幼年の人不ㇾ限《ひとにかぎらず》、別て可ㇾ被二相慎一候事、（佐賀藩弘道館、学規、天保一一年、資料3冊、一二二頁）

学問所ニ於テ、御政治向ハ勿論、人物ノ評判、並《ナラビニ》士不二似合一卑劣ノ咄等、決テ有ㇾ之間敷事。（高崎藩、文武館、慶応三年、資料1冊、五八三頁）

夜学ハ人々随意ニ任セ、只学校ニ来リテ、学フコトノミヲ免《ユル》シ、時間ハ四《ヨ》ツ時限《ドキカギ》リトシ、油炭ハ官ヨリ之ヲ給ス。故ニ貧窮生ハ、冬ハ火ノ為メ、又燈火ノ為メ、此ニ蝟集《イシフ》シ一夜大凡閣ニテ八九名成章堂ニテモ八九名位ツヽナリ然レトモ此頃ノ風ニテ、センゼン中々四五名ツヽ毎夜アルマツコトハ少ナケレハ之ヲ螺集ト云ヘルナリ然《シカ》シナカラ、学問ハ一向セス、只政事上ノ議論ト、世上ノ風話トニ、空シク夜ヲ送ルノミナリ。只為ニ少シハ、書物読ノ青標紙タラサンコトヲ欲スルノ企望ヲ生セシメシカトモ臆測セラル。（長岡藩、遷善閣、慶応大改革後、資料4冊、二三六頁）

このように藩校内での政治的な議論はしばしば禁止されていたが、そのなかで、会津藩日新館は特殊である。いつごろかは明示されていないが、『日本教育史資料』のなかには、「藩主臨校」の項目に、藩主が時々来校して、学生たちを抽籤によって選び、進講させ、また老職が論題を与えて対策させる場合には、「総《スベ》テ忌諱ヲ憚《ハバカ》ラス、時事ヲ切論セシム」（資料1冊、六八六頁）とある。

ちなみに、藩校では厳しく禁止されていた経書のテキストと時勢を結びつけることが、民間の私塾では可能だった。たとえば、大塩平八郎（一七九三―一八三七、寛政五―天保八）の私塾洗心洞である。大塩は、天保八年（一八三七）、貧民救済を求めて、大坂で弟子とともに挙兵した陽明学者として知られる。彼の洗心洞では、授業中（会読が行われていたかどうかはわからない）、「機会あるごとにこれらのテキストの本文を時勢と対比させ、たとえば「御老中の誰殿がケ様にあるは此論語の説にハ一向悖《もと》ることにあらずや。御城代の誰殿がかくあるハ此孟子の説とハ雲泥の違なり」などといった調子の、いわゆる時務論をたくましゅうしたという」（海原徹『近世私塾の研究』）。ただ、海原が指摘しているように、大塩の場合、「叛乱の大要が教師のプランニングに基づき、したがって塾中の政治的議論の軍事的表現という側面はいかにも稀薄であった」（同右）。その理由は、洗心洞の授業が教師である大塩の一方的な講義中心であったことにも関連するかもしれない。大塩の洗心洞が「極端にいえば、トップ・リーダーの指導性にほとんど負」っているのにたいして、後に述べるような松陰の「政治結社的私塾」（同右）の場合、同志たちの対等な会読であったことから、その行動も「塾中の政治的議論の軍事的表現」（同右）となりえたのではなかったかと思われる。

薩摩藩・近思録崩れと会読

こうした会読の政治化のなかで、何が起こってきたのか。一言でいえば、「徒党」化、すなわち政治的な結社への変化である。もともと、会読の原理の一つに結社性があったが（この点、蘭学社中を想起してもらいたい）、先に紹介したように、浜松藩の経誼館のように、「館中の会日には、宜しく各々社を結びて以て講習すべし」（資料1冊、四三〇頁）と、藩校内で自主的な会読結社を作ることを奨励していた事例さえある。このような結社は、俳諧や狂歌のような遊芸の社中であれば、近世日本の国家のなかで、なんの問題もなかったが、徒党を組んで、政治的な討論と行動を行うようになると、大きな問題を引き起こすことになる。

一九世紀になると、会読＝輪講するメンバーが同志的な結社をつくり、会読の場が政治的な討論の場となったことをうかがわせる事件が起こってくる。その一つが、文化五年（一八〇八）の薩摩藩のいわゆる近思録崩れであった。

薩摩藩主島津重豪《しげひで》（一七四五―一八三三、延享二―天保四）は、進取の気象に富む豪快な人物だったことで知られている。派手な性格で蘭学を好み、積極的な開化政策をすすめ、藩校造士館、演武館、医学館、明時館（天文館）を設立した。しかし、この開化策は、重豪襲封以前の、宝暦治水事件で知られる木曾川御手伝普請《おてつだいふしん》によって逼迫していた藩財政をさらに悪化させることになった。重豪の後を継いだ島津斉宣《なりのぶ》は、そのため、財政再建の藩政改革に着手し、樺山主税《ちから》や秩父太郎らを登用した。秩父は、これ以前、重豪時代、大目付の命令を拒否して、役職を罷免された藩士だったが、造士館書役木藤武清に、宋代の道学の祖周濂渓の『太極図説』の教えを受けて門下生となり、樺山主税らとともに、宋学の基本書『近思録』の講究を重んじ、「同志とともに日夜集会し、政治・経済・人道等について討論していたのを斉宣に登用されたのである」（芳即正『島津重豪』、人物叢書、吉川弘文館、一九八〇年）。

新藩主斉宣のもとで、近思録党と呼ばれた秩父・樺山の一派は、詩文尊重の学風があった造士館の改革をめざし、さらに諸役場の廃止統合と人員整理を行って経費削減をはかろうとした。ところが、これらの政策が重豪政治を完全に否定するものであったために、隠居していた重豪の逆鱗にふれ、秩父・樺山の二人は罷免され、切腹を命ぜられたうえに、「秩父・樺山の与党」として合計一一一名の大量処分が行われた。芳即正は、この過酷な処分の理由として、「秩父らが幕法・藩法ともに厳禁する党類を結び、［重豪寵愛の］市田以下の総退陣をはかってその一党で藩政を壟断しようとした点に、激怒の最大の理由があるのではなかろうか」（同右）と推測している。

芳はその根拠に、重豪派復活後の示達のなかで、「此以前ニハ実学ト唱《トナヘ》党ヲ結ヒ、其後モ右類ノ儀有レ之、又々近頃ニハ亡樺山主税（久言）、亡秩父太郎（季保）与党ヲ催シ、致二夜会等一類ヲ求《モトメ》御政道ノ妨ニ相成御国中一統及ニ混雑一、既公辺ヘモ内々ハ相聞（響）候故、彼是御賢慮ヲ以御取計被ニ仰付一候付」（集会結党ニ関シ重豪公諭達ノ件、文化八年三月、『斉宣・斉興公史料』）と、「実学ト唱党ヲ結」んだことが、「公辺」幕府にも聞こえることを恐れていたことをあげている。本書が注目するのは、この「実学ト唱党ヲ結」び、「与党ヲ催シ、致ニ夜会等一類ヲ求御政道ノ妨ニ相成」った場が、会読であったということである。同じく、復活後の示達のなかには、「会続（読カ）」の語が出ている。

兼《カネ》テ懇意ノ者申合《マウシアハセ》、夜会等相企、向々《ムキムキ》寄リ集リ内証ニテ会続（読カ）又ハ武術稽古致候儀モ有レ之由候ヘトモ、其通ニテハ国中一統不レ致様《イタサザルヤウ》成立候基ニ候間、向後右体夜会ハ勿論向々寄集候儀堅停止申付候条、造士館・演武館又ハ夫々《ソレゾレ》於ニ師家一折角出精、自分宅ヘ相集メ候儀一切致間敷候、（文武ニ関スル件諭書、文化六年正月、『斉宣・斉興公史料』）

「夜会」などを開き、「向々寄リ集リ内証ニテ」『近思録』の会読をしていたことが、「党ヲ結」んだとして非難されているのである。会読での対等な討論、そこから生まれる同志の結社は、徒党の禁止という幕法・藩法の根本条項、「封建支配維持の根幹にかかわるこの禁制」（芳即正前掲書）に触れることになったのである。

ちなみに、薩摩藩では幕末にも、『近思録』を読むグループが生まれた。海江田信義（一八三二―一九〇六、天保三―明治三九）が伝えるところによると、海江田は嘉永四年（一八五一）二

○歳の時、西郷隆盛、大久保利通と『近思録』の会読を行っていたという。

俊斎、年二十歳の時西郷吉之助並大久保一蔵の、少壮社会に在て、嶄然《ざんぜん》頭角を顕はし、郷党に異物と称せらるゝを聞き、之を歴問して深く交誼を通す、而して西郷、大久保及長沼嘉平と約し、定日を期して近思録を読む、一日、四人相会するや、論して曰く、方今の時勢たるや、徒に読書に汲汲として、文章字句の討究に消晷《せうき》するの日に非す、苟《いやしく》も男児たるもの、必す大志を起し、以て身命を実地に致すへきなり、曰く志なる者は何そや、曰く邦家に尽すの丹誠なり、曰く丹誠とは何そや、曰く自家の精神を練磨するなり、曰く何、曰く何と、是時大久保の論する所最も精且つ高かりしといふ。（『維新前後実歴史伝』巻一）

生麦事件の張本人であった海江田らしくというべきか、彼らは、「徒に読書に汲汲として、文章字句の討究」することに満足できず、政治的な実践に奔《はし》ろうとする。「方今の時勢」にたいして、「自家の精神を練磨」することで乗り切っていこうとしたのである。

会読と徒党――金沢藩・黒羽織党

また、会読と徒党のつながりのもう一つの例が、天保期の金沢藩の学制改革に見られる。先に述べたように、年寄奥村栄実《ひでざね》による藩政改革の一環として学制改革が断行され、昌平坂学問所出身の大島桃年が奥村のブレーンとして抜擢された。この藩政改革にたいする反対者が、ここで紹介したい上田作之丞《さくのじょう》の黒羽織党である。

上田作之丞（一七八七―一八六四、天明七―元治一）は、『西域物語』の著者本多利明に学んだ江戸時代後期のユニークな経世論者であるとともに、黒羽織党と呼ばれた金沢藩の改革派の中心人物である。若林喜三郎によれば、「黒羽織党とは、本多利明の学統をうけた上田作之丞の門下生たちを中核とする一種の政治結社である」（『加賀藩農政史の研究』下巻、吉川弘文館、一九七二年）。奥村栄実が藩上層の改革派であったのにたいして、黒羽織党は中下層の藩士の改革派であった。この黒羽織党をひきいて、奥村栄実後の金沢藩政を牛耳ることになったのが、作之丞の学説に傾倒していた、金沢藩年寄長連弘《ちょうつらひろ》だった。連弘は黒羽織党の藩士を藩の要職につけて、藩政の革新をはかったのである。

作之丞は藩士の教育活動に力をいれ、私塾＝拠遊館では、「生徒に教ふるや、概ね書を斥けて討論を用ひ、時勢の当否に就て弁難答問」することがなされ、会読が学習方法として採用されていたことは、すでに八木清治によって指摘されている（「天保期の加賀藩における「実学」と経世済民」『実学史研究V』、思文閣出版、一九八八年）。作之丞は拠遊館の学則を次のように定めていた。

会読は道学義理、切磋研窮の第一に而、識量上達の基礎に候。依而孝経大学中庸語孟詩書左伝易等の前にも申書目とも、是又其人々の材質資質に随ひ類を分、会日定候間、其料に随ひ、兎角有用の学問なさるへく候。

（「拠遊館学則」、天保三年）

作之丞によれば、「会読は道学義理、切磋研窮の第一」である。ただ、書物の「形器文字」を穿鑿するよりも、「義理」を切磋琢磨することを求めた。彼によれば、「只一箇の道理」を明らかにすることが大事であって、「書籍は多く読に不レ及もの」なのである。

書籍は多く読に不レ及ものに候。只一箇の道理を弁へ候後は、数万巻の書、皆古代の糟粕に候。その糟粕を貴ひ日夜精心を用ひ、誦読致し候は、何等の為と申事会得可レ致事、肝要に候。

（「拠遊館学則」）

多くの書籍を読む必要がないというのは、明倫堂の会読にたいする批判が込められているだろう。次のような言葉はそれを示唆している。

耕〔上田作之丞〕常に是を鸚鵡《おうむ》学者と唱て口喙に入す候。只々読書会読の要は、口先斗《ばかり》の議論と文句上の穿鑿とを去て、己か心を以て読、己か行ひを以て引あて、会読議論有度《ありたき》事に候。加様の心得、聖経を渉猟いたし候へは、一言半句更にむつかしきこと無レ之候。誠に日用行事の間に有レ之事に候。道は近きにあり、人々是を遠きに求と申孟子の言〔離婁上篇〕、実理に候。

（「拠遊館学則」）

作之丞からみれば、明倫堂の会読は、「口先斗の議論と文句上の穿鑿」と映っただろう。昌平坂学問所に学んだ大島桃年がモデルとしたのは、古賀侗庵の『中庸問答』の一節を例に紹介したような「討論」だったからである。作之丞にとって大事なことは、「日用行事の間」に儒学の経書を生かすこと、より直截的にいえば、儒学の経書を眼前の政治的な諸課題に活用することであった。

先に見たように、明倫堂で学制改革を目指した桃年の構想からすれば、会読の場は異説を認め合うような「虚心」を身につけるべき「心術錬磨の工夫」の場であったのだが、作之丞はまったくそれとは別の会読の政治化の方向性を志向していたといえる。それをもっとも鋭敏に感じていたのは、ほかならぬ桃年であった。桃年は次のような批判文を書いて、天保期に藩当局に上書している。

浪人儒者上田作之丞と申者、先年生徒ニ罷在候者ニ而、其以来御家中江立入教授仕候処、近来異存を相立学問とて書を読義理を講し候は実用ニ無レ之、士の君ニ事《つかえ》江職を奉する者は、左様迂闊之事を学ひ候而者、何之益にも相成可レ申哉、士の学問は書を読ミ義理を講するに及はす候、差当り当用之務を講究仕候を肝要といたし候と申唱候由に候。難を悪《にく》み易を好み候は人情の常ニ候得は、追々信向の人も多く有レ之由に候。私義委曲之説は承り紕《ただし》ハ不レ申候得共伝聞にて承知仕候処、社中江入候者は一統誓詞を取立、会集之節は書物抔《など》は持参無レ之、只々空手ニ而彼是講論仕候由、依而は当世御政事向等之儀も各意見を以論し候義抔も可レ有二御座一候哉と奉レ存候。且又右信向之面々何となくかさつの風義に相成、中ニは近来異様之形ニ而途中に徘徊いたし候者も見聞仕候。先以右等之異説相唱追々党類も多く相成候は、、所謂処士横議邪説暴行と可レ申候。ケ様の邪説盛に相成学問之本意は如レ此ものに而学校の御教導は其身に取り候而無益之事与《と》何も被レ存候様ニ相成候而は誠ニ以恐入候義奉レ存候。（『大島柴垣上書等』、天保八年、金沢市立玉川図書館近世史料館所蔵）

桃年の伝聞するところによれば、作之丞たちは「社中」に入るときには、「誓詞」を取り交わし、会読の場は、書物なども持参せずに「講論」するばかりか、「当世御政事向等之儀も各意見を以論し候」場となっているという。その参加者たちは「社中」を結んで、おそろいの黒羽織を着た「異様」な風体で街中を徘徊しており、しかもその「党類」が増えているという。桃年はそうした作之丞たちを「処士横議邪説暴行」と非難している。桃年からみれば、作之丞たちの「社中」黒羽織党は、「聖王は作らず、諸侯は放恣にして、処士は横議す」、「世衰え道は微れ、邪説暴行は有《ま》た作る」（『孟子』滕文公下篇）とある「処士横議」「邪説暴行」にほかならなかった。

薩摩藩の近思録党と金沢藩の黒羽織党の事例のように、会読が政治的な討論の場になるとき、身分をわきまえず、「当世御政事向等之儀も各意見を以論」ずることが非難されるばかりか、徒党を組むことが問題視された。薩摩藩の近思録崩れは、「実学ト唱、党ヲ結ヒ」とあるように、経書を読むような夜会を行い、「党を結」んだこと自体が咎められた。また先に見たように、中津藩の白石照山もまた、憤懣を抱く下士たちと徒党を組んだことが、追放理由となっていた。

政治的公共性が姿を現してくる初期の段階では、朋党の禍と呼ばれる非公然の政治集団の問題が起こってくる。それはあたかも西欧世界における秘密結社フリーメイソン運動に対応する現象であるといえるだろう。処士横議が禁止されている時点で、政治的な議論を対等な人間関係のもとで行おうとするときには、集会自体、秘密裡に行う必要があったからである。ハーバーマスのいうように、「公共性はまだ大幅に公開性を排除して先取り」されたのである（『公共性の構造転換』）。対等に相互討論する会読の場が、近世国家の政治にたいする批判的な公共空間となりうるかどうかは、ひとえに、こうした徒党禁止という近世国家の要ともいうべき禁令を打ち破り、大っぴらに徒党を組むことを積極的に肯定する論理を提出しなくてはならない。江戸後期、一体、そのような革命的な論理は存在したのだろうか。

2　後期水戸学と議論政治――水戸藩の会読

こうした問題意識からみて、注目すべきは後期水戸学である。水戸学とは、水戸黄門で有名な水戸藩第二代藩主徳川光圀の『大日本史』編纂を通じて培《つちか》われた思想で、光圀中心の前期水戸学と、第九代藩主徳川斉昭（一八〇〇―六〇、寛政一二―万延一）を中心とする後期水戸学に二分される。このうち、後期水戸学は、一九世紀の内憂外患の危機の時代に尊王攘夷思想を打ち立てたことで知られている。藤田幽谷・東湖父子、会沢正志斎がその代表者である。とくに、会沢正志斎『新論』（一八二五年）は、東湖の『回天詩史』（一八四四年）とともに幕末志士のいわばバイブル的な書物として有名である。

これまでも後期水戸学は幕末の尊王攘夷思想の発信源として、思想史的に注目されてきた。私も以前、『新論』の尊王攘夷思想の理論的な枠組みが、儒学とは対極的な中国の兵書『孫子』にあることを指摘して、水戸学の特質を論じた。すなわち、西洋を夷狄《いてき》としてとらえ、これを打ち払えとする攘夷策は、文政八年（一八二五年）の外国船打払令を好機に、意図的に絶体絶命の「死地」（『孫子』）＝戦争状態にひきずりこんで、国内の民心を統合するという戦術であり、また祭祀制度を通して、天皇を頂点とする階層秩序を再編する策もまた、民心統合を目的とする長期的な戦略であって、正志斎は、この兵学的な戦術・戦略論によって分散した「民心」を統合し、日本全体「八州を以て城」とする国防国家建設を構想していた（拙著『近世日本の儒学と兵学』）。さらに、「武威」の兵営国家を非常時戦時体制下のもとで建て直そうとする、軍事的な国家構想であったがゆえに、武士の支配層、とくに商品経済の進展によって困窮化した中下士層の武士たちに同調者を集めることができたのだ、と指摘した（拙著『江戸後期の思想空間』）。

本書では、こうした思想内容の特質を検討するのではなく、それを生み出した場に焦点をあててきた。こうした本書の視角からみても、後期水戸学は興味ある対象である。というのは、後期水戸学もまた、会読という共同読書の場から生まれていたからである。この点は、汗牛充棟ともいえる従来の水戸学研究では看過されてきたので、少し丁寧に見てみよう。

藩校弘道館の会読

まず注目すべきことは、後期水戸学の出発点に位置づけられている藤田幽谷（一七七四―一八二六、安永三―文政九）が、会読を行っていたという事実である。藤田幽谷は、天明八年（一七八八）一五歳の時に、彰考館総裁立原翠軒（一七四四―一八二三、延享一―文政六）のもとで学んでいた同門の小宮山楓軒（一七六四―一八四〇、明和一―天保一一）らと会読を行っていたのである（『幽谷先生遺稿』、与小宮山君）。その方法は、仁斎の同志会の運営方法に沿ったものだった。

月に六回、日を定めて、順番に講ずる者をかえ議論し、さらに策問を出しておいて、それに答えるという、講ずる会読である輪講の方法である。

石川久徴筆録『幽谷遺談』（菊池謙二郎編『幽谷全集』所収）は、その様子を詳細に伝えている。幽谷と会読していたのは、小宮山、杉山、原などであった。その時のテキストは、中国戦国時代の道家の『列子』というマイナーなテキストであった。こうしたあまり人が読まないテキストを取り上げること自体、先に服部南郭に見たような、難しい書物にあえて挑戦しようとする少壮学徒の意気込みが見てとれる。

それはともかくも、この日、幽谷は予習の下見をしなかったので（会読前には、下見の予習は必須とされた。あの春台でさえ、「会読に必ず下見をして、下見なき所は会もせられずとなり」（『文会雑記』巻三上）といわれていた）、今日はみなが講ずるのを聞くだけにする、と言っていたが、順番で最初にある者が講じおわると、幽谷は「その解釈は間違っている。そうではないだろう」と質問した。すると、講者は、「註解のままに講じた。ことに誰々の説もこれと同じである。この解釈でよいだろう」と反論して、問答がしばらく続いた。そのうちに、小宮山楓軒が、「たしか、明人の随筆を抜き書きして、テキストの上に書いておいた説が幽谷の説と同じである」といって、その趣旨を読んだところ、「だから、その説にもあるように、解釈が間違っている」と幽谷はいった。幽谷はさらに、「『列子』の主意を呑みこんでいないために、このような間違いもあるのだ」といって、詳細に弁説したので、一座の者たちみな、感服した。その会読の帰路、私（石川久徴）は楓軒と一緒だったが、楓軒は次のようにいった。「藤田は奇才であるが、まだ十分、書を読んではいない。それで、私は幽谷の才に刺激され、彼が書物五部を読んだならば、十部を読めば、彼と渡り合うことができるだろうと思ってきた。しかし、今日の討論を聞いてわかったと思うが、吾が党の者たちは、どれほど多く書物を読んでも、どの説は正しく、どの説は間違っているか、はっきり弁別することはできない。ところが、すぐれた才能の持ち主である藤田は、『列子』の主意は何であるか、はじめからわかっている。多くの書を読めば彼に「敵すべし」と思っていたのは、なんとも愚かなことだった」と語ったという（『幽谷遺談』）。

小宮山楓軒の言葉にもあるように、切磋琢磨、競争しあう関係が、ここには生き生きと描かれている。もちろん、この時点では、『大日本史』の編纂校訂の過程で生じた立原派（後に、楓軒はこの派に属した）と藤田派の分裂にともなう党派間の争いはないが、学問で競い合うという真摯《しんし》な交友関係がうかがえる。裕福な古着屋の息子だった幽谷は、この「正味の実力」の競い合いのなかで、頭角を現したのである。そのような経験があったからこそ、幽谷はいつも自分の私塾での会読では「討論」を奨励していた。

先生の宅、諸生会して論語を講ずる事あり、予もその席に臨み、［中略］且は諸生の討論

なきを誡めらる、意なるべし、
（『幽谷遺談』）

こうした幽谷や小宮山楓軒らの会読が下地にあったからこそ、水戸藩校弘道館でも、会読が教育方法の一つとして採用されたのだろう。若き日の幽谷が、小宮山楓軒らと行った会読＝輪講が、弘道館の教育方法として制度化されていくのである。

弘道館は、徳川斉昭が天保一二年（一八四一）に開設した藩校である。建学の趣旨を明示した「弘道館記」は、斉昭が、幽谷の子藤田東湖（一八〇六―五五、文化三―安政二）に命じて書かせたものである。忠孝一致・文武一致・学問事業一致・神儒一致が、その教育方針であった。後期水戸学のスローガンとなった「尊王攘夷」の語も、ここにある。初代の教授頭取となったのは、幽谷の弟子会沢正志斎（一七八一―一八六三、天明一―文久三）と立原翠軒の弟子青山拙斎（一七七六―一八四三、安永五―天保一四）である。

この弘道館における進級は、次のような階梯によって行われていた。水戸藩では、藩内の公認した私塾（藤田幽谷・東湖の青藍舎、青山佩弦斎塾、会沢正志斎の南町塾など）で、素読の初歩教育をすませた後に、一五歳になると試験の上、弘道館への入学が許可された（青山佩弦斎にせよ、会沢正志斎にせよ、弘道館の教授になっているのだから、ここでいう私塾は、亀井塾でみたように、家塾という範疇に属している。この点は後に述べる）。水戸学研究者鈴木暎一によれば、弘道館では、「諸生が文館へ入学すると、まず講習生と呼ばれる。講習生は、幾組かに編成されて会読を課せられるが、これを会読生という。会読とは、まずはじめに訓導が経書を講義し、その後学生が組ごとに経史を講読することをいう。会読生が文義に通ずるまでに上達すると輪読生に進級する。輪読生とは、まず『論語』、次に『孟子』さらに『春秋左氏伝』を組ごとに分かれた学生がそれぞれ助教・訓導の指導を受けながら輪番で順次講釈し、次々に継続していくのである。輪読生のうち、試験により学力優秀と認定された者は居学生になると、一間半に一間（三畳敷）に押入れのついた個室が与えられる」（『水戸藩学問・教育史の研究』、吉川弘文館、一九八七年）のだという。一〇日間の弘道館の課業を具体的に示せば、二日「居学生輪講」、三日「公会読、講習生輪講」、四日「講習生論孟輪講」、五日「講習生会読」、七日「居学生輪講」、九日「講習生左氏伝輪講」、一〇日「講習生会読」である。一〇日ごとに、このサイクルで運用された。これからもわかるように、弘道館内では、ほぼ毎日、どこかで輪講と会読が行われていた。

藩主と藩士の会読

さらに藩校弘道館のほかにも、水戸藩では、さまざまな場所で会読が行われていたことは注意されてよい。なかでも、その会読が藩士間ばかりか、藩主斉昭と藩士との間でも行われていたことは特筆に値する。

藤田東湖の日記によれば、江戸の水戸藩邸では、藩主徳川斉昭のもとで会読が行われていた。『不息斎日録』（日本史籍協会編『水戸藤田家旧蔵書類一』所収）の天保三年（一八三二）七月一一日条には、「例日の通り、御会読あり。讃州侯御出あり。山辺門子《やまのべもんし》清虚・渡辺・友部等列席」とある。翌月一一日条にも、「是日御会読。讃州侯大学君掃部君来る。余講順にて論語巧言令色より三章講す清虚出勤、有志の士失望」とあるので、毎月一一日が会読の定日であったらしい。ただ『不息斎日録』には、この二回の会読しか記述されていないので、以後、毎月きちんと会読が実施されていたかはわからない。しかし、『丁酉日録』（同右）天保八年（一八三七）五月一一日条には、「八時過例の如く、御会読へ出仕。論語を講す。支封の君には大学頭殿播磨守殿御主席なり。御会読の前、儲君にも被レ為レ成、大学の御事素読をなし玉ふ。御年御六歳なり」とあるから、一一日の会読は天保八年までは続いていたと思われる。東湖の日記にないのは、定例化されていたために、殊更に記録していなかったか、あるいは東湖が参加していなかったか、どちらかであるだろう。いずれにせよ、斉昭を中心に会読が行われていたことは確かである。

東湖の日記から斉昭の会読についてわかることは、「余講順にて論語巧言令色より三章講す」とあるように、講ずる会読＝輪講であったことである。しかも、講者は「順」番になっていて、特定の誰かが一方的に講ずるものではなかったようである。加えて、参加者は、「讃州侯御出あり。山辺門子清虚・渡辺・友部等列席」とあることから、藩主一門だけではなく、上級家臣たちもいた。もちろん、江戸時代の藩政においては、藩主の独裁ではなく、一門や家老などの重臣との協議が行われることは一般的であったので、斉昭の会読に一門のみならず、重臣が参加していたとしても、なんら不思議ではない。しかし、会読である利点は、そのような藩政における一門・重臣会議と違って、東湖のような抜擢された者も対等に参加することを許されていた点にあるだろう。それも、参加して御説拝聴という消極的なものではなく、東湖自身が「講」じているように、「講」ずる一員としての役割を演ずることが当然視されていたのである。この点は、対等・平等の会読のメリットとして強調してしすぎることはない。

さらに会読の場は、討論が積極的に容認されていたろう。会読であるかぎり、講者にたいして参加者が質問して、講者が答え、討論したことが想像される。ただ、鍋島閑叟が久米邦武にしたような駁論を想像することは難しい。まして、斉昭自身が順番で、講者となり、それに参加者が質問するようなことがあったかはわからない。かりにあったとしても、当《あ》たり障《さわ》りのない定型化されたものだろう。しかし、討論が現実には形だけのものであったとしても、その可能性が開かれていたことは重要である。

ともかくも、幽谷・東湖の青藍舎のような私塾、公的な教育機関たる弘道館、そして斉昭を中心とする藩政府、このように見てくると、水戸藩では、いたるところで会読が行われていたことになる。もちろん、どの会読でも、先に見た若き日の藤田幽谷と小宮山楓軒らの会読のような討論が繰り広げられたというわけではないだろう。藩校弘道館でも、建学の精神とは裏腹に、実情は、「諸生の多くが日用に必要を感じない専門的な経書の講義を聞き、また字句の細密な解釈が要求される輪講を行うことに興味を持ちえず、何よりも諸生にはそうした講義や輪講に耐えうる学力が乏しかった」(『水戸市史』中巻(3))というのが、真実に近いだろう。

君主と家臣の「議論」政治

しかし、水戸藩では、会読の討論がそうした儒学の経書の字句の解釈のみにとどまらず、直接に政治的な議論に結びつくような制度があったことは注目すべきである。それが水戸藩における「議論」政治と評されるものである(三谷博「日本における「公論」慣習の形成」『東アジアの公論形成』、東京大学出版会、二〇〇四年)。水戸藩では、斉昭の言路洞開政策によって、家臣からの上書を積極的に認めるとともに、斉昭自ら「直書」を頻繁に下して、書簡を介した君主と家臣との「議論」が正規の決定システムの一つとして機能していた。言い換えれば、藩士たちの意見を政治に反映させる制度があったのである。斉昭からすれば、そうした言路洞開は、なにも彼個人の独創ではなく、神祖東照宮家康の祖法であった。斉昭は謹慎中、老中首座阿部正弘にあてて書いた『明訓一斑抄』(一八四五年)の「諫言を用ゆべき事」の条のなかで次のように述べていた。

斉昭謹按《あんずる》に、東照宮御初《はじめ》明君賢将にましします御方に、なにぞや下より申程の事知し召《しろ》さぬ事の有べき。されども事多き内には、日月の蝕の如く誤ち給ふ事も有、又は下々の事に至ては、御承知なき事も可レ有レ之と、広く言路を開き給ふ事、則明君たるゆゑんにて、人主たるものは、人に取て善をなすことを楽しむ処肝要なり。小人は我心付たる事にても、人より発語する時は、否と答ふるもの也。主君たらん人は、誰いふ事にても、本文の明訓をしたひて、理の当然なる事は用ゆべきこと也。（『明訓一斑抄』巻上）

「東照宮」家康が下々の意見を広く求めたことを模範にせよ、と斉昭はいう。斉昭の主観的な意図からすれば、「東照宮」の祖法としての言路洞開の理念を実行したものだったが、実行できたのは、藩主斉昭自身が会読によって他者の意見を聞き、「理の当然なる事は用」いるという「虚心」の精神を身につけていたからだったといえるだろう。

私塾での自由な討論と「吾党」

また、昌平坂学問所で見たように、弘道館のなかでも、大っぴらに政治を討論することは難しかったろうが、会読＝輪講で討論することを学んだ藩士たちは、同時代の書生寮と同様に、裏では政治を論ずることもあっただろう。その際、藤田東湖の青藍舎や会沢正志斎の南町塾のような私塾では、公的な機関である弘道館と違って、もっと自由に討論ができただろう。事実、青藍舎では、弘道館入学以前の一五歳以下の藩士の素読とともに、会読が行われていた。東湖も参加する会読では、テキストの「書中人物の論評、政治の得失など高度の質疑応答が交されて甲論乙駁、しばしば熱気を孕む議論が展開された」（『水戸市史』中巻（3））といわれている。

ここで注意しておきたいことは、会沢正志斎の南町塾の入門者である。先に正志斎が、藩校弘道館の教官を兼任しつつ、南町塾を主宰していた点で、私塾といっても、家塾の範疇に入ることを述べた。先に亀井南冥の処分問題も、この家塾の二重性に原因があるのではないかという八木清治の説を紹介した。他藩の藩士をも受け入れる私塾における会読の開放性に、その原因があったという説である。面白いことには、家塾としての南町塾も、他藩の入門者を受けいれていたのである。正志斎の門人には、もちろん、石河明善（弘道館助教）や内藤耻叟《ちそう》（弘道館教授、のちに帝国大学教授）のような水戸藩士がいるが、他藩の者も多い。筑後久留米の真木和泉、鳥取藩士安達清風、笠間藩士加藤桜老（昌平坂学問所で佐藤一斎にも学ぶ。長州藩藩校明倫館で講ずる）、佐賀藩士増田広長などである。他藩の入門者で姓名・生国の判明する者は、全国二〇か国より約四〇人で、滞在期間は真木和泉のように一週間に過ぎない者もいれば、安達清風のように二年に及ぶ者もいたという（『水戸市史』中巻（3））。後に述べる吉田松陰もまた、嘉永四年（一八五一）一二月から翌年一月にかけて、水戸に滞在して、都合六回、正志斎の自宅を訪ねて面談している。家塾の二重性をいかして、正志斎は弘道館の教官でありつつ、南町塾では、他藩の者たちと交流しているのである。そこでは、水戸藩と他藩との垣根を越えて、対等な討論をともなう会読を行っていたろう。ここから、藩の垣根を越えた横議・横行が生まれたという意味で注目すべきである。

後に見る幕末の吉田松陰のように、積極的に藩の境界を超える幕末志士を検討する前に、もう一度、水戸藩内の問題に立ち返ってみよう。横議・横行は、薩摩藩や金沢藩の事例があるように、徒党を組むという反国家的な行為として厳しく禁じられていた。水戸藩の「議論」政治といっても、君主と家臣の「双方向の濃密なコミュニケーション」（三谷前掲論文）は、理念的にはすべての家臣に開かれていたとはいえ、現実的には藩主斉昭と東湖一派との結びつきを強めるように働き、そこから排除される家臣（上級家臣団）との軋轢を生んだことも事実である。よく知られているように、天狗党という呼称は、そうした反対派がつけたものである。そこには、鼻を高くして驕《おご》り高ぶる者という非難の意が込められていた。もともと「党」は徒党の党であって、マイナス価値の言葉だったのである。たとえば、同時代の佐藤一斎は「党」にたいして次のように説いている。

「方は類を以て聚《あつ》まり、物は群を以て分《わか》る」と。人君は国を以て党を為す者なり。苟《いやしく》も然ること能はずんば、下各々自ら相党す、これ必然の理なり。故に下に朋党あるは、君道の衰なり、乱の兆《きざし》なり。

（佐藤一斎『言志録』）

江戸時代中ごろ、荻生徂徠の蘐園社中が「吾党」と呼んだところから、価値の転換がはじまっていた。はじめは、そうした「吾党」という呼称は、徂徠が「荻生徂徠」ではなく、「物徂徠」と自著していたように、中国風に呼びかえる中国趣味が昂じたものであったのかもしれない。しかし、それが、かつて揶揄された「攘臂扼腕」（清田儋叟『芸苑談』）する志士たちの「吾党」として内実を持つようになったのである。この「吾党」という言葉を水戸藩において使ったのは、藤田幽谷が早い例であろう。徂徠学系の大内熊耳《ゆうじ》に学んだ立原翠軒（別号は東里）のもとで、徂徠学の影響の強かったころ、幽谷は「東里の社」という表現で、立原門下を呼び、また「吾党」と称していた（『幽谷先生遺稿』、報川口嬰卿、寛政六年）。ただ、この「吾党」という表現は幽谷の若い頃の文章には出てくるが、それ以後はない。また幽谷の弟子会沢正志斎や、子供の東湖の文章のなかでは、「同志」という言葉はあっても、「吾党」は使われていないようである。

その理由は、「吾党」という表現が実質的な力を持ちはじめたからではなかったか。つまり、仲間を称する文章上の修辞ではなく、実質を伴うものになってきたために、かえって憚られるようになったのではないかと思われる。端的にいえば、徒党という非難を受けるのに十分なほどの力をもちはじめたのである。一緒に会読する者たちが、政治的な討論をはじめ、同志的に結合して、政治的な勢力を形成してきたのである。それは、先に述べた薩摩藩の近思録党や金沢藩の黒羽織党のように、藩当局からの弾圧の口実にもなりかねないものだったろう。

「朋党の禍」

東湖が「徒党」の非難を気にしていたことは、『弘道館記述義』（初稿、一八四六年）のなかで、「朋党の禍」にたいする批判をしているところからもうかがわれる。「弘道館記」には、「衆思を集め、群力を宣《の》べ、以て国家無窮の恩に報いる」という一節がある。これにたいして、東湖は「衆思を集め、群力を宣」べることは、「人君の要務」であると、藩主の側の注意をうながしたものとして解釈し、藩主が「大いに慮《おもんぱか》るべきもの」として、二つの弊害をあげている。一つが「雷同の弊」であり、もう一つが「朋党の禍」である。

前者については、藩主の意に迎合しておもねる「小人」は、いったん変事がおこれば、敵対者に味方する者たちであるから、そのような「小人」の付和雷同を注意しなくてはならないとする。後者についていえば、「君子」が藩主に仕えるとき、彼らは忌憚なく直言するから「不敬」であるとみなされるかもしれない。しかし、「大義大節に臨」んでは、「刀鋸鼎鑊《とうきょていかく》」を恐れず、志を奪うことはできない。それほどの正義の士であるから、逆に「小人・奸吏」の忌むところとなって、陥れられ、讒言《ざんげん》される場合もある。そのとき、「小人・奸吏」の非難の言葉が「朋党」なのだ。だから、「朋党の説一たび行はれて、闔国《こうこく》［全国］蕩然《とうぜん》としてまた君子なし。

これを朋党の禍と謂ふ」(『弘道館記述義』巻下)と、東湖は説いている。ここで東湖は、正義の君子が藩主に直言し、志を遂げること自体を非難しているわけではない。むしろ、そうした正義の士の行動を「朋党」の名目で押さえつけることを弾劾しているのである。

中国でも朋党論は、古来、議論の争点になっていたテーマである。科挙官僚の間での朋党は、限られたポストを争うものであっただけに、身分制度の近世日本以上にシビアであった。李朝朝鮮も「朋党政治」という言葉があるくらい、ポストをめぐる両班《やんばん》間の派閥争いが朋党論の背景にあった。中国でも、朋党の名目のもと、朋党を否定することが一般的であったが、そのなかで、宋代の欧陽脩の朋党論は異色であった。というのは、「君子の朋党」を擁護したからである(『唐宋八大家文読本』巻一〇、朋党論)。欧陽脩は、朋党にも二種類あることを論じ、「利を同じくするを以て朋と為」す「小人の朋党」と「道を同じくするを以て朋と為」す「君子の朋党」とを区別して、後者の道義によって結びついた理想的な朋党を肯定したのである。東湖の朋党論は、こうした中国的な文脈からいえば、欧陽脩の系譜にあるといってよいだろう。

東湖にとってもちろん、朋党をプラス価値に転換する朋党論は、たんなる机上の空論ではなかった。というのは、東湖らの一派を「俗より見」る守旧派は「党を結び御政事を批判」する「天狗」と非難していたからである。東湖はいう。

世上にてはいろ〳〵に名目を付、或は両派、或は江戸登り仲磨・長刀組・天狗、其外相唱候歟にて、俗より見候はゞ党を結び御政事を批判仕候様申ならし、上の御聡明をくらまし候儀何共安心不レ仕候、（東湖封事、天保二年一一月）

だからこそ、「天狗党」という非難の言葉は、正義の君子としての自負心・責任感をともなうプラス価値に転化するのである。

ただ後期水戸学の段階では、「朋党」の考えを政治的に実現しようとするとき、主君との個人的な親密な関係が決定的だったことは重要である。言路洞開の理念のもとでの「議論」政治においては、主君と家臣との間の個人的なつながりが、決め手となるからである。個々人が公然と「党」を結んで、その意見を集約したところに、会読における政治的公共性の画期的な意味があるにしても、その意見を実現するためには、主君にそれを取り上げてもらう必要があった。逆に主君の立場からすれば、複数の家臣たちの一致した意見を「公論」（衆論）として採用することができたのである。家臣たちの争いが起こる理由もここにある。つまり、主君に自分たち党派の意見を採用してもらうために、主君との間に親密な特別な関係を結ぶ必要があったのである。そのため、逆にその意見に反対する家臣たちは、そうした親密な関係を嫉み、党派を結ぶこと自体を禁止する原則を言い立てることによって、非難することになる。こうした党派間の抗争状態を打ち破るには、排除された公開性を一層進めるしかない。後に見るように、横井小楠の「公共の政」はまさにそうした公開性を押し進めたものだったと位置づけることができよう。

3　幕末海防論と古賀侗庵――反独善性と言路洞開

政治問題を討論の題材として、「正義」（『弘道館記述義』巻下）を高くかかげて、徒党を組むことを積極的に肯定する論理を提示した点に、藤田東湖の『弘道館記述義』の画期的な意義があった。この点は会読という視角からはじめて見えてきたことである。これとは別に、幕末の志士たちが後期水戸学に惹きつけられた最大の魅力は、何といっても、その尊王攘夷思想にあったことはいうまでもない。一九世紀の内憂外患の危機にたいして、対外的な攘夷論（海防論）と国内的な尊王論を結び付け、両方を一気に解決する方向性を指し示したところに、水戸学が幕末の志士を惹きつけた理由がある。「弘道館記」の一句である「尊王攘夷」は、幕末の志士たちの政治的な討論の中心的テーマであるとともに、彼らを駆り立てる行動の旗印となった。水戸学によって先導された攘夷論（海防論）と尊王論の詳しい内容分析は、本書の守備範囲を超えるので、ここでは水戸学と対比しながら、昌平坂学問所の朱子学者たちの海防論のなかに、会読経験を通して培われた考え方がどのように反映しているかをみてみよう。

朱子学者たちの海防論

幕末に福沢諭吉が、「浮浪の徒」が「諸方に乱暴を逞《たくまし》うし、外国人を暗殺」したり、「洋学者を脅迫要撃する」「所謂攘夷論の最中」に、「江戸中の爺婆を開国に口説き落さん」ために書いた『唐人往来』のなかで揶揄していたように、幕末志士の海防論の内容は取るに足らないものが数多い。「浜辺に台場を築き大筒を並べ、木陰から小筒を打つ」、「唐人は船師《ふないくさ》は上手なれども、陸に上れば河伯《かっぱ》も同様いくぢはなし、唐人が来たならば、先づ相手にならずして陸に上らせ、そこで我方より、兼て得道具《えどうぐ》の槍剣を以て之を鏖《みなごろし》にするがよし」などなど。しかし、それのみではない。当時の通念からいえば、卓見と評価できるものもないわけではない。なかでも、昌平坂学問所の古賀侗庵とその周辺に、優れた海防論が生まれていることは注目すべきである。

こういえば、不思議に思われる向きもあるかもしれない。先進的・開明的な海防論は、渡辺崋山や高野長英らの蘭学者たちのものであって、朱子学の牙城である幕府の昌平坂学問所は、そうした蘭学者たちを弾圧した守旧派の巣窟というイメージがあるからである。韮山《にらやま》代官江川太郎左衛門（英龍）と対立し、モリソン号事件後の蛮社の獄で、渡辺崋山や高野長英らを弾圧した鳥居耀蔵（林述斎の次男）は、その権化《ごんげ》である。しかし、政治討論化した会読を見てきたわれわれは、幕末朱子学のなかに、もっと別の側面があることを予想できるだろう。ここでは、それを少し見てみよう。まず、昌平坂学問所に学んだり、その周辺にいた朱子学者の海防論を挙げてみよう。

・古賀侗庵『擬極論時事封事』（文化六年、一八〇九年）、『海防臆測』（天保九—一一年、一八三八—四〇年）

・赤井東海『海防論』（嘉永二年、一八四九年）

古賀精里に学び、高松藩儒となる。渡辺崋山・高野長英らと交わる。蘭学の必要性を説いて、三男叔平を緒方洪庵に入門させた。

・佐久間象山『海防に関する藩主宛上書』（天保一三年、一八四二年）

佐藤一斎に学び、蘭学をも兼学する。

・斎藤竹堂『鴉片始末』（天保一四年、一八四三年）

古賀侗庵に学ぶ。

・塩谷宕陰『籌海私議』（弘化三年、一八四六年）、『阿芙蓉彙聞』（弘化四年序、一八四七年）

昌平坂学問所教授。

・安積艮斎『洋外紀略』（嘉永元年、一八四八年）、『禦戎策』

佐藤一斎門下で、二本松藩校敬学館教授、昌平坂学問所教授。

・羽倉簡堂『海防私策』（嘉永二年、一八四九年）
　古賀精里門下で幕臣。渡辺崋山の蛮社グループの一人。
・大槻磐渓『献芹微衷《けんきんびちゅう》』（嘉永二年、一八四九年）
　大槻玄沢の次男。
・藤森弘庵『海防備論』（嘉永六年、一八五三年）
　古賀侗庵・長野豊山に学び、土浦藩の藩校郁文館の教授となる。
・安井息軒『靖海私議』
　昌平坂学問所教授。

　このような多様な海防策が出された背景には、彼らが会読のなかで異論とぶつかり合いながら、自己の見解を確かなものとしたことがあると想像される。なかでも、古賀侗庵の海防論は注目すべきである。侗庵はすでに述べたように昌平坂学問所の御儒者の地位にいて、書生寮で諸藩の多くの遊学生を教えていた。にもかかわらず、その思想内容はあまりよく知られていない（眞壁仁の大著が出て、大きく研究は前進したが）。その大きな理由に、「一身半に及ぶ」（栗本鋤雲）膨大な著述を残したにもかかわらず（「文詩」を除いても一百余種、四百三十余巻）、その草稿を家人や弟子たちにも見せることはなく、ましてや、出版などしなかったことによるだろう。しかし、並々ならぬ経世の志をもっていた侗庵は、一九世紀初頭のロシア船来航の対外的危機のなかで、『擬極論時事封事』（文化六年）を著し、「言路を開くは実に百事の本」であると説き、言路洞開の国内改革と対外政策の改変を唱え、さらに、西欧諸国の客観的な情報をえるために、大槻玄沢らの蘭学者と積極的に交友関係をもち、外国情報を収集した。その成果が『俄羅斯《オロス》紀聞』（一集は文化八年、二集は文化一三年、三集は文政五年、四集は天保一一年）、『俄羅斯情形臆度』（弘化三年）、『英夷新聞抄訳』（弘化二年）などの著書である。天保九年（一八三八）から一一年（一八四〇）に書いた『海防臆測』は、これらの外国情報をもとに、対外貿易の積極的容認の立場から開国論を唱え、幕末日本の白眉ともいえる海防論を展開したものである。

なかでも、侗庵の海防に関する政治的識見が鮮明に出ているのは、一八四二年の南京条約締結以前に書かれた『鴉片醸変記』（天保一二年、一八四一）である。これは、アヘン戦争の最中に書かれているリアル・タイムの書である。通説的には、いまだ海外に目を開いていないころの佐久間象山が、アヘン戦争での清朝の敗北の風聞に接して、「唐虞以来礼楽之区、欧羅巴洲の腥穢《せいわい》に、変じ申されまじきとも申難き様子に聞え、扨々嘆《ささてなげか》はしき義に有レ之候」（加藤氷谷宛書簡、天保一三年一〇月）と慨嘆していたように、朱子学者は聖賢の国である中国がイギリスに敗北したことで、自己の信条・価値観を揺さぶられるほどの大きな衝撃をうけたとされる。しかし、すべての朱子学者がそうだったわけではなかった。

侗庵は、長崎の出島からもたらされるオランダ風説書の矛盾を鋭くついて、「是れ清は直にして、英機黎《イギリス》は曲なり」と、道義的な立場からイギリスの侵略行為を非難する一方で、清朝の独善的な中華意識にたいしても批判を加え、西欧情報を収集しようとしない排他主義を批判していたのである（拙著『近世日本の儒学と兵学』、『兵学と朱子学・蘭学・国学』参照）。ちなみに、侗庵の弟子斎藤竹堂の『鴉片始末』（天保一四年）は、この『鴉片釀変記』の後を続け、南京条約締結までを簡潔に叙述したものである。竹堂もまた、そのなかで「鴉片の事は、曲は英に在り、直は清に在り」と道義的にイギリスの侵略行為を非難するとともに、「漢土は常に中夏を以て自ら居」り、西欧の軍事・科学技術を導入しようとしない清国の独善主義をも批判していた。その意味で、侗庵の『鴉片釀変記』は筐底深く隠されていたが、幕末、多くの写本で伝わる『鴉片始末』を通して、侗庵のアヘン戦争観は広まっていたといえる。

この『鴉片釀変記』に見える独善的・排他的な中華意識批判は、これまでのべてきた会読との関連で理解することができるだろう。というのは、そのような批判は会読経験のなかで培われた精神、すなわち、「道理」のもとで自己の限界性を認識するとともに、異質な他者の存在を容認する「虚心」があってこそ、はじめて可能だったといえるからである。ここでは、侗庵と正反対の立場だった後期水戸学の尊王攘夷思想を対比することによって、会読の「虚心」精神が実際の政治論のなかでどのように生かされているかをみてみよう。

独善性への批判

後期水戸学と侗庵を対比する時、侗庵が独善性を排していた点で際立っている。一般に朱子学者といえば、「正学」に固執して、「異端邪説」を排斥するイメージがあるだろう。たとえば、「今ノ西洋ノ学ノ如キハ、邪誕妖妄ノ尤ナル者ニテ、其説天下ニ盛ナレバ、生民ノ耳目ヲ塗リ、人ヲ汚濁ニ溺ラシテ、自然ト社稷ノ命脈ヲ壊《ヤブ》リ、聖人ノ大道ヲ榛蕪《シンブ》セシムル」（『闢邪小言』巻一）とのべた幕末の攘夷論者大橋訥庵《とつあん》（一八一六—六二、文化一三—文久二）のような尊大な独善主義者、固陋な排外主義者というイメージである。しかし、だれもがそうだったわけではない。というのは、そもそも近世日本における中華意識の問題は、中国とは位相を異にしていたからである。

もともと中国の中華思想は、礼教文明を基準にして、世界の中心に位置する中華とその周辺の夷狄とを弁別していた。礼教文明の体現者が、天命をうけた天子、すなわち中国皇帝だった。ところが、近世日本の国家は礼教文明の実現している中華ではなかった。これまで見てきたように、礼教を教える儒学は国教ではなかったし、科挙も採用されなかった。そのため、儒者は自己の住む日本をそのまま中華とすることはできないばかりか、中華の礼教文明に準拠するならば、自国を夷狄と断ぜざるをえなかったのである。徂徠が「日本国夷人物茂卿」（『徂徠集』巻一四）と称したことは、あまりに有名である。

ところが、近世日本の国家意識のたかまりのなかで、日本を夷狄とみなすことにたいする反発が起こってくる。むしろ、日本が世界の中心に位置するのだというのである。いわゆるエスノセントリズム（自民族・自国家中心主義）である。ただ、その際、礼教文明を基準とすることはできないので、万世一系の皇統と武威がそれを代替する根拠となった。中国では、革命が頻発して、何度も王朝が交代してきたのに、わが日本では神代以来、皇統が変わらず安定しているうえに、古代以来、軍事力のすぐれた武威の国として世界に恐れられてきた、というのである。この二つの「歴史的事実」を根拠として、日本は世界に冠たる誇るべき国だという、いわゆる日本型華夷観念が、江戸後期には広く流通していた。後期水戸学の尊王攘夷思想は、この日本型華夷観念の典型だった。尊王攘夷思想のバイブルともいえる会沢正志斎の『新論』の「国体」篇のなかで、「神州は太陽の出づる所、元気の始まる所にして、天日の嗣、世宸極を御し、終古易《かは》らず。固《もと》より大地の元首にして、万国の綱紀なり。誠によろしく宇内《うだい》に照臨し、皇化の曁《およ》ぶ所、遠邇《えんじ》あることなかるべし」と、世界に冠たる皇統の一系性を神話的に根拠づける一方で、「天朝、武を以て国を建て、詰戎《きつじゆう》方行せしこと、由来旧《ふる》し」と、武国日本の伝統を称揚していたからである。

侗庵はこうした独善的な日本型華夷観念論者と対極的な立場に立っていた。侗庵は、中国人の中華意識を「唐人の識見、窄狭なり」（「殷鑒論」）と批判する一方で、日本にも「亦自ら高くして隣邦を卑しむるの失、頗る西土［中国］に近似」（「新論」）している、と自らの独善的な優越意識に批判の刃を向ける。侗庵によれば、天照大神＝太陽は世界中のいたる所にある太陽信仰の一種であって、日本を世界の中心にすることはできない（「崇日論」）。この点、昌平坂学問所で学んだ久米邦武が、明治になって、「神道は祭天の古俗」と論じたのはそれほど不思議ではない。さらに日本の武威についても、江戸時代初期にはオランダを心服させるほどの軍事力があったが、それはすでに過去の栄光であって、現在では西洋科学・軍事技術の進歩によって、銃砲・戦艦の軍事力に遅れをとっている、と客観的に現状を認識していた。侗庵は、中国ばかりか日本にたいしても、「人の過悪、驕より大なるは莫し」という立場から、「自ら己が国の富庶昌熾を矜《ほこ》り、情に任せ意を肆《ほしいまま》にし、専ら娯適を図り、自ら己の為す所を是とし、少しも悛改せず、復《ま》た他邦の長を採るを思はざる」（『海防臆測』）独善的な優越意識を原理的に批判していたのである。こうした「自ら己の為す所を是とし、少しも悛改」しない独善にたいする批判と、「他邦の長を採る」他者容認の二つの側面は、侗庵が昌平坂学問所で指導していた会読のなかで涵養された「虚心」の精神そのものだった。

言路洞開

もう一つ、会読から生まれてきた政治的な討論の問題にかかわって、侗庵の思想で触れておきたいことがある。それは、侗庵が、先に見た水戸藩の「議論」政治における斉昭の言路洞開と等しい考えをもっていた点である。たしかに、国内外の危機への対応においては、古賀侗庵と会沢正志斎・徳川斉昭とは意見を異《こと》にしたが、彼らはともに言路洞開を求めていた点では、共通しているのである。こうした意見の共通性が幕府内にあったからこそ、アメリカ使節ペリーの浦賀来航後に老中阿部正弘は、諸大名に諮問をするという先例のない壮挙をなしえたと思われる。

老中阿部正弘は、ペリー来航直後に、諸大名や幕臣らに米国の要求にいかに対処すべきかについて、忌憚なく意見を述べるように諮問した。さらに諸大名・幕臣にとどまらず、民間からの上書も受けいれ、その数は現存しているだけでも約八百通にも及ぶといわれている。『幕末外国関係文書』に納められている六三人の大名の答申のなかの隠居・嫡子などを除いた五五家の答申を分析した三谷博によれば、大大名のうち、通商の可否については拒絶論（四五％）、和戦の問題については一時避戦論（三二％）が最も多いという。通商問題では、拒絶論にたいする積極肯定論は彦根・佐倉・福岡の三家、和戦論では、主和論にたいする主戦論は福井・佐賀・久留米・萩・高知の五家にすぎなかったという（三谷博『明治維新とナショナリズム』、山川出版社、一九九七年）。

尾藤正英は、こうした広く意見を聞こうとする姿勢は、もともと幕府に存在していて、とくにこの時の阿部正弘の判断には、徳川斉昭の意見が参考にされたのではないか、と推測している。尾藤によれば、ペリー来航九年前の弘化元年（一八四四）、オランダ国王が世界情勢を説明して開国の必要を勧告した際に、多数の者の意見を求めるべきだ、と説いていた徳川斉昭の意見を、ペリー来航時に阿部が想起したのだろうと指摘している（『江戸時代とはなにか』、岩波書店、一九九二年）。また、眞壁仁は、斉昭とともに、「政策アイディアを広く拾う意見聴取」ばかりか、「答申によってアイディアを創発させ、新規施策を募」ろうとする、古賀侗庵没後に昌平坂学問所の御儒者となっていた息子茶渓の構想が、阿部正弘の念頭にあったことを推測している（『徳川後期の学問と政治』）。とすれば、阿部正弘の背後には、斉昭と、侗庵を受け継ぐ茶渓という言路洞開論者がいたことになる。

もちろん近世初頭から、君主が広く意見を求める言路洞開という理念は存在した（拙稿「諫言の思想史」、笠谷和比古編『公家と武家Ⅳ』、思文閣出版、二〇〇八年、参照）。阿部に注意していた斉昭自身も、そうした伝統をふまえて、先に見たように阿部に宛てて書いた『明君一斑抄』では、神君家康の故事を引照しながら、言路洞開の理念を述べていた。しかし、近世初頭からあったにしても、その理念は必ずしも実現していたわけではない。儒者たちが繰り返し批判したのも、下賤の者の意見にも耳を傾ける古代中国の聖人の理想的な政治の姿とも重なるこの理念が、実際には行われていなかったからである。寛政異学の禁に際して主導的な役割をはたした柴野栗山も、こうした儒学の理念を実現しようとして、艱難に育った下賤の者たちの意見をすくいとる言路洞開を説いていた（『栗山上書』）。それでも、一八世紀中ごろ以降、将軍や大名の求めに応じて、政治に関する意見書や上書を提出する慣行が広く行われるようになっていったことはたしかである。もちろん、その意見を世間に公表するようなことがあれば処罰される虞れはあったが、内密に直接に主君に提出するのであれば、なんら問題なく受理されるのが普通だった（尾藤正英『江戸時代とはなにか』）。古賀侗庵の『擬極論時事封事』もまた、こうした言路洞開理念の延長線上にあったといえるだろう。侗庵はそのなかで、一〇項目の提言を将軍にしようとしているが（ただし、この提言は題目に「擬」とあるように実際には提出されていない）、第一番目の提言が「言路を開き、以て壅蔽《ようへい》を防ぐ」ことであった。さらに、『海防臆測』のなかでも、上に立つ者が「矜誇」を捨てて広く意見を聞け、と言路洞開を説いている。侗庵は、「博く輿人《よじん》［多くの人］の議を采《と》り、参証考覈して、以て虜を防ぐの長策を定めて、まさに好悪の当を得る」べきであって、「もし乃ち外夷の治忽強弱、おおむねこれを膜外に措き、吾すでに絶えて討究せず、また人をとどめ熟議することを得ざらしめ、以て海防の兵備壊隳《かいき》し修めざることに馴致すれば、異日、侵擾の禍はあげて言ふべからざる者あり」（『海防臆測』三二条）と警告していた。その意味で、こうした理念としては掲げられてきた言路洞開を、ペリー来航という非常事態のなかで現実化したといえる阿部正弘の処置は、やはり画期的な事件であった。

福地源一郎の幕府衰亡論

この点をついたのは、もと幕臣福地源一郎（一八四一―一九〇六、天保一二―明治三九）である。福地は、阿部の処置は、幕府がもっていた外交の専権事項を自ら放棄したことを意味し、そこに幕府衰退の遠因があると看破したのである。

これ幕府が、この時を以て、諸大名をして初めて政治に口を容るる事を促したるが故にして、諸大名は幕府に向って議論するの途を得て、是非を事とし、遂にその衰亡の原因を成したること、けだし争うべからざるの事実なり。（『幕府衰亡論』、平凡社東洋文庫）

福地によれば、「将軍専裁の政体」を固守せず、朝廷や諸大名に外交問題を諮ろうとしたことが幕府衰亡の「一大原因」だった、さらに、そうした幕府に政策変更をさせたより根源的な「一大原因」があるという。それは、「徳川氏が当初より養成したる漢学」であると断じている。福地によれば、「徳川幕府をして嘉永六年において、外交・和戦の事はこれを朝廷に奏し、これを諸侯に謀るべしと思惟せしめたるは、すなわち文武奨励の結果なりと論定せざるべからず」という。福地はその理由として、「名を以て宗とし、理を以て本とし、実力を排斥して正統を尊崇」する朱子学の名分論が「勤王精神」を培ったことを挙げている。たしかに朝廷への奏聞の理由としては、それでよいだろうが、諸大名への「和戦の評議」ということに関しては、名分論だけでは説明にはならないだろう。ただ、福地はこれについても示唆を与えている。

福地によれば、徳川の初めから一一代将軍徳川家斉の時代までは、幕府の政治家のなかに「具眼の士」がいたためか、学者を喜ばなかったせいか、「学者にして政治に参与」したものは、二五〇年間、わずかに新井白石と荻生徂徠しかいなかった。そのほかは、「経伝を講じ詩文を作るに過ぎず」、その「実は医師・絵師とその伴を同じくしたるのみ」であった。このあたりの福地の認識は、これまでわれわれが見てきたとおりである。ところが、松平越中守定信が「頻りに学問を奨励し、及第の法を設け」て、幕府の御旗本・御家人に「登庸するの道を開」いたことによって、一八世紀末の寛政年間からペリーが来航した嘉永年間にいたる時代に、「幕府の大小官吏には聖堂［昌平坂学問所］の及第出身のもの」が現れてきた。ただ、その数は寥々たるものではあったが、嘉永六年のペリー来航時に、外交談判の任に当たれるものは、「幕府数百千の多きも、おおむねみな俗吏」ばかりで、結局、「抜擢せられたる人物は、すなわち及第出身の輩」であった。彼らは、「一旦要路に上るや、その平素読書上より感得したる知識才略を発揮するはこの時にありと心得」て、「将軍専裁の政体」である「幕府累代の政略を回顧する遑《いとま》もなく、また他日の結果如何を熟考するの慮もなく、和戦は日本の大事なり、宜しく諸侯の意見を広く聞くを必要なりとすべしと論じ」たのである。

この「諸侯の意見を広く聞くを必要なり」とする昌平坂学問所出身の幕臣の考え（先に述べた古賀侗庵の息子茶渓の構想）、さらに水戸学の考え（徳川斉昭の言路洞開）こそは、これまで見てきたように、会読のなかで培われたものだったのである。ただ、言路洞開の実現であるといえるが、実はそれゆえの限界もあった。次にのべる幕末の志士吉田松陰や横井小楠は、会読の原理をより徹底することによって、それを突破してゆくことになる。

4　吉田松陰と横議・横行

藤田省三は、政府が主導した明治維新百年記念のブームのなかで、あえて維新の精神的継承を唱えた『維新の精神』（みすず書房、一九六七年）において、「維新は何によって維新たりえたのだろうか」と問うている。藤田によれば、維新をもたらしたものは、佐幕か倒幕か、開国か攘夷か、といった路線問題にあるのではなく、一人一人が議論し、行動し、横に繋がった時に、維新が起こったのだという。藤田は、「横断的議論と横断的行動と現世的地位（ステイタス）によらずして「志」によって相集まる横断的連結とが出現した場合、その場合にのみ維新は維新となった」と説いて、「横議」「横行」「横結」によって、「幕藩体制の社会的脈絡（コミュニケーション形式）はくつがえされ、新たな社会的連結の構造が萌え出たのであった」と論じた。この藤田がいう横断的議論、横断的行動、横断的連結が生まれた場こそが、これまで見てきた会読の場だったのである。

藤田はその「幕末日本における政治社会の「横議・横行」の先駆者」（「書目撰定理由――松陰の精神史的意味に関する一考察」）として吉田松陰をとらえた。松陰における「横議・横行」とは、「単に藩境を超えて横に拡がることだけを意味するのではなくて、社会を上下に分断し隔絶させている縦の「境壁」をも乗り越えて自由な交流を行うことをも意味」し、それは「駕籠かき人夫や佐渡の鉱夫や「漂流民の供述書」などから物を学ぶ態度の中にあらわれている」というのだが、こうした「横議・横行」において会読の果たした意義は大きい。

松陰の松下村塾の会読修業

松陰の松下村塾の教育が生徒一人一人の個性を伸ばすものであったことは、よく知られている。会読はそのなかで中心的な位置をしめていた。しかもそれは、堅苦しい藩校の会読＝輪講とはずいぶん様相を異にする自由闊達な会読だった。

> 此節大に暑中に候得共甚壮なり。隔日左伝・八家会読、勿論塾中常居。七ッ過会読終る。夫より畠又は米春《こめつき》、与二在塾生一同レ之。米春大得二其妙一。大抵両三人同上り、会読しながら

春レ之。史記など二十四五葉読む間に米精《しら》げ畢《おはる》、亦一快なり（口羽に話候へば、評云、おかしいこと計りする男と云た。）（久坂玄瑞宛吉田松陰書簡、安政五年六月二八日）

車座どころか、米を搗《つ》きながらの会読とは、なんとも破天荒である。松陰はこうした会読を、松下村塾のなかで、はじめて行ったわけではない。萩郊外に松下村塾を開くずっと以前から、同志を集めて自発的・自主的な読書会を開き、切磋琢磨し合っていたのである。

吉田松陰（一八三〇—五九、天保一—安政六）は長州萩藩の下級武士（二六石）杉百合之助の次男として生まれ、五歳の時、山鹿流兵学師範の吉田家に養子となり、叔父玉木文之進から厳しい教育を受けた。嘉永元年（一八四八）二月、兵学師範として独立した一九歳の時に、「同社諸兄輩」数名と月一回の『太平記』会読を始め（『未忍焚稿』「会読太平記引」）、同年八月二五日からは、吉田家の家学後見人であった山田宇右衛門の自宅の『戦国策』会読に参加した（『未焚稿』「戦国策」）。以後、松陰はさまざまな会読に出席するばかりか、自ら先頭にたって、会読の会を自主的に組織している。とくに江戸での松陰の会読の会は、その多さに圧倒される。

松陰は嘉永三年（一八五〇）二一歳のときに平戸、翌年には江戸に遊学する。江戸遊学中には、安積艮斎、山鹿素水、佐久間象山の私塾に通い、さらに江戸詰藩士たちと自主的な会読を開いて、一日を空けずに読書会に参加した。兄に宛てた書簡のなかに、「会事《かいじ》の多きに当惑仕候」と述べて、嘉永四年（一八五一）五月ころの会読三昧の日常を報告している（兄杉梅太郎宛、嘉永四年五月二〇日）。それによれば、一の日は「艮斎書経洪範口義聴聞」、三の日は「武教全書初の方、御屋敷内の部、有備館にて」、四の日は「中庸同前、初の方」、五の日の朝は「艮斎易会繋辞上伝」、午後は「荘原文介中庸会中程」、七の日は「呉子。林寿・藤熊と」、九の日は「艮斎論語郷党篇」、さらにこれ以外にも、一二日と二三日は「御前会」、二日間隔、三日間隔くらいで「大学会。中谷松・馬来小五郎・井上壮太」と、ほぼ毎日、どこかで講釈を聞くか、会読を行っていた。合計すれば、「右の通一月三十度計りの会に御座候」となっていた。また空いた時間や日には、久米邦武が回想していたように、江戸の名士を訪ねまわった。その一人が、古賀侗庵の息子である古賀謹一郎（茶渓）で、「是は質問耳《のみ》なり」といっている。なんとも忙しい毎日である。

面白いのは、この兵書と経書の会読のなかで、松陰は「勝」を求めていた点である。山鹿素水塾の兵書会読と故郷の明倫館のそれとを比較して、次のように兄に書き送っていた。

御国武教全書読方粗陋、旧年よりも逐々《おひおひ》御話仕候通の事にて、張註［吉田家に伝わる武教全書註解］にては他所人には勝不ㇾ申候。（兄杉梅太郎宛、嘉永四年六月二日）

この会読には、「大議論者にて好敵手」（兄杉梅太郎宛、嘉永四年七月二二日以後）であった熊本藩の宮部鼎蔵も参加していただけに、お互い鎬《しのぎ》を削っただろう。しかしここで、「御国の読書何共都下の風に比し候へば粗陋に御座候」（同右）とあるように、「御国」の「粗陋」に対比される「御当地」江戸の精密な読み方を実感すればするほど、松陰は学ぶべき知識の量に圧倒されていった。たとえば、経学一つをとっても、次のような必読書があったからである。

経学、四書集註位も致二一読一候ても夫《それ》では行《いけ》不レ申候。宋・明・清諸家種々純儒有レ之、中にも周程張朱、其外語録類・文集類、又明・清にも斯道を発明するの人何《なんぞ》限あらん。夫等の論は六経の精華を発し候ものにて、皆読べきもの丶由。

（兄杉梅太郎宛、嘉永四年八月一七日以後）

先に昌平坂学問所での四書会読の一端を紹介したが、そこで参照されるべき明・清の疏釈本だけでも、その多さときたら、いかばかりか。この時の茫然とした心境を述べていう。

是迄学問迚《とて》も何一つも出来候事無レ之、僅かに字を識《し》り候迄に御座候。夫故方寸錯乱如何ぞ哉。

松陰は会読における勝負を求めるからこそ、読まねばならない書物の多さに圧倒されたのである。さすがの松陰もこのような状況で、読書意欲の減退を嘆かざるをえなかった。嘉永四年（一八五一）一二月に藩の許可なく決行した東北旅行は、国防の見地から日本全国を実地調査するという目的があったにせよ、こうした「僅かに字を識り候迄」の読書の壁を一挙に越えようとする行動であったといえるだろう。各地の名士に会い、議論することで、文字の詮索に汲々とする読書以上の何かを期待したのではなかったかと思われる。実際、松陰は東北旅行のなかで、水戸藩の会沢正志斎や豊田天功らと交流し、文字の読書では得られないものを学んでいった。徳富蘇峰によれば、「旅行は、実に彼［松陰］の活ける学問」だった（『吉田松陰』初版、一八九三年）。

獄中の輪講――『講孟余話』

嘉永七年（一八五四）三月、松陰は、下田沖に停泊していたペリーの乗船するポーハタン号（外輪フリゲート艦）に密行しようとして失敗し、獄中の人となった。ところが、この困難な状況のなかでも、松陰は数多くの書物の抜録をしながら（『野山獄読書記』によれば、総計六一八冊余）、独りで読む看書ばかりか、共同読書である会読を積極的に行っていった。安政二年（一八五五）、萩城下の野山獄の獄中で、『孟子』の講義とともに、交代に講義し合う会読である輪講の形式で『孟子』を読みはじめたのである。野山獄は一室三畳ほどの小部屋が左右に六室ずつ、合計一二室並んでいたが、一室に集まって、自由に議論を闘わせたらしい（海原徹『近世私塾の研究』）。松陰の代表的著作『講孟余話』はこの輪講の成果であった。

『講孟余話』が面白いのは、余話という題名から示唆されるように、輪講のなかでの「余論」に相当する部分が中核となっていた点である。余論とは、孟子の本文の大意、字義を講じたあとに、自己の見解を述べた部分である。松陰は本来、会読＝輪講の眼目であったはずの本意や字義に拘泥することを拒否して、あえて余論を中心にすえたのである。

野山獄での会読は、江戸遊学中で経験した、文字の穿鑿《せんさく》に汲々とする会読とは全く異なっていた。そのことは、次にあげる当代の読書人にたいする批判からもうかがわれる。今の読書人は、朱子の集注から逸脱すれば「異端雑学」だ、天下国家を憂慮し、攘夷を論ずれば「麤豪《そごう》」だ、と非難する。しかし、結局は小心翼々たる人物に過ぎない（『講孟余話』巻四中）。松陰の求める人物は、たんなる本の虫ではなく、ましてや粗暴な野人でもない。『孟子』テキストを眼前の政治と人心に引きつけ、主体的に学んでゆく読書であり、そのための会読だった。

たとえば、『孟子』冒頭の「王何必曰㆑利、亦有㆓仁義㆒而已矣」の一節を講じながら、松陰は、「今の士大夫、学を勤むる者、若し其の志を論ぜば、名を得んが為めと官を得んが為めとに過ぎず」（『講孟余話』巻一）と、当代読書人の打算を批判する一方で、「癸丑、甲寅墨露の変、皇国の大体を屈して陋夷の小醜に従ふに至る者は何ぞや」と問いかけ、ペリー、プチャーチン来航に際しての幕府の処置を「義理を捨てゝ、功効を論ずるの弊」があると非難し、「世道名教に志ある者、再思せよ、三思せよ」（同右）と、会読する同囚に訴えている。ここでは、『孟子』テキストの功利批判は、書物上の出来事や知識ではなく、そのまま当代の政治批判の文章として読み込まれ、同囚に猛省をうながすものとなっている。

『講孟余話』には、こうした会読のメンバー「諸君」に呼びかける言説が、たとえば、「何ぞ諸君此の説を以て是とせんか、非とせんか」(以上、巻一)、「豈《あ》に楽しみの楽しみに非ずや。願はくは諸君と茲《ここ》に従事せん」、「知らず、諸君此の説を以て是とせんか、非とせんか」(以上、巻一)、「今此の章を読みて益々奮発す、願はくは徐《おもむ》ろに諸君と是れを謀らん」(巻二)と、頻出する。

松陰は獄中、会読メンバーを対等な「諸君」と呼びかけ、当代の政治的な問題を含めて、是非の議論を提起し、ともに考えるだけではなく、行動を促そうとしているのである。これまでも「諸君」という二人称複数代名詞は、徂徠学派の詩文結社や寛政朱子学派の経書会読会のなかでも使われていたが、今や政治的な問題を討論し、行動する者同士の間で使われるようになった。会読＝輪講の場で、松陰が同囚に「諸君」と呼びかけている箇所を、少し長いが引用してみよう。

今且諸君と獄中に在て学を講ずるの意を論ぜん。俗情を以て論ずる時は、今已《すで》に囚奴と成る、復《ま》た人界に接し天日を拝するの望あることなし。講学切劘《せつび》して成就する所ありと雖ども何の功効かあらんと云々、是れ所謂利の説なり。仁義の説に至ては然らず。人心の固有する所事理の当然なる所、一として為ざる所なし。人と生れて人の道を知らず、臣と生れて臣の道を知らず。子と生れて子の道を知らず。士と生れて士の道を知らず。豈恥づべきの至りならずや。若し是を恥るの心あらば、書を読《よみ》道を学ぶの外《ほか》術あることなし。已に其数箇の道を知るに至らば、我心に於て豈に悦ばしからざらんや。朝聞レ道夕死可矣〔『論語』

里仁篇」と言は是なり。亦何ぞ更に功効を論ずるに足んや。諸君若し玆《ここ》に志あらば、初て孟子の徒たることを得ん。抑《そもそも》近世文教日に隆盛。士大夫書を挟み師を求め、兀々《ごつごつ》孜々《しし》たらざるはなし。其風懿美《いび》と云べし。吾輩獄中の賤囚、何ぞ喙《くちばし》を其間に容《いる》ることを得んや。然《しかれども》共今の士大夫、学を勤むる者、若其志を論ぜば、名を得んが為めと、官を得んが為めとに過ず。然れば功効を主とする者にして、殆んど義理を主とする者と異なり、可レ不レ思哉。

（『講孟余話』巻二）

ここでは、「吾輩」が「諸君」に決断を促している。「吾輩」が「利」か「仁義」かの決断をたたみかけるように迫り、「恥」を知る「人と生れて」いるかぎり、「仁義」「人の道」「士の道」に生きるべきだ、と訴えかける。さらに、「名を得んが為め」「官を得んが為め」に汲々とする「今の士大夫」と対比させ、「獄中の賤囚」である「吾輩」を強調することで、敵対者である「今の士大夫」との対立を際立たせる。そして、「今已に囚奴と成る、復た人界に接し天日を拝するの望あることとな」い惨めな境涯であるからこそ、われわれ「囚奴」は、功利的な「今の士大夫」とは違って、むしろ「義理」を主として生きることができるのだ、と逆転の発想で、獄中の「諸君」の感情をわきたたせている。敵を設定し、感情・情念に訴え、行動を煽る演説の模範例ともいうべき文章である。

演説のなかの「諸君」

われわれは、会読の場で、「諸君」という二人称複数代名詞の尊称が使われたことを、荻生徂徠や尾藤二洲のなかに見た。それは、対等な人間関係のもとでの会読にふさわしい表現であったことを指摘したが、幕末の松陰にいたって、「諸君」という語は会読のなかの「道理」にもとづく探究的な討論を越える可能性をもったといってよいだろう。端的にいえば、それは明治になって盛んになった演説のなかの「諸君」となったのである。

福沢諭吉が明治六年（一八七三）に小幡篤次郎・小泉信吉とともに『会議弁』を著して、スピーチを演説に翻訳したことは先に触れた。その際、はじめ明六社の会員のなかでも、森有礼が、「西洋流のスピーチは西洋語に非ざれば叶はず、日本語は唯談話応対に適するのみ、公衆に向て思ふ所を述ぶ可き性質の語に非ず云々」（『福沢全集緒言　会議弁』）などと反対を唱えていたため、福沢はある日、社員十名ばかりが参加した明六社の集会のなかで、「一策を按じて、何気なき風に発言し、今日は諸君に少しお話し申すことがあるが、聞《きい》て呉《く》れないかと云ふに、何《いづ》れも、夫《そ》れは面白い、聞かうと云ふ」。そこで、福沢は次のように続けたという。

諸君は、此テーブルの両側に並んで呉れ給へ、僕は爰《ここ》で饒舌《しゃべ》るからとて、テーブルの一端に立ち、頃は丁度、台湾征討の時にて、何か其事に付き、議論らしきことをぺらぺら饒舌り続けに、三十分か一時間ばかり、退屈させぬやうに弁じ終りて椅子に就き、扨《さて》、今の僕の説は、諸君に聞き取りが出来たか、如何にと問へば、皆々能く分つたと云ふにぞ、ソリヤ見たことか、日本語で演説が叶はぬとは、無稽の妄信に非ざれば臆病者の遁辞なり、今、僕の弁じたるは日本語にして、僕一人の弁じたる所の言葉が、諸君の耳に入て意味が分かれば、即ち演説に非ずして何ぞや、以後、演説の誹難無用なりとて、此日は先づ、演説主唱者の勝利に帰して相分れたり。（『福沢全集緒言　会議弁』）

福沢の得意顔が目に浮かぶ。大事なことは、この本邦最初の演説（?）において（戸沢行夫は、この記事から、近代日本におけるスピーチの導入は、一八七四年（明治七）一一月一六日の明六社の例会からだと特定している。戸沢行夫「明六社」、福田アジオ編『結衆・結社の日本史』）、福沢が聴衆を「諸君」と呼んでいることである。この文章は後年に書かれたものなので、実際、この時に福沢が「諸君」という言葉を使ったと断言できないかもしれない。しかし、演説を普及させるに力のあった三田演説会の規則には、毎月二回の演説会の終わりに、会頭は「諸君、歴史、紀行、其他文学、技術の書を読で、其書中或はこの会員の智見を開き其裨益を為す可き箇条あるを見ざりしや」「諸君、何か公席に於て差支なき奇話美談はあらざるや」「諸君、若しよき弁論の題あらば、これを余輩に示さる可し」と、公衆に問いかけることが決められていた（附則、第四章）。「諸君」が使われているのである。

上下貴賤の人間関係ではなく、また村の寄合の地縁・血縁で結びついた親密な関係でもない、

「吾輩」と「諸君」の対等な関係が演説の前提となっていたといえるだろう。「吾輩」が「諸君」に呼びかけ、対等な公衆に陳述するところに、演説は成立するのである。

もし「諸君」が演説文体にとって不可欠な呼称だったとすれば、松陰が野山獄の獄囚に「諸君」と呼びかけ、会読＝輪講をしたことの思想史的な先駆性は明らかだろう。獄囚を対等な人格と認めるという松陰の人間平等観もさることながら、松陰の会読＝輪講は演説文体を生み出したという意味でも特筆すべきである。

松陰の会読観の更新

ところで、野山獄のなかで『孟子』を「諸君」に輪講しているときには、読書観についていえば、松陰は当時の通念とそれほど隔たってはいなかったと思われる。それは、読書における「虚心」の重要性を説いている箇所からもうかがわれるだろう。

凡そ読書の法は吾が心を虚しくし、胸中に一種の意見を構へず、吾が心を書の中へ推し入れて、書の道理如何と見、其の意を迎へ来るべし。今人書を読む、都《すべ》てこれ書を把りて我が心へ引きつくるなり。志を逆ふるに非ず。是れ亦語類に原づく（『講孟余話』巻三下）

この一節は、割注に「語類」と明示しているように、直接には『朱子語類』の「此れ是れ、人に書を読むの法を教ふるなり。自家、心を虚にして、這裏《ここ》に在り」（巻五八、一〇条）を踏まえているばかりか、これまで見てきた寛政異学の禁以降の朱子学者の会読効用論のなかで説かれていた主張だった。そのためか、『講孟余話』の原稿に批評を求められた朱子学者山県太華（一七八一―一八六六、天明一―慶応二）は、この松陰の一節を、「読書の法を説くこと甚だ佳し、最も敬服すべし。唯だ此の篇を読んで其の自ら説く処に於ては必ずしも然らざるを見る」（『講孟余話附録』下一）と評価したのである。

しかし、かつて亀井南冥に学び、後に朱子学に転じ、藩校明倫館で輪講を行っていた山県太華は、松陰自身は必ずしも「虚心」ではない、と批判することを忘れなかった。この「敬服」という嫌味たっぷりの批評にたいして、「今にして之れを思へば、是れ尚ほ迂儒の談たるを免かれず」（同右）と応じたとき、松陰は自らの読書・会読観について改めて考えたであろう。

これまで本書で見てきた読書・会読観は、会読の場で主観的な偏見を去って、「虚心」を求めるものであった。さらに一歩進めて、同時代の朱子学者は、異なる意見と議論を闘わせる会読の場では、そうした主観的な偏見の独善性を自覚化して、寛容の精神を培うことができるがゆえに、会読は有益な教育方法であると説いていた。最初、『講孟余話』の原型になる輪講をしたときには、松陰もこのような通説的な読書観、会読観を疑うことなしに、「虚心」を語ったのだろう。しかし、こうした読書観の持ち主である太華に過剰なまでに反応されたとき、改めて自らを省みたのではないか。そして、それを飛び越えたのではないか。

次にあげる安政五年（一八五八）六月に書かれた「諸生に示す」の一文は、松陰の独自の読書観を示す端的な例証である。少し長いが引用してみよう。

王陽明の年譜を読む。謂へらく、其の門人を警発するや、多く山水泉石の間に於てすと。窃《ひそ》かに其の理に服せり。吾れは陽明に非ざるなり。然れども朋友の切磋亦《また》常に斯《か》くの如くなるべし。ここを以て会講連業、未だ嘗て縄墨を設けず、交ふるに諧謔滑稽を以てすること、匡稚圭《きやうちけい》［前漢の人］が詩を説くの故事の如し。近くは米を舂《つ》き圃《はたけ》を鋤《す》くの挙の如き、亦此の意を寓するのみ。［中略］学者自得する所なくして、呶々《どうどう》［くどくど］多言するは、是れ聖賢の戒むる所なり。而《しか》れども偶々《たまたま》一得ありて、沈黙自ら護るは、余甚だ之れを醜《にく》む。凡そ読書は何の心ぞや、以て為すあらんと欲するに非ずや。書は古なり、為は今なり。今と古と同じからず。為と書と何ぞ能く一々相符せん。符せず同じからざれば、疑難交々《こもごも》生ぜん。開悟時あり、乃ち同友相質《ただ》すこと、寧《いづく》んぞ已《や》むを得んや。然らば則ち沈黙自ら護る者は、自得得るべきもののなきに非ずんば、則ち人を以て語るに足らずと為すなり。吾が志は則ち然らず。已《すで》に語るべきもののなくんば則ち已むも、苟《いやしく》も語るべきものあらば、牛夫馬卒と雖も、将《まさ》に与《とも》に之れを語らんとす。況や同友をや。諸生村塾に来る者、要は皆有志の士、又能く俗流に卓立す、吾れ憾《うら》みなし。然れども意偶々感ずる所あり、故に聊《いささ》か之れを言ふ。六月二十三日、二十一回生書す。

（『戊午幽室文稿』、諸生に示す）

松陰は、生徒たちを縛りつける規則を設けず、先に紹介したような「米を舂き圃を鋤くの挙の如」き「諧謔滑稽」の自由闊達な雰囲気のなかで、「会講連業」＝会読を行うのは、「自得」したことを語りやすくするためであると説いている。松陰によれば、書物（知識）と行動との間、「古」と「今」との間には隔たりがあるので、疑いも生まれる。その疑いのなかで「自得」するところがあったならば、それを自分だけのものにしないで、他者に語るべきである。友人はもちろんのこと、「牛夫馬卒」にも語るべきである。この「諸生に示す」の一文は、会読観において、少なくとも三つの創見を含んでいる。

第一は、書物を読む時の疑いが、「書」と「為」、書物と行動との間で生まれるとした点である。中国古代の書物に書かれていることなので、今ここで、行動を起こす時に、本当にそれでよいのだろうかという疑いも生まれるだろう。そこから、主体的・能動的な読みがはじまるというのである。江戸時代、読書における疑いを重視したのは、会読を積極的に行った古文辞学者荻生徂徠や太宰春台だったが、彼らは疑いの起こる所以《ゆえん》を「書」と「為」の間に求めてはいなかった。その意味で、疑いが書物と行動との間で生まれるという考えは、行動の人松陰らしいユニークなものである。

こうした考えが生まれる前提には、書物をたんなる過去の出来事の知識とするのではなく、それを現在の直接行動に結びつける、陽明学的な発想があることに注意せねばならない。今ここで行動するための読書であって、読書自体を自己目的化しているわけではない。松陰にとって、「僅かに字を識り候迄」の読書は、同時代の薩摩藩の西郷隆盛や大久保利通らが『近思録』を会読し、「方今の時勢たるや、徒に読書に汲汲として、文章字句の討究に消晷するの日に非す、苟も男児たるもの、必す大志を起し、以て身命を実地に致すへきなり」と語り合ったと同じように、否定すべきものだった。

第二の創見は、自分なりに疑いを解決して「自得」するところがあったならば、「沈黙」せずに、それを他者に語ることを積極的に勧めている点である。松陰にとって、会読はまさにそうした各々の「自得」を語り合う場であった。これまで見てきたように、「学ぶ者は自得を要す」（『近思録』巻三）とあるように、学問＝読書に「自得」が重要なことは、江戸時代に広く見られる言説である。たとえば、佐藤一斎は言う。

学は自得を貴ぶ。人徒《いたづ》らに目を以て字あるの書を読む。故に字に局《かぎ》られて、通透するを得ず。当《まさ》に心を以て字なきの書を読むべくんば、乃《すなは》ち洞《どう》して自得あり。（『言志後録』）

また、松陰自身も、『孟子』の「君子深く之れに造《いた》るに道を以てするは、その之れを自得せんと欲すればなり」（離婁下篇）にたいして、『講孟余話』の時点では次のように注釈していた。

自得は心に得るなり。言語動作の間にあらず。然れども其の已に自得するに至りては、言語動作に著はるるものも亦自ら別なる者あり。（『講孟余話』巻三上）

読書がたんなる皮相な知識の次元にとどまらず、己を修めるための方法であるかぎり、換言すれば、聖人になるための読書であるかぎり、当然、「自得」は求められる。問題は、その「自得」の成果がどこまでも自己自身のもの、自分の身となり肉となったかであって、必ずしも他者に公開するようなものではなかったことにある。読書は「己れの為めにする」道徳的な修養であって、「人の為めにする」ものでないという儒者の立場からすれば、自己の「自得」を人に語ることは、むしろ余計な行為であったかもしれない。ところが、松陰は人に語ることを勧める。語り合うことによって自得するのではなく、自得したものを語り合うのである。たんなる「自得」ではなく、「語る」という行動と結びついたこと、つまり、個々人の道徳に収束されない、他者への働きかけがここから生まれてくる。

第三は、その「語る」他者が朋友や同志に限られていないことにある。「牛夫馬卒」にも語るというのは、人間観としては、「今如何なる田夫野老と雖ども、夷狄の軽侮を見て憤懣切歯せざるはなし。是れ性善なり」(『講孟余話』巻四上)とあるような、藤田省三が説くところの「駕籠かき人夫や佐渡の鉱夫や「漂流民の供述書」などから物を学ぶ態度の中にあらわれている」松陰一流の性善説が大前提となっているうえに、野山獄での囚人としての体験が裏づけとなっていたことは見やすい。しかし、本書の関心からすれば、この「牛夫馬卒」にも語る態度は、読書方法における会読と講釈の間にあった間隙を埋めるものとして注目すべきである。

その間隙とは、会読の討論が原理的には対等・平等であるのにたいして、講釈では講釈者と聴衆との間に上下関係、知者と愚者という上下関係があったことに起因する。闇斎学派の講釈はその典型であった。ところが、松陰が「牛夫馬卒」にも語るというとき、会読の場での限られた対等な同志だけでなく、不特定多数の見ず知らずの、しかも無学な愚者をも含んでいた。学問を志す同志と会読するという大枠を超えてしまっているのである。つまり、会読と講釈との間隙はなくなっている。その意味で、「諸生に示す」の一文は、江戸時代の会読にとって画期的な意義をもっている。

朋党肯定の立場

「自得」した内容を同志「諸君」に語る。しかも、その語る対象は「牛夫馬卒」にまで及ぶ。そうすることによって、自己の「自得」した考えの賛同者を増やす、換言すれば、同じく行動する同志を増やしてゆく。こうした行動は図らずも、松陰の時代、厳禁されていた徒党を組むことにつながってゆくだろう。実は、この危険性をいち早く察知していたのが、松陰の『講孟余話』を批判した山県太華だった。ここで「諸生に示す」以前、『講孟余話』をめぐる松陰と太華の論争時点に時間を戻さねばならない。

先に松陰の「虚心」にたいする太華の皮肉たっぷりの批評を見たが、よく知られているように、松陰の『講孟余話』にたいする太華の批判の中核は、松陰の「国体」論にあった。松陰が「国体」の「独」（特殊性）を主張するのにたいして、太華は「道」の「同」（普遍性）を説いて批判した（『講孟余話』巻四下）。ここで注目したいのは、この「国体」論の行動計画、高橋文博がいう「先覚後起の思想」（『人と思想　吉田松陰』、清水書房、一九九八年）を説いている『講孟余話』の次のような一節である。

此の章［告子上篇、第十八章］、大志ある者、日夜朝暮に諳誦して志を励ますべし。余囚徒となりて、神州を以て自ら任じ、四夷を撻伐《たつばつ》せんと欲す。人に向ひて是れを語れば駭愕《がいがく》せざるはなし。然ども此の章を以て益々自ら信じて断じて疑はず。今神州を興隆し四夷を撻伐するは仁道なり。之れを礙《さまた》ぐる者は不仁なり。仁豈に不仁に勝たざらんや。若し勝たざれば仁に非ず。故に先づ一身一家より手を下し、一村一郷より同志同志と語り伝へて、此の志を同じうする者日々盛にならば、一人より十人、十人より百人、百人より千人、千人より万人より三軍と、順々進み進みして、仁に志す者豈に寥々《れうれう》ならんや。此の志を一身より子々孫々に伝へば、其の遺沢十年百年千年万年と愈々益々繁昌すべし。

（『講孟余話』巻四上）

松陰はここで、「神州を興隆し四夷を撻伐するは仁道」を「同志」に語り伝えることによって、同志の数を増やしてゆくのだ、と論じている。このように「仁道」に志す同志を「一人より十人、十人より百人、百人より千人、千人より万人より三軍」と順々に増やすという松陰の構想は、太華からみれば、「公命を奉ぜず」「私」に兵を起こすことだった（『講孟余話附録』下一）。

　たしかに、太華の指摘は根拠のないものではなかった。というのは、この「一人より十人、十人より百人、百人より千人、千人より万人より三軍と、順々進み進み」という一節は、『孫子』『六韜』『三略』などとともに武経七書の一つに数えられる兵書『呉子』を踏まえていたからである。「一人学レ戦、教成二十人一、十人学レ戦、教成二百人一、百人学レ戦、教成二千人一、千人学レ戦、教成二万人一、万人学レ戦、教成二三軍一」（『呉子』治兵第三）。もしそうであるとすれば、太華が松陰に「私ニ兵ヲ興」そうとする底意を嗅ぎ取ったのも、理由のないことではなかった。

　そもそも、「国体」論において松陰が影響を受けた国学や水戸学は、太華によれば、朝廷に権勢を回復させようと目論む危険な学問だった。ただ、水戸学者たちは「公然」とそれを主張できないために、幕府を貶《けな》して「覇者」などと称して、「皇国」を持ち上げ、「漸々と御味方をこしらへ置き、時節を待て其の功を成さんと謀」る下心をもっているのだ、という。松陰が今「一村一郷より同志同志と語り伝」えると説いているのは、内密に味方の数を増やそうとする謀略であり、隠された意図がある、と太華は非難するのである（『講孟余話附録』下一）。

　これにたいして、松陰は、「何ぞ公然と云ふべからざらん。併《しか》し俗士へ語るは無益なり」（同右）と、公然と「同志」に「語る」ことに躊躇《ためら》いはない。しかし、松陰はそう反論するものの、山県太華との論争時点では、確信がもてなかったようである。そのことをうかがわせるのは、争論の翌年、安政四年（一八五七）に書かれた次の一文である。

余向《さき》に講孟余話を著はし、教を一先生に請ふ。一先生余に誨《おし》ふること極めて詳《つまびら》かなり。然れども余の執る所と、一も合ふ所なく、悒々《ゆうゆう》として楽しまず、復た一書を作りて之れを弁ぜんと欲す。偶々《たまたま》此の書〔四庫全書簡明目録〕を得たり。之れを読むこと数日にして益々喜ぶ。大抵此の書の旨、古今の人物図書に於て、短を舎《す》て長を取り、功を録し過を略し、門戸を設けず、朋比を立てず、排撃を尚《くは》へず、嫌疑を憚らず、其れ殆ど事理の平を得たるものに似たり。其の、徒を聚《あつ》めて講習し、声気相通ずるを以て、朋党の漸、禍乱の源と為すに至りては、今惕然《てきぜん》として内に懼《おそ》るるあり。（『丁巳幽室文稿』、四庫全書簡明目録を読む）

ここでいう「一先生」は太華である。松陰は、『四庫全書簡明目録』の公平さと朋党とを対比しつつ、朋党の禍を非難している。おそらくは山県太華からの批判のなかで、松陰が気になっていた論点は、この朋党の禍だっただろう。大っぴらに同志に「語り」、仲間の数を増やしてゆくことは、結局は、朋党を組むことになるのではないか、という太華の批判は松陰の胸に突き刺さったままだった。この時点で厄介なことには、松陰自身が朋党への後ろめたさを強く抱いていたからである。

もともと、朋党への危惧心を松陰自身、太華との論争以前からすでにもっていた。水戸藩と熊本藩の藩内抗争を例にあげて、自藩長州藩における朋党の争いを心配していたのである（桂小五郎宛、安政二年九月以後）。ところが、水戸藩における天狗党と諸生党の抗争のような藩内分裂を回避しようとしていた松陰が、安政六年（一八五九）の時点では、朋党を恐れない境地に立ち至っていることは注目すべきである。

日本は昔より柔弱国なり。大は兵戦少く、小は殺伐少きを以て知るべし。殊に中国「山陰・山陽地方」最も柔弱と称す。柔弱日本の柔弱中国、二百年太平柔弱の極、有志の士共時《とき》を待《まて》とか朋党に成てはならぬとか犬死はせぬとか、種々の弁口、扨々塗《どろ》に塗を附《つけ》、猿に木に升《のぼ》る時を教ゆる教には無レ之哉。（岡部富太郎宛、安政六年正月一六・一九日）

先《まづ》桂水戸の朋党を畏れ、余り踏込《ふみこむ》と却て覆轍《ふくてつ》を踏と考《かんがへ》居《をり》候《さうらふ》様《やう》存《ぞんじ》候。予が擬明史抄の書後を同志に見せ、桂へも見せ度《たく》存ずるは此故なり。（入江杉蔵宛、安政六年正月二三日）

安政六年の時点では同じく水戸藩を引き合いにだしながらも、かえって「余り踏込と却て覆轍を踏と考居」躊躇する愛弟子桂小五郎（木戸孝允）を戒めてさえいる。この間に何があったのだろうか。もちろん、松陰と日本を取り巻く事態の切迫があることは言うまでもない。端的にいえば、幕府の条約違勅問題である。安政五年（一八五八）六月一九日、大老井伊直弼によって、日米修好通商条約が勅許を得ないままに締結された。松陰は、事ここにいたっては、座視観望できない、行動を起こす時であると判断したのである。大原重徳西下策、老中間部《まなべ》詮勝《あきかつ》襲撃計画、伏見要駕策と、松陰は矢継ぎ早に直接行動の計画を立て、同志たちと激論を闘わせていった。このような切迫した状況のなか、朋党にたいする考えも大きく変化した。

変化後の松陰の考えを端的に表出している文章が、同志や桂小五郎たちに見せろと伝えている「擬明史列伝抄の後に書す」の一文である。そこで、松陰は次のように説いている。

夫れ庸人《ようじん》［凡人］路に当りて、衆苟《まこと》に媕婀《あんあ》［ぐずぐずして決めず］奉承《ほうしやう》すれば則ち国無事なるも、一人ありて之れを攻め、又数人ありて之れを継がば、庸人勝《た》ふる能はず、則ち目して朋党と為して之れを排す。賢材下に在りて上苟《まこと》に抑塞棄置せば則ち国無事なるも、一人ありて之れを引き、又数人ありて之れを推さば、俗吏交々《こもごも》之れを忌み、則ち亦目《またもく》して朋党と為して之れを撃つ。その目して朋党と為すを畏るるは、攻め且つ引かざるに若《し》かず。攻め且つ引かずんば、庸人俗吏位を窃《ぬす》み禄を偸《ぬす》み、自ら以て計を得たりと為し、人己れに若《し》くなしと為し、国事遂に為すべからざらん。然らば則ち何ぞ朋党を畏るるに違《いとま》あらんや。

（『己未文稿』、擬明史列伝抄の後に書す）

「朋党」と排斥するのは「庸人俗吏」なのであって、なにも「朋党を畏るる」ことはないという。ここで展開されている松陰の朋党論は、先にふれた君子の朋党を擁護した欧陽脩の「朋党論」（『唐宋八大家文読本』巻一〇）の系譜にある。興味あることには、松陰が五七人の伝を抄録し跋文を書いた（安政六年正月九日）、清人汪琬の『擬明史列伝』には、明末に東林書院に結集し、民衆の輿論を背景に政治批判を行った東林党関係者が、多数含まれていた。というのは、小野和子によれば、「東林党の人びとは、欧陽脩の朋党論をふまえつつ、小人が朋党をつくって君子を排除しようとする以上、これに対抗してゆく為には、君子もまた朋党を組まざるを得ない。かりに彼らが朋党だとして指弾しても朋党を解散することがあってはならないという立場をとった」（『明季党社考――東林党と復社』、同朋出版、一九九六年）からである。松陰もこうした朋党観にたって、時の権力を弾劾した明末の東林党の行動を支持したのである（『戊午幽室文稿』）。

このような松陰の朋党肯定の立場は、また水戸藩の藤田東湖の朋党観を継承することだった。先に見たように、東湖は、正義の君子が藩主に正しいことを直言し、志を遂げること自体を非難することなく、むしろ、そうした正義の士の行動を「朋党」の名目で抑えつけることを弾劾していたからである。松陰は「擬明史列伝抄の後に書す」を書いた時点で、まさにこの藤田東湖の朋党観に立ったといえる。「擬明史列伝抄の後に書す」には、次のように説かれていた。

　吾が神州は人物忠厚にして政教寛柔なり、然れども尚武の俗、万国に踰越《ゆえつ》す。何如せん近時陵夷の極《きょく》、漢・明を論ずるまでもなく、乃ち弱宋を併せてこれに及ぶ能はず。今を生きて古に反《かへ》し、衰を回《めぐ》らして盛に復すこと、茫々たる八洲、吾が党を舎《お》きて其れ誰れにか望

まん。乃ち水戸の諸士の如きは、則ち先づ吾が心を獲《え》たるものかな。（『己未文稿』、擬明史列伝抄の後に書す）

ここでの水戸の志士にたいする賞賛は、日米修好通商条約の調印に遺憾の意を表し、水戸藩に下された戊午の密勅への対応のみならず、徒党を組み、行動することへの賛意を含んでいたと解釈することができるだろう。

会読の枠を超える言葉

最後に、松陰のいわゆる草莽崛起《そうもうくっき》論について会読という観点からふれておきたい。松陰は、「今の幕府も諸侯も最早《もはや》酔人なれば扶持の術なし。草莽崛起の人を望む外頼《たのみ》なし」（北山和作宛、安政六年四月七日）、「義卿知レ義《ぎをしりて》、非二待レ時之人一《ときをまつのひとにあらず》、草莽崛起、豈仮二他人之力一《あにたにんのちからをからん》哉《や》」（野村和作宛、安政六年四月頃）と手紙を書き、「草莽」の同志へ呼びかけていた。このとき、松陰は同志の全人格に訴えかけ、人々の感情・情念をゆさぶっている。たんに理性的な言葉で語るのではなく、自己の一身を賭して、全人格的に訴えるところに、悲壮感さえある。ここに、松陰の魅力があることは間違いない。

吾輩皆に先駆《さきがけ》て死んで見せたら観感而《して》起るものもあらん。夫がなき程では何方《なんぼう》時を待たりとて時はこぬなり。且今の逆焔は誰が是を激したるぞ、吾輩に非ずや。

僕が死を求むるは、生て事をなすべき目途《めど》なし、死で人を感ずる一理あらんかと申所と、此度の大事に一人も死ぬものゝなき、余りも〳〵日本人が臆病になり切《きつ》たがむごいから、一人なりと死で見せたら、朋友故旧生残たもの共も少しは力を致して呉ふかと云迄なり。

（某宛、安政六年正月一一日）

（野村和作宛、安政六年四月四日）

もちろん、これはぎりぎりの切羽詰まった状況における戦略であった点を看過してはならない。松陰からすれば、万策つきて、自己の一命以外に同志を募る方策はなかったといえるだろう。ただ、こうした「死」を覚悟した「吾輩」が、「同志」に語りかけ、奮起と行動をうながしていた点で、松陰の言葉は理性的な会読の討論の枠を超え、不特定多数の人々の感情や情念に訴えかける力をもっていたのである。

5　横井小楠と公論形成

嘉永六年（一八五三）のペリー来航を機に、阿部正弘の諸大名への諮問に示されたように、藩の意見、個々人の意見を幕府・藩当局に具申できる回路が開かれた。こうした好機をとらえて、松陰はペリー来航直後の『将及私言』のなかで、次のように説いていた。

群臣ヘ上書請対ヲ許サレ、上書アレバ即《スナハチ》君前ニテ披封シ、衆議ニカケ、然後大臣ニ付シテ是ヲ行ハシム、或又上書シタルモノヲ召出シ、坐ヲ賜テ、其議論ヲ心ノ儘《ママ》ニ陳スルコトヲ得セシム、摠《スベ》テ大事ヲ挙行時ハ必ス衆議帰一ノ所ヲ用フヘシ、是レ政ノ先着ナリ、（『将及私言』聴政）

言路洞開によって集まった群臣の上書にたいして、主君の前で「衆議」にかけ、あるいは、上書した本人を召し出して、その「議論ヲ心ノ儘」に開陳させる。大事を挙行するときには、「衆議帰一」を求めるというのである。そしてさらに、松陰は自分の会読経験をもとにして、藩主御前に「御一門」「大臣の子弟」のほかに、「平士」であっても「書物掛リ」という名目で召しだし、「毎夜」の「会読会講」を行うことが急務だとした。

君徳ノ儀乍《オソレナガラ》レ恐御勤政ト御講学ノ二ツニ有レ之儀ト奉レ存候、［中略］已《ヤ》ムコトナクンハ少壮有志ノモノヲ定員無レ之被二召出《メシイダサレ》一御小姓ニテモ無レ之、儒官ニテモ無レ之、只々平士ニテ御書物掛リ被二仰付一、於二御前一毎夜会読会講等被二仰付《オホセツケラレ》一度《タク》奉レ存候、左候テ御一門益田・福原等思召次第、時々被二召出一、其外《ソノホカ》大臣ノ子弟、又在役ノ面々ニテモ御人指ヲ以テ召出被二仰付一度候。（『急務四条』、安政五年七月）

ここには、家臣の諫言を受けいれる「言路を開く」という政治的な理念をもって、「御一門」

「大臣の子弟」「平士」の間で対等な会読の場を実現しようとする松陰の考えが示されている。しかし、水戸学で見たように、「御前」での「毎夜会読会講」が君臣間の親密な関係のもとでのみ行われるとすれば、とくに「毎夜」というプライベートな時間で行われるとすれば、公開性をもっていないために、朋党の誹《そし》りをまぬがれないだろう。その場に立ち会うことのできない者からみれば、主君の寵愛を受けた者たちの個人的、私益的なものと見なされてしまう可能性をもっていたのである。もちろん、松陰の意図からすれば、身分の低い「少壮有志」の者が、対等な人間関係のもとで政治的な意見を述べる機会があるのは、そうした「毎夜会読会講」という限られた場でしかないという戦術的・現実的な思惑があったのかもしれないが、非公開性の危うさは否定できない。それにしても、こうした「御前」での「毎夜会読会講」という松陰の考えに、大きな影響を与えたのは、熊本藩の横井小楠であろう。

小楠と会読・学政一致

横井小楠（一八〇九―六九、文化六―明治二）は禄高一五〇石の熊本藩士横井時直の次男として生まれた。藩校時習館で学び、成績優秀のために菁莪斎居寮生となり、天保八年（一八三七）にその居寮長に抜擢された。そこで、詩文中心の当時の時習館教育を批判し、学校改革運動を起こすが、保守派の反対にあい挫折した。天保一〇年（一八三九）江戸に遊学し、水戸藩の藤田東湖らと交わるが、翌年、酒失によって帰国を命じられる。帰郷後、天保一四年（一八四三）三五歳の時に、小楠は、次席家老であった長岡監物（一万五〇〇〇石、三二歳）、下津休也（一〇〇〇石、三五歳）、元田永孚（四五〇石、二六歳）ら、年齢も身分も異なる五人と『近思録』をテキストとする会読をはじめた。これが熊本藩実学党の端緒となった。

もともと、細川重賢が創建した時習館は、先に見たように秋山玉山以来、会読を行っていたのだが、小楠は藩校外に自主的な会読のグループを作ったのである。小楠らの会読は、身分や年齢の差があるにもかかわらず、「皆朋友ノ交ヲ以テシテ師弟ノ看」をもってしない対等な人間関係で結ばれ、しかも、「其講論ニ至テハ、其非ヲ責メ、其足ラサル所ヲ進メ、毫《スコシ》モ仮借セス、目ヲ張リ声ヲ励マシ相争フテ止マス、既ニシテ渙然トシテ氷釈シ談笑シテ止ム」（『元田永孚文書』巻一）ように、声をあげて徹底的な討論をする場であった。小楠の会読に参加したことのある、闇斎学派の朱子学者楠本碩水は、「予モ小楠ノ会読ノ席ニイタコトガアルゾ。論語デアツタガ、其ノ内ニテ一人本文ト集註トヲ素読スルノミデ、跡ハ討論ゾ」（『過庭余聞』）と回想している。平戸藩の碩水のような他藩士の参加も許すこと自体、かつての亀井南冥の処分事件を想起するとき、隔世の感をもたざるをえない。小楠の会読が「討論」を主とする相互コミュニケーションの貫徹する場であったこと、すなわち、開放的な会読の理念型ともいうべきものであったことがわかる（源了圓「横井小楠における「開国」と「公共」思想の形成」『日本学士院紀要』五七巻三号、二〇〇三年）。

小楠はこうした「討論」主体の会読を藩校教育のなかにもちこんだ。ただ、自分が育った熊本藩ではなく、小楠を招聘した福井藩においてであった。ペリー来航の前年、福井藩主松平春嶽から学校創設の諮問を受けた小楠は、『学校問答書』（一八五二年）を書いて、それに答えた。そのなかで学校と政治との一致を求めて、次のように説いている。

上は君公を始として大夫・士の子弟に至る迄、暇《いと》まあれば打まじわりて学を講じ、或は人々身心の病痛を儆戒《けいかい》［いましめる］し、或は当時の人情・政事の得失を討論し、或は異端邪説詞章記誦の非を弁明し、或は読書会業経史の義を講習し、徳義を養ひ知識を明にするを本意といたし、朝廷の講学と元より二途にて無レ之候。（『学校問答書』）

小楠は、学校は「講学」するところであって、「上は君公を始として大夫・士の子弟に至る迄」、身分の違いにかかわりなく、「身心の病痛」を相互に批判し合うばかりか、「当時の人情・政事の得失を討論」する、そのような場とすることを求めたのである。

注意せねばならないのは、「朝廷」と「講学」、つまり学校と政治との一致、学政一致の考え方は、なにも小楠の専売特許ではなかった点である。たとえば、水戸藩弘道館にも、「学問・事業、その効を殊にせず」（「弘道館記」）と掲げられていた。ところが、小楠によれば、藩（国家）に有用な人材を育成することを目指す意味での学政一致は、真の意味での「己れの為め」

の学問ではないという。先に見たように、全国の藩校のなかで最初に「人才」育成を目標としたのは、かつて彼が学んだ熊本藩の時習館だったが、そうした学校では、自分こそが政治に有用な人材だと証明しようと、競い合い、学問の根本精神を見失ってしまうと危惧したのである。小楠は次のようにいっている。

其学政一致と申す心は、人才を生育し政事の有用に用ひんとの心にて候。此政事の有用に用んとの心直様《すぐさま》一統の心にとおり候て、諸生何《いづれ》も有用の人才にならんと競立、着実為レ己の本を忘れ、政事運用の末に馳込《はせこみ》、其弊互に忌諱《きき》娟疾《けんしつ》を生じ、甚しきは学校は諠譁《けんくわ》場所に相成候。（『学校問答書』）

小楠からみれば、天狗党と諸生党が争い、弘道館がまさに「諠譁場所」になった水戸藩の党争は、こうした「諸生何も有用の人才にならんと競立」つ忠誠競争に起因していたのである。

松平春嶽が小楠の協力のもとで「学政一致」を掲げ、安政二年（一八五五）に建設した福井藩の明道館では、会読のなかでの政治的な討論を認めていた。最寄りの家塾で、四書・五経の素読の初級段階を修了した者が入ることを許された明道館では、講釈の日は定期的に決まっていたが、会読輪講は、定まった日はなく、「会読輪講等ノ義ハ時日ヲ限ラス、連中申合ノ上可二相定一《アヒサダムベキ》事」（資料2冊、一〇頁）と、自発的な有志のグループ（連中）に任せられ、武田勘治によれば、「今日の課外活動」「クラブ活動」（『近世日本　学習方法の研究』）として位置づけられていた。それは、「会読輪講等の儀は講究局え可ニ承調《うけたまはりととのふべき》一事」（資料2冊、八頁）とあるように、講究局に届け出さえすれば、いつでも行ってよかった（安政二年六月の定）。安政三年六月の「規定大意」には、「夜会書生会頭無レ之分、登館停止之事」（資料2冊、一一頁）と、指導する会頭がいないものは禁止するとあることから、当初は書生のみが夜会を開いて行っていたと思われる（武田前掲書）。さらに、この会読の指導掛りである訓導師の補佐役である「講究師」の「職掌」には、次のように記されていた。

人ノ学ニ向フ、師授厳ナリト云《イヘ》トモ、朋友講究ナキトキハ、受ル所或ハ堅固ナラス。年ヲ追テ遺忘ナキコト能ハサル所以ナリ。因《ヨツ》テ訓導師ヲ賛《タス》ケテ日々学士ト講究切磋自ラ成シ人ヲ成ス。或ハ治事ニ渉《ワタ》リテ講究討論其当ヲ極メテ止ム、仍《ヨリ》テ講究師ヲ置。但身劇務ニオル者、及ヒ家臣職業アル者、学師ノ目ヲ受スト云ヘトモ、凡《スベ》テ有志ノ者、此局ニ入テ講究ス。

（資料2冊、四九頁）

学生にかぎらず、劇務の者や家臣職業ある者もふくめて、明道館の「夜会」の会読のなかで、「治事ニ渉リテ講究討論」することをはっきりと認めていたことは、特筆すべきである。まさに、『学校問答書』で構想したような、学校に「出て学ぶものは重き大夫の身を云ふべからず、年老ひ身の衰たるを云べからず、有司職務の繁多を云べからず、武人不文の暗を云べからず」、「或は人々身心の病痛を儆戒し、或は当時の人情・政事の得失を討論し、或は異端邪説詞章記誦の非を弁明」する「講学」をしようとしているのである。実際、小楠は福井の自宅で夜中、熊沢蕃山の『集義和書』会読を行い、福井藩の「執政諸有司其外も参り種々討論、何時も鶏鳴迄は咄合申候。憂愁中の楽時と何《いづれ》も悦申候」（永嶺仁十郎宛、安政五年八月八日）と郷里熊本の実弟に近況報告をしている。

かつて薩摩藩では、「兼テ懇意ノ者申合、夜会等相企、向々寄リ集リ内証ニテ会続（読カ）」、つまり「夜会」で『近思録』を会読していたことが、徒党の禁を犯したと処罰されたこと、また、ほとんどの藩校が会読の場で政治を論ずることを厳禁していたことを想起するとき、会読をめぐる時代情況は大きく変わっていた。もちろん、こうした諸藩校の規則は建前であって、幕末には全国いたるところの会読で、ひそかに政治的な討論がなされていたろう。しかし、表だって公式に認められることはなかった。その意味で、会読の場での「治事ニ渉リテ講究討論」することを認めた福井藩の明道館の規定はきわだっている。

それにしても、会読・輪講が定期的な授業ではなく、自発的な有志のグループの「課外活動」として位置づけられていたことは、興味深い。なぜならば、正式の授業ではないということは、先に見たような金沢藩明倫堂のような成績評価する場、言い換えれば、学力を競い合う場とはならなかったからである。しかも、最初のころは、会読における討論を裁定する会頭もいない、対等な「書生」同士が切磋琢磨し合う場として存在していた可能性すらあった。このような正規外の対等な場であったからこそ、自由闊達に討論することもでき、さらに「治事ニ渉リテ講究討論」をすることもできたのではないか。逆にいえば、自由闊達な討論を保証するための方策が、「課外活動」として会読を位置づけることではなかったかと思われる。

こうした「課外活動」としての会読の場での「治事ニ渉リテ」の「講究討論」だからこそ、小楠のいう「学校は朝廷の出会所」（『学校問答書』）となることができたといえるだろう。「朝廷は職掌ある人に限」られた場であるのにたいして、「学校は貴賤老少を分たず学を講ずる所」であるという意味での「出会所」である、と小楠は説いていた。直接には政治にはかかわらないが、学校では「貴賤老少」を分かたず、人々が政治を論じ合う、その会読の政治討論を、いわば公論形成の場にする。小楠はそのような学校を目指していたのである。

天下公共の政

はやくから横井小楠の学校論・「公共」思想の卓越性に着目してきた源了圓は、公論には二つの意味があることを指摘している（「横井小楠における「開国」と「公共」思想の形成」）。一つの公論は、多数意見としての「衆論」の意味であり、もう一つの公論は、「徹底的に討議（公議）・討論を重ねてそれによって形成された結論」の意味である。後者の公論が横井小楠のそれであることは明らかであるが、前者の「衆論」としての公論は、先に見たペリー来航時に老中阿部正弘が全国の諸大名の意見を求めた言路洞開につながるものであったといえるだろう。先にも示唆したように、そこには、言路洞開の限界があった。その限界とは、広く下々の意見を吸い上げるという点で、たしかに公開性を一歩進めているのだが、どの意見を採用するかの最終決定権はどこまでも主君にあり、言葉を換えれば、主君の一存次第であるという点にあった。

小楠が批判するのは、まさにこの点である。文久二年（一八六二）七月、政事総裁職についた松平慶永（春嶽）に宛てて提出されたとされる、いわゆる「国是七条」のなかで、小楠は「大いに言路を開き、天下と公共の政を為せ」と説いていた。この具体的な内容は、幕府の「私」を批判した文久二年八月の松平慶永の建白書から、うかがうことができる。

凡《およそ》威権ハ公なるに帰して、私するに離れ候事、自然の理勢ニ而、癸丑之度、亜米利迦之使節、浦賀港へ致㆓渡来㆒候は、開闢以来未曾有之珍事ニ而、日本国之大事ニ御座候故、和戦之策を列侯ニ御垂問ハ御座候得共、其御用捨之際ニ於而は、曖昧模糊として、曾《かつ》而公然たる御開示無㆑之、彼国への応接ハ、悉く廟堂之密議ニ出秘して、我国人之聞事を御厭ひ被㆑成、其待遇之形跡ニ至而は、怯懦屈辱を極められ候故、天下挙《こぞ》つて奮激を発し、嫌疑を抱き、幕府之御威力凋衰して、威信之立難きを推量し、人心各其好む処に向ふて、恣奔横走ニ及ひ、議論下ニ紛興して、敢《あえ》而幕府之制令を甘んし受不㆑申様相成候儀、慨歎之至ニ候得共、是皆幕府之権柄《けんぺい》を私するニ失はれ、下ニ授け与へられたるも同然之事ニ御座候。
（『続再夢紀事　一』、文久二年八月）

ペリー来航という「開闢以来未曾有之珍事」「日本国之大事」に際して、諸大名に「和戦之策」の意見を徴集しても、どの意見を取って、どれを捨てるかの「用捨」は「曖昧模糊」であって、結局、対外政策は「廟堂之密議」によって決まってしまう。「我国人之聞事を御厭ひ」、公開しないために、天下の人々が「奮激を発し、嫌疑を抱き」、結局、「幕府之御威力凋衰して威信之立難きを推量し」、みなが勝手に議論を始め、紛糾を招き、幕府の命令に甘んじて従うようなこともなくなってしまうという。

この春嶽、ひいては小楠の批判は、言路洞開にとどまっていたための非公開性に向けられているといえる。たしかに水戸学は、下々の意見を広く聞こうとした点で、画期的な意義があった。そこに、藤田幽谷以来の会読の下地があったことは本書で明らかにしたとおりである。しかし、藩主への意見・上書は内密かつ直接に提出すべきもので、そうした意見を公開の場で討論するという発想には至らなかった。家臣たちの意見を採用するかどうかの最終判断を下す、藩主の役割を重んじたものであったのである。それゆえに、「東照宮」家康を模範とする徳川斉昭も、賛同し得たともいえる。しかし、ペリー来航に際して、水戸学の欺瞞性はあらわになっていた。

斉昭は、ペリー来航直後、海防参与に任じられて幕政にかかわり、『海防愚存』と題する長文の上書を幕閣に提出した。その内容は、国内に向けては「大号令」を布告して、今にも戦争を始めるような強硬姿勢を見せながらも、外交的には穏便に事を収めるというもので、「内戦外和」策と呼ばれている。前述のように、こうした術策性は、幕末志士のバイブルともいうべき会沢正志斎の『新論』のなかに認められるものであった。正志斎は、文政八年（一八二五）の外国船打払令をきっかけとして、国内を絶体絶命の「死地」（『孫子』）に追い込むことによって、体制を立て直そうとしていた。ここに、『孫子』兵法にもとづく術策性があったのである。表の顔と裏の顔を使い分ける斉昭の策略もまた、これに通じる。そのため、できるだけ、交渉は秘密裏に行う必要があった。この点、小楠はすでにペリー来航時にこの策略を看破していた。

水府の所レ謂誠意を内に積と申は恐らく真之誠意にては無レ之、全く利害之一心と奉レ存。此利害之一心と申は、一身之利心を指して申事にては無レ之、事之成否を見るの利害心にて有レ之候へば、所詮之処は一身之利害にも落申候 其故《それゆへ》事を為し行之上、総《そうじ》て表立《おもてだち》候筋は嫌ひ必ず密《ひそか》に手を附《つくる》之事に相成申候。此処即ち智術之的面にて、隠然たる険阻之模様天下之人眼識有レ之ものは既に見破申候。当時老公［斉昭］天下大柱石之御身として正大明白之処に御立脚無レ之、却て隠険の智術に御運び被レ成候半《なられさうらはんは》、実に笑止に奉レ存候。

（立花壱岐宛、安政二年一一月三日）

小楠によれば、水戸学は「誠意」を内に欠いた「利害心」から、成否の結果のみを求めるので、功利となる。そのため、「総て表立候筋は嫌ひ必ず密に手を附之事に相成」、政策過程を公開せずに、秘かに事を謀ろうとする。小楠は、水戸学のそうした「隠険の智術」の限界を看破していた。こうした限界を突破するうえでも、「天下と公共の政」を求めたのである。

言路洞開の限界はまた、主君との親密なつながりのなかで、意見が通るかどうかが決まる点にあった。そのため、主君のご機嫌を取ろうとする忠誠競争が起こるのもゆえないことではなかった。この点、小楠は、「方今諸藩大抵分党の憂《うれひ》ある様に見候。歴史上にて見候に、国に分党あるは禍の本づく所に候。分党の憂を消し候は何の術を用ゆべく候哉」という問いにたいして、次のように答えている。

是は上たるもの丶明の一字にあることに候。上たる者、党派の別には目を付《つけ》ず、只其人才を見立て之を抜擢いたし候えば、党派は自ら消する者に候。全体君子・小人、類を以て分れ候こと、丁度酒飲《さけのみ》の酒中間《さけなかま》、茶飲の茶中間同様にて、必ず有レ之者に候。只上明にさへ候えば朋党の禍は無レ之候。（『沼山対話』）

小楠は水戸藩の二分する党争の原因は、忠誠競争する藩士の党派の一方のみを重んずるという、斉昭の人材登用における依怙贔屓にあると考えていたのである。先の文久二年の「国是七条」は、従来の言路洞開の理念を超えて、「天下と公共の政」を求めるとともに、「外藩譜代を限らず、賢を撰び政官と為せ」と公平に人材を登用せよと主張している点でも、水戸学の限界を突破していたのである。

公論を形成するための制度

では、どうすれば「天下と公共の政」をなすことができるのだろうか。この点、公開の場で討論する公論こそが、小楠の求めたものである。源了圓が指摘する、「衆論」とは異なる、「徹底的に討議（公議）・討論を重ねてそれによって形成された結論」としての公論である。小楠の考えによれば、普遍的な天地公共の理にもとづいているので、公開・開放できるのである。ただ、問題はある。この公開討論の場が、水戸藩のような徒党同士の暴力的な衝突の場とならず、理性的な討論の場となりうる保障はどこにあるか、という点である。ここで大事なのが、「講学」し合うことによって涵養される「誠意」の心であるのはもちろんなのだが、心構えのみではいかにも危うい。そこには、制度的な保障がなくてはならない。小楠にとって、そのモデルこそが西欧の議会制度だった（苅部直「「利欲世界」と「公共之政」——横井小楠・元田永孚」『歴史という皮膚』、岩波書店、二〇一一年）。

江戸後期には西欧の議会制度について、蘭学者の翻訳地理書や漢文の世界地理書を通して、その情報がもたらされていた。つとに、朽木昌綱の『泰西輿地図説』（寛政元年、一七八九）には、イギリスやオランダに「国中ノ諸官人集リテ政事ヲ儀《ママ》スル」「会儀《ママ》堂」（巻五）があると伝えている。さらに青地林宗の『輿地誌略』（文政九年、一八二六）には、より詳しく西欧政治制度が紹介されていた。林宗は、先にオランダ書翻訳の際に詳細な規約を作っていたことを見た、大槻玄沢の弟子である。ヨハン・ヒュブネルの「ゼオガラヒー」の日本語版と称することのできる『輿地誌略』のなかで、林宗はヨーロッパ諸国の「国政」（巻三）をのべ、世襲の国王が統治する国、国王が貴族によって選ばれる国ばかりか、「国に伝統の主なく、国中世家相共に政を為す」ところの「列玻貌利吉《レポブリーキ》」＝「共治国」のような国王のいない国もあるのだ、と伝えていた。さらにイギリスでは、「政府を把爾列孟多《パルレメント》と謂、政臣会集の庁なり上下二庁に分つ」と、二院制議会があり、「威権王家と政府に分れ、此に令する所も、彼の許す所に非れば行れず、王と政府と相合《あひがっ》すれば、庶政順ひ、相合せざれば、動《やや》もすれば管内に干戈《かんか》を動すに至る」（巻五）と、国王と政府との間には緊張関係のあることさえ伝えていた（拙著『江戸後期の思想空間』参照）。ただ、小楠に影響を与えた情報源は、こうしたオランダ語翻訳の世界地理書ではなく、清末洋務派の魏源の『海国図志』（六〇巻本は一八四七年刊、一〇〇巻本は一八五二年刊）だった（源前掲論文参照）。

『海国図志』はアヘン戦争の敗北に危機意識をもった魏源が著した警世の書である。それは基本的には世界地理書であるとともに、外交戦略を述べた書でもあった。巻頭の「籌海篇」のなかで、「夷の長技を師として夷を制する」基本的な考え方から西洋の進んだ砲艦や銃砲の軍事技術を導入し、さらに「夷を以て夷を款する」通商政策を提言したことで知られている。この『海国図志』は嘉永三年（一八五〇）に長崎に三部輸入されたが、キリスト教宣伝の記事があるという理由で没収され、同六年（一八五三）に輸入された一冊（六〇巻本）を、幕府の開明官僚川路聖謨《としあきら》が、塩谷宕陰と箕作《みつくり》阮甫に依頼して訓点・ルビをつけさせて翻刻した。塩谷宕陰と箕作阮甫の二人はともに古賀侗庵門下であったから、侗庵の『鴉片醸変記』『海防臆測』などを読んでいたろう。訓点をほどこすための、世界地理やアヘン戦争についての予備知識は、十分あったと思われる。

それはともかくも、小楠にもどれば、彼が『海国図志』から影響をもっとも受けたのがアメリカ篇だった。日本を開国させたアメリカは、野蛮な夷狄の国などではなく、「全国の大統領の権柄《けんぺい》、賢に譲て子に伝へず、君臣の義を廃して一向公共和平を以て務とし」ている（『国是三論』）、つまり、大統領は世襲ではなく、賢者が選ばれていて、ほとんど、儒学の理想とする夏・殷・周の「三代の治教に符合」している、と高く評価するようになったのは、『海国図志』を読んだからであった（源前掲論文参照）。

源了圓によれば、『海国図志』のアメリカ篇には、「公挙」と「公議」という語が頻出するという。「公挙」とは公選と同じ意味で、選挙によって政治を担う者を決めることである。四年ごとに選挙される大統領は、「公挙一大酋総摂之匪」であり、議員もまた「公挙」される。また「公議」は、「王の択定に由り、再び公議を采る」、「某日某所、何事かを公議す」、「銭糧の税餉《ぜいしょう》を征収し、国中の経費を通酌し、公議、多数を得ず」とあるように、「公議」をなして何事かを決定するという意味である。要するに、源によれば、アメリカの政治が、公共・公平・公正を原理として、衆人によって「公挙」された人々の、「公堂」「公所」において開かれる「公会」での「公議」を経て、政策が決定されてゆくことを伝えていたのである。

このような『海国図志』の描くアメリカは、秘密裏に政策を決定する幕府のあり方とは対極的である。幕府は言路洞開によって下々の意見を聴取することはあっても、多くの意見という意味での「衆論」を吸い上げようとしたが、最終的には密室で政策決定をするかぎり、小楠のいう「天下と公共の政」ではなかった。その意味で、小楠がアメリカの大統領制と議会制度をモデルとしたことは納得できるだろう。というのは、小楠が理想とする堯舜三代の治に符合する、「公堂」「公所」において開かれる「公会」での「公議」の場で、「徹底的に討議（公議）・討論を重ねてそれによって形成された結論」としての公論を政治の根本においていたからである。

橋本左内・由利公正・五箇条の誓文

横井小楠とともに橋本左内も、同様の考えをもっていた。橋本左内（一八三四―五九、天保五―安政六）は福井藩の藩医の出身で、嘉永二年（一八四九）一六歳のときに、大坂に遊学し、緒方洪庵の適塾に二年余り在学して、医学を学んだ。さらに安政元年（一八五四）江戸に出て、蘭学者坪井信良の門に入り、塩谷宕陰から儒学を学んでいる。適塾といい、「会読輪講は、須く力を極め問難論究すべし」と諭していた塩谷宕陰といい、オランダ書と儒学書の違いはあるとはいえ、左内もまた会読の場で鍛えられただろう。左内の場合、学校はオランダ書や儒学書の読解の場ではなく、「国家之大事」を「熟議」する公開の場としてとらえられていたのである。

国家之大事、法令を改、兵革を動《うごかし》、工作を起し候様の義は、学校へ下し、熟議之上にて爨《こう》論《ろん》相定、政府へ申達《もうしたつし》、政府にても夫々の官、反覆訂論して、衆議一同之上にて行候よし。因て国王とても一人にて吾意に任せ恣《ほしいまま》に大事を作すこと不レ能由。

（『西洋事情書』、安政二―三年頃）

さらにつなげて言えば、横井小楠と橋本左内の二人から大きな影響をうけたのが、五箇条の誓文の起案者の一人である由利公正（一八二九―一九〇九、文政一二―明治四二）だった。五箇条の誓文は、言うまでもなく、慶応四年（一八六八）三月一四日に、明治天皇が天地神明に誓った明治新政府の基本方針である。それは、由利公正・福岡孝弟・木戸孝允の三人によって起案されたが、このうち、福井藩士由利公正は、福井藩校明道館に出仕し、左内と出会うとともに、小楠門下の一人であった。

由利公正は慶応三年（一八六七）一二月に徴士参与に就任した。この時、徴士参与に任じられたのは、ほかに横井小楠と木戸孝允がいた。由利は岩倉に維新の方針を天下に布告することを強く具申し、列侯会議の議事規則として「議事之体大意」の第五条に、「万機公論に決し私に論ずるなかれ」と書いた。この原案を見た、土佐藩公議派の福岡孝弟（一八三五―一九一九、天保六―大正八）は、「列侯会議を興し万機公論に決すべし」と修正し、第一条に移した。さらに、明治政府の国是の確立を主張していた、松陰門下の木戸孝允（一八三三―七七、天保四―明治一〇）が、この福岡案の「列侯会議」を「広ク会議」に改定して、第一条「広ク会議ヲ興シ万機公論ニ決スベシ」となったという。このような経緯をみるとき、明治新政府の方針として公議輿論の理念を明白にのべた誓文の第一条は、横井小楠・吉田松陰などの会読の輝かしい成果だったのである。

6　虚心と平等

ここでもう一度、幕末における会読の思想史的な意義について考えて、明治時代につなげてみたい。幕末に会読が政治的な問題を討論する場になったといっても、先に金沢藩の明倫堂において見た、会読が朋友同士の切磋琢磨の「心術錬磨の工夫」の場であるという側面が失われたわけではない。むしろ政治的な対立・抗争が激しい時だからこそ、そのことが新たな意味をもつようになったとさえいえる。会読の場で自分と異なる意見と出会い、自己の独断や偏見を反省することが、ますます必要となってくるからである。江戸時代の会読の終わりを論ずるにあたって、ここで幕末の会読の積極的な意義について述べてみたい。

縁を離れて論じ合う場

まず紹介したいのは、明治になって、幕末の昌平坂学問所の書生寮時代を回想した言葉である。幕末になると、国政を議論することを禁じられていた昌平坂学問所でも、さすがに政治的議論がこっそり行われるようになっていた。ただ、そこでの議論は私的利害や感情を超えていたという。この点、薩摩藩の造士館から遊学していた重野安繹《やすつぐ》（一八二七—一九一〇、文政一〇—明治四三）は、「縁を離れて論じた」という絶妙な表現をしている。

◎問　御維新前に昌平校にいる書生が、どの位、輿論を動かしたのです。たいていは勤王説だったのですか。

会員　勤王説もあり、佐幕説もあったのです。

◎問　何によって違いましたか。

重野氏　それは人々によって違ったもので、みな縁を離れて論じたのです。

問　書生寮の中で喧嘩はできませんでしたか。

重野氏　そんなことはないが、議論などはあったのです。

（『旧事諮問録』「昌平坂学問所の事」）

「縁を離れて論じた」という言葉は、中世史家網野善彦の所説を想起させる（『無縁・公界・楽──日本中世の自由と平和』、平凡社選書、一九七八年／［増補］平凡社ライブラリー、一九九六年）。網野が強調するように、中世社会の「無縁」の場が、主従関係・親族関係などの世俗の「縁」と切れた平等・対等な自由な空間であったとすれば、幕末の昌平坂学問所の「縁を離れて論じた」会読の場は、まさに血腥《ちなまぐさ》い政治闘争から離れたアジールとしての無縁の場だったといえるだろう。中世では、「辻」が自由な空間、無縁の場所、アジールであった。そこに、人々が集まり、交流が生まれ、市場などができた。それと同様に、江戸時代、昌平坂学問所の書生寮は、そのような無縁の場であったために、そこで学んだ遊学生たちは、自己を絶対視せずに相対化し、他者の異論を受け容れる精神の修養も可能だったのである。

幕末の書生寮で学んだ会津藩士南摩《なんま》綱紀《つなのり》も、書生寮での修業は「注入主義でなく、自分より考案研究する」方法を採り、「生徒共が自分で修業をするといふもので、先生に教へてもらうなど丶いふ事は無い位なもの」であったと述べて、次のように言っている。

書生寮の生徒はどう云ふ風に学問修業をしたかと申せば、書生同士にて或は経書、或は歴史、或は諸子、又詩文などを、銘々に申合せ会を定めて稽古して居りました。此時には教師もなければ会頭もなし、書生同士で稽古するものである故に、その議論といふもの大層喧《やか》ましいことで、口から沫《あわ》を飛ばし、顔を真赤にして、今にも攫《つかみあひ》合でも始めやうといふ迄に非常な激論をいたす、互に充分に論じた所で、自分の説が悪かつたと気が附きまするとあ丶我輩の説は悪かつたと云ふて笑つて止めて仕舞《しま》ひ少しも心頭に留めずして旧との通りにまた会をいたして居るといふ様な訳である。

(「書生時代の修学状態」、孔子祭典会編『諸名家孔子館』、博文館、一九一〇年)

激論をして、自分の説が悪いと、「あ丶我輩の説は悪かつたと云ふて笑つて止めて仕舞ひ少しも心頭に留めず」と、笑って自分の意見を変えるという会読風景は、先に見た「其講論ニ至テハ、其非ヲ責メ、其足ラサル所ヲ進メ、毫モ仮借セス、目ヲ張リ声ヲ励マシ相争フテ止マス、既ニシテ渙然トシテ氷釈シ談笑シテ止ム」と回想された横井小楠の会読と等しいものである。さらに想起されるのは、福沢諭吉が学んでいた緒方洪庵の適塾の風景である。適塾でも、議論はするが、喧嘩をすることはなかったという。

一体、塾生の乱暴と云ふものは是れまで申した通りであるが、其塾生同士相互の間柄と云ふものは至て仲の宜《よ》いもので、決して争などしたことはない。勿論議論はする、いろ〳〵の事に就て互に論じ合ふと云ふことはあつても、決して喧嘩をするやうな事は絶えてない事で、殊に私は性質として朋友と本気になつて争ふたことはない。仮令《たと》ひ議論をすればとて面白い議論のみをして、例へば赤穂義士の問題が出て、義士は果して義士なるか不義士なるかといふ議論が始まる。スルト私はどちらでも宜《よろ》しい、義不義、口の先きで自由自在、君が義士と云へば僕は不義士にする、君が不義士と云へば僕は義士にして見せやう、サア来い、幾度来ても苦しくないと云て、敵に為《な》り味方に為り、散々《さんざん》論じて勝つたり負けたりするのが面白いと云ふ位な、毒のない議論は毎度大声で遣《や》つて居たが、本当に顔を赧《あか》らめて、如何《どう》あつても是非を分つて了《しま》はなければならぬと云ふ実《み》の入《い》つた議論をしたことは決してない。（『福翁自伝』緒方の学風）

議論はするが、喧嘩をしない、まして、水戸藩の党争のような殺し合いをしなかったのは、彼らが「縁を離れて論じた」時、「スルト私はどちらでも宜しい」と、意見を相互入れ替え可能な立場に身を置いて討論し合ったからだった。こうした「議論」はそもそも「散々論じて勝つたり負けたりするのが面白いと云ふ位」の遊びだからできたといえるだろう。カイヨワのいう競争としての遊び（アゴーン）である。「いかなる物質的利害も、いかなる効用」もない「自由な活動」としての遊びだったからできたのである。だからこそ、「縁を離れて論」じ合うこともできた。

もちろん、こうした遊びの議論は、無責任で傍観者的な書生論だと非難することもできる。しかし、佐幕・尊王、開国・攘夷などと政治的な抗争の真っただ中だったからこそ、「縁を離れて論」じ合うことの積極的な意味がある。思うに、横井小楠が、「小にしては一官一職」から「大にしては国々」にまである「割拠見」(『沼山対話』元治元年)から自由になって、かりに「発明新得無疑存候筋も、或は不覚私見に落、或はいまだ其理を尽し不申事のみ多く御座候、其人により候ては咄合候へば、存外之益を得申事に御座候」(長岡監物宛、嘉永二年閏四月一五日)と自ら反省し、「咄合」によって、公平・客観的な大局的な視点からの方向性を示すことができたのも、こうした「縁を離れて論」じ合っていたからである。

生活様式の民主主義の徳と中村敬宇

この「縁を離れて論」じ合う会読の場で身につけられる寛容の精神は、幕末を超えて光彩を放っている。というのは、この精神こそは、近代民主主義を成り立たせる精神だったからである。先にわれわれは、会読が「心術錬磨の工夫」の場であるという考えを見たが、そこで涵養される「虚心」とは、自己の偏見・独断を抑制して、他者の「異見」に耳を傾ける「良い官吏たる資質」(ドーア『江戸時代の教育』)であるとともに、公開で議論・討論する「生活様式の民主主義の徳」(J・ガウアンロック)であったと解釈することができると思われる。J・ガウアンロックは、公開討議を行う社会的知性を説いたアメリカの哲学者デューイとJ・S・ミルとの関連を指摘して、次のように説いていた(J・ガウアンロック『公開討議と社会的知性』、小泉仰監訳、御茶の水書房、一九九四年)。

ミルもデューイも、コミュニケーションに関して非常に高い基準を持っていた。二人は怠惰、恐怖心と臆病、虚偽、ひとりよがり、詭弁、独断、速断を激しく嫌った。同様に、反対する側やその擁護者に加える偏見に満ちた攻撃にたいする議論も嫌悪した。ミルとデューイのうちに高まった探求への愛は、他の人々にはめったにはないほどである。一方、他の人々の手助けを一切借りずに自分の考えを孤立させるような傲慢な態度を持っていなかった。この二人は独白ではなく、対話を好んだのである。

ここで突然、ミルやデューイの研究を引照したのは、牽強付会ではない。なぜならば、ミルの『自由論』を翻訳したのは、ほかならぬ昌平坂学問所の御儒者、中村敬宇だったからである。敬宇中村正直《まさなお》(一八三二—九一、天保三—明治二四)は昌平坂学問所の御儒者であり、安井息軒から、「其の学、実事求是を以て主と為し、虚心にして善を察するを以て務めと為す。絶えて同党伐異の見無し」(『敬宇文集』巻六、記安井仲平托著書事)と評された人物であった。その敬宇は、慶応二年(一八六六)、幕府の英国留学生派遣の際に取締役として同行し、明治初期にJ・

S・ミルの『自由論』を翻訳したことで知られている。その『自由之理』（明治五年刊）には、次のような箇所がある。

凡ソ人、某《ナニナニ》ノ事ニ於テ、如此如此《シカジカ》ト判断スルハ、間違アルマジト、自ラ信ズルハ、何《ナ》ニ由リテカクナルヤ。コレ他ナシ、コノ人ハ、ソノ心ヲ虚ウシテ、己ノ意見己ノ行状ヲ非難スルモノヲ容《イ》レ、歴《アマネ》クソノ反対ナル議論ヲ斟酌商量シ、自己ノ説ニ謬誤アルモノヲ看出シ、コレヲ討論シ、他人ノ説ノ中ニテ、公正ナルモノアレバコレヲ択ビ取リ自己ノ裨益トセリ。蓋《ケダ》シコノ人以為《オモヘラク》、「人タルモノ、何ニ限ラズ、一事ニ即《ツキ》テ、ソノ全体ヲ知ルニ庶幾《チカ》カルベキ所以ノ方法ハ、他ナシ。ソノ事ニ即テ、他人種々ノ意見ヲ聴納シ、各様ノ人心ニテ各様ニ考察スルトコロヲ悉ク集ムルニアルノミ」ト。古ヨリ聡明叡智ノ人ト称セラル、モノ、コレヲ除キテ、聡明叡智ヲ得ラルベキヤウナク、マタ人心ノ霊ナル、コレヲ除キテ賢智ニ進ムベキノ道ナシ。

（『自由之理』巻二）

吾ガ心ヲ虚ウシテ真理ヲ接納センコトヲ務ムベキナリ。

（同右）

己ガ説ニ反対スルモノト雖ドモ、敢テ非礼ヲ以テコレニ加ヘズ、心ヲ平カニシ気ヲ静カニシテ、己ニ抗敵スル人ノ意見ヲ聴、善クソノ実ヲ察シ、吾ガ非ナリトスルモノヲ駁スト雖ドモ、過甚ナラズ、荒唐ナラズ、講ズル《ゴタイソウニスル》ノソノ実ニ過ズ。他人ノ方ニ順便ナル事ヲ言フモノアリトモ、決シテ一モコレヲ阻礙スルコトナシ。コレヲバ議論ヲ為ス真実ノ礼法トス

ルコトナリ。（同右）

反対意見をも広く斟酌《しんしゃく》して、自説の誤謬を見つけ出し、「心ヲ平」かにして「己ニ抗敵スル人ノ意見」をもよく聞いて、もしそのなかに「公正」なものがあれば、「真理」を受け容れる。こうした寛容な精神が「心ヲ虚ゥ」することに他ならない。思うに、敬宇の『自由之理』翻訳は、昌平坂学問所での会読体験を抜きにしては考えられない。会読のなかで、異説を容認し、それとの討論のなかで道理を明らかにしてゆこうとする態度を身につけていなかったならば、ミルの言葉は遠い別世界の出来事として翻訳する気すら起こらなかったであろう。おそらくは、敬宇は、「縁を離れて論」じ合った自らの会読経験のなかで培われた精神が、イギリス人ミルの求めていた異質な他者を受け容れる態度・精神、すなわち寛容の精神と一致していることに感動したに違いない。ちなみに、敬宇の『自由之理』の序文の一つは、昌平坂学問所の書生寮のなかで、「今にも攫合でも始めやうといふ迄に非常な激論をいたす、互に充分に論じた所で、自分の説が悪かつたと気が附きまするると、あゝ我輩の説は悪かつたと云ふて笑つて止めて仕舞ひ少しも心頭に留めず」と回想した会津藩士南摩綱紀が書いていた。ともあれ、こうした寛容の精神は敬宇の一貫した精神だった。明治になってからも、敬宇は「コノ渺茫《ベウボウ》タル世上ハ真理ノ大海ナリ。我ガ一己ノ説ヲノミ是トシテ、妄《ミダ》リニ他人ヲ非トスベカラズ」（「演説の主義を論ず」）と、独善主義を批判し、異なる他者への寛容を説いてやまなかった。

異ヲ尊ブ——阪谷朗廬

異なる意見にたいする寛容ということであれば、古賀侗庵に学んだ朗廬《ろうろ》阪谷素《さかたにしろし》（一八二二—八一、文政五—明治一四）もまた、明治になって異論への寛容を説いていた。それは、「我国ノ教育ヲ進メンカ為」、「同志集会シテ異見ヲ交換シ知ヲ広メ識ヲ明ニスル」（「明六社制規」）目的で結成された明六社の例会の記録『明六雑誌』に発表された「尊異説」（『明六雑誌』一九号、明治七年一〇月）という論文に示されている。阪谷朗廬は、中村敬宇とともに『明六雑誌』の同人となった数少ない漢学者である（河野有理『明六雑誌の政治思想——阪谷素と「道理」の挑戦』、東京大学出版会、二〇一一年）。朗廬は中村敬宇とともに、普遍主義的な「唯一ノ正理公道ニ依」って（「尊王攘夷説」『明六雑誌』四三号）、「和漢欧米風土ハ異《チガ》ヒマストモ道理ニ二ツハ御座リマセヌ」（「民選議院変則論」『明六雑誌』二七号）と「和漢」と「欧米」との一致を説いていた。河野有理が紹介しているように、「歯ハ壮年ノ頃ヨリ痛ミツケテ無クナリ言モ明白ニ申シ難クゴザリマス」（同右）、そのため豆腐が大好物だった朗廬は、演説も聞きづらく、周囲からどんなに揶揄され冷笑されようが、「胸中城府ヲ設ケ偏見自重スル事ヲ鄙《イヤシ》」み（「質疑一則」『明六雑誌』一〇号）、自らの信じるところを行い、阿諛迎合することなく、活発に思考し議論をしたのである（河野前掲書）。この普遍主義者朗廬はまた、敬宇とともに、異なる他者を容認すべきことを強く論じていた。

朗廬によれば、物には「親和スル固有ノ合同性」と「区別スル固有ノ分異性」があるが、その「功用」からいえば、「異ノ功用最モ大」であるという。たとえば「師弟朋友異ヲ以テ」才知芸能を切磋琢磨するように、「人ノ業ヲ立テ功ヲ為ス亦其異ヲ包容シテ尊ブニ在ル」し、西洋諸国が発展してきたのも、「政教風習ヲ異ニシテ相磨シ、属官其議ヲ異ニシテ相磨シ、庶民其説ヲ異ニシテ相磨ス。其公平至当ノ処置ヲ開キ、国家ノ輝光ヲ発揚スル皆異ノ抵抗シテ相磨スルニ生」じたのである。「異」なるもの同士の対立は避けるべきではなく、むしろそうした「異」なるものを拒否する考えこそが「野蛮」だと批判される。

　異ヲ卑ミ拒ム是前日攘夷ノ野蛮習耳《ノミ》。（「尊王攘夷説」）

異なる意見を認めないことこそ、朗廬によれば、野蛮の習いだったのである。この点、松本三之介が、朗廬は朱子学の理一分殊の考え方を媒介にしながら、異質なものにたいする寛容な態度と相異なるもの相互の対立・緊張を通して、相互に共通する普遍的なものの析出も可能となる、「リベラルな知的思考」に接近することができた、と説いていることは正鵠を得ているだろう（松本三之介「新しい学問の形成と知識人——阪谷素・中村敬宇・福沢諭吉を中心に」、松本三之助・山室信一編『学問と知識人』、日本近代思想大系10、岩波書店、一九八八年）。

この阪谷朗廬にせよ、中村敬宇にせよ、漢学塾か蘭学塾で、明六社の同人は、ほとんどすべて会読経験を経ていたことは想起すべきであろう。そして何より、会読の経験で培った「虚心」は、公開で議論・討論する「生活様式の民主主義の徳」（J・ガウアンロック）だったのである。

「屠者も亦た人なり」——人間平等観

会読の場では、そのメンバーは対等であった。「門閥制度」とはかかわらない、対等な者同士の討論がそこでは繰り広げられた。この対等な人間関係のなかで、人間の平等という観念が培われたのではないかと思われる。少なくとも、もっとも優秀な者たちの間には、身分制度を超える人間平等観を持つような者も現れていたのである。

江戸時代、身分制度の最下層におかれ、蔑まれていた被差別民は、「えた」や「非人」であった。加賀藩士千秋藤篤《ふじあつ》（一八一五—六四、文化一二—元治一、号は有磯）はこの被差別民の解放論を展開した『治穢多議』の著者として知られている。藤篤は、会読中心の金沢藩校明倫堂で学んだ後に、江戸の昌平坂学問所に遊学し、舎長となり、帰藩後の安政六年（一八五九）に明倫堂助教となった。原田伴彦によれば、藤篤の『治穢多議』は、「支配階級としての武士の改良主義的な立場」ではあるものの、「身分秩序の打破を近代的な人間平等の観点から論じている点で、また部落に対する偏見や迷妄の考え方にとらわれていないことなどで」、「近世において、たったひとつの、最初にして最後のすぐれた解放理論であった」(『被差別部落の歴史』、朝日新聞社、一九七三年)と高く評価されている。

本書で紹介したいのは、この藤篤の『治穢多議』ではなく、斎藤竹堂の『治屠者議』という論文である(拙稿「史料紹介 斎藤竹堂「治屠者議」」『日本文化論叢』一四号、二〇〇六年)。先に見たように、竹堂の『鴉片始末』は、彼の師古賀侗庵『鴉片醸変記』の影響のもと、アヘン戦争の発端から南京条約締結までを簡潔に叙述したものだった。竹堂の『治屠者議』は、伊藤斎助編『斎藤竹堂全集』(裳華房書店、一九三九年)には収録されていず、現在、宮城県立図書館に所蔵されている写本『竹堂文集』のなかに見ることができる文章である。藤篤の『治穢多議』と、題名も酷似しているうえに、その内容においても、基本的に重なっている注目すべきものである。

竹堂は『治屠者議』冒頭、「屠者も亦た人なり」と高らかに述べる。そして、にもかかわらず、「未だ嘗て人を以てこれに待たず、排斥擯辱してこれを禽獣視」することが「天下の習見」となっている。それを、「敢へて以て怪と為さざるは、何ぞや」と問いかけて、同時代の二つの差別思想を否定する。すなわち、その一つが、「其の祖は夷蛮の種」であるゆえに、同列には扱わないとする異民族起源説、もう一つは、「皇国は神祇を敬し、尤も屠殺の穢れを禁ず。故に号するに穢多を以てして、これを斥」ける職業起源説である。これにたいして、竹堂は

「彼の衣は我の衣、食は我の食、行は我の言語動作にして、其《そ》の心智の経営運動も亦《ま》た、未だ必ずしも我の下に出でず」（『治屠者議』）と批判する。この点、「夫れ天地の物を生ずるや、人に非ずんば、則ち獣、則ち禽、則ち草木、則ち土石、安《いづく》んぞ人体にして獣性なる者有らんや」（『治穢多議』）と、人間の本性における平等を説いて、異民族起源説と職業起源説の二つの俗論を否定する藤篤の議論とぴったりと重なっている。その意味で、これまでの藤篤の『治穢多議』への高い評価は、そのまま竹堂にも与えられねばならない。ということは、江戸時代、藤篤の『治穢多議』が「たったひとつ」の解放論ではなかったのである。

もちろん、両者の間には、違いもある。具体的にいえば、どのように被差別民の解放を行うかの方法をめぐってである。藤篤の場合、被差別民のなかで、「其の質の直にして勇なる者・義なる者」（『治穢多議』）を選抜して、漸次に土地と家屋を提供し、農業に従事させ、平民身分に上昇させるというものであった。これにたいして、竹堂の『治屠者議』はもっと大がかりである。竹堂は、対外的な警備のための蝦夷地開発とからめて、被差別民の移住策を提言しているのである。同時代、豊後国日出藩藩校教授帆足万里（一七七八―一八五二、安永七―嘉永五）の『東潜夫論』（一八四四年）の蝦夷地移住策が有名だが、これと等しい提言だといえるだろう。ただし、竹堂は「屠者も亦た人なり」という人間平等観に立っている点で、被差別民は「古奥羽に住せし一種の夷人の裔」（『東潜夫論』覇府第二）であるので「諸侯の城下に夷狄の邦有るが如し」（同右）と異民族起源説を前提とする万里と、その基本的な発想が違っていた。万里からすれば、蝦夷地移住策は、穢れた異分子を「宜しく尽《ことごと》く召し集めて、大神祠に詣うで、祓除して平人となし給ひ、是を蝦夷島空曠の地に遷し、耕種、畜牧の業を開かしむべし」（同右）とあるように、いわば厄介払いするようなものであった。ところが、竹堂は、「今、道行く人を指して、「子は禽獣なり」と曰はば、則ち必ず勃然と怒らん」と、被差別民の屈辱感に共感して、彼らが「人」として生きるために、蝦夷地移住を勧めたのである。万里との思想的な差異はきわだっている。

侗庵の遊女解放論と竹堂・藤篤

斎藤竹堂と千秋藤篤は、もともと昌平坂学問所で同時期に学んでいて、ともに才名を並び称せられていた。彼らの同工異曲の二つの論文は、実は会読の輝かしい成果といえるのではないか。これは想像にすぎないが、昌平坂学問所のなかでは、儒者が「策問」として、ある漢文題を与え、書生がそれにたいする漢文の解答文である「対策」で応え、儒者がそれを添削・批評したり、書生同士が相互に批評することが行われていた。藤篤と竹堂は「治穢多」という策問が与えられ、「対策」としてそれぞれ解答したのではなかったかと思われる。

そして、藤篤と竹堂との二人が奇しくも同工異曲の内容になったのは、御儒者古賀侗庵という存在を抜きにしては考えられないだろう。侗庵は、先に紹介した雪の日の逸話があるように、弟子たちに寛容であった。『鴉片始末』を書いた竹堂は、その侗庵の弟子である。また、千秋藤篤については、だれの弟子であったかは明らかではない。ただ、同時期に昌平坂学問所に学び、近くに侗庵がいたことは確かである。「屠者も亦た人なり」という竹堂や藤篤の平等観は、師侗庵からの大きな影響があったろうと思われる。

というのは、侗庵は、「夫《そ》れ天下の至賤にして至苦なる者、妓より甚だしと為すもの莫《な》し」(「壺範新論」、一八一五年)という遊女の苦痛と恥辱に共感する立場から遊女解放論を説いていた、江戸時代唯一といってよい人物だったからである(拙著『兵学と朱子学・蘭学・国学』参照)。侗庵はそのなかで、「忠臣は二君につかへず、貞女は二夫をかへず」とする貞女観をとりあげ、「男女は貴賤の殊等ありと雖も、鈞《ひと》しく人なり。上帝より之れを観れば」、天地のへだたりがあるわけではない、女だけに再婚を認めないのは、女だけに貞節を要求する諸儒の偏頗《へんぱ》であると批判し、さらに家の継続のために一夫多妻を容認する考え方についても、「西洋諸国、上天子より、下庶民に達するまで、一夫一婦なり。亦是れ良法なり」と西洋の一夫一婦制を高く評価し、男の身勝手さを非難していた。こうした男女も「鈞しく人」であるとする平等観をもっていた侗庵のもとで学んでいたからこそ、竹堂や藤篤は「屠者も亦た人なり」と説くことができたのだろう。そして、「上帝」からみれば、「鈞しく人」とする平等観念は、師と弟子との間も含めた対等な者同士が討論する会読のなかで培われた精神であったのである。福沢諭吉が『学問のすゝめ』の冒頭の一句に、「天は人の上に人を造らず、人の下に人を造らずと云へり」と宣言した時代は、もうすぐそこに来ていた。

第六章　会読の終焉

1　明治初期の会読

会読は明治時代になってどうなったのだろうか。冒頭に自由民権結社へのつながりを示唆しておいたが、その前に、明治前期の会読の広がりをみておこう。

会読全盛

すでに紹介したように、明治初期の漢学塾では、小田急電鉄の創始者利光鶴松が評した車座の「討論会」＝輪講が一般的に行われていた。漢学塾は明治になっても、衰退することはなく、むしろ明治一〇年代までは青年教育の場としての命脈を保っていたのである。漢学塾であるかぎり、その「討論会」では、漢籍・歴史書が会読のテキストとなったことはいうまでもない。もちろん、漢学塾のみならず、廃藩置県前の藩校でも会読は継続して行われていた。明治二年（一八六九）の藩校の規則をあげておけば、「切磋琢磨相励、凡学生受解一座同聴、自㆓五六人㆒至㆓十人㆒業已畢、則同退為㆓討論㆒温繹《おんえき》［たずねる］、必至㆓於無㆑所㆑疑而後止、若有㆑所㆑疑、則必進質㆑之不㆑措《これをただしておかず》、凡学生業進力足者、相会為㆓輪講㆒、一月六次、或十二次、以㆓十八史略㆒為㆑始左氏伝次㆑之」（旧館林藩、学館規則、資料1冊、六〇八頁）、「会読ノ事、毎月定日ヲ立定刻ヨリ出席致シ教師一両人罷出候筈且諸生ノ中ニテ疑問者ヲ相定メ執読者《シツドクシャ》本文ヲ読畢《ヨミオハ》リ候ハヾ疑問者教師ニ向ヒ篤《トク》ト承リ一統疑問無㆑之候ハ、次ヘ読ミ送リ可㆑申生徒中疑問有㆑之候ハ、無㆓遠慮㆒承リ可㆑申候勿論相互ニ次席ヲ乱サス道義ノ外妄ニ争論致間敷事」（旧和歌山藩、定律（学校掲示）、資料2冊、八二一頁）とある。

　さらに、幕府の昌平坂学問所は明治政府の漢学教育機関となって、昌平学校と改称したが、そこでは「輪講・会読等致度者ハ教授中ニテ会頭相撰ミ、望次第研窮可㆑致事」（『明治以降教育制度発達史』巻一、教育資料調査会、一九六四年）とあるように、依然として会読・輪講を行っていた。また、明治元年（一八六八）に京都に開設された皇学所は、国学の四大人「羽倉東麿・岡部真淵・本居宣長・平田篤胤をもて本宗」とする、主に公家子弟の教育機関であったが、その学習方法は講釈・会読・輪講であって、二・七日は講釈、四・九日は会読を行うことを定めていた（同右）。

会読が行われたのは、洋学塾も同様である。幕末、古賀侗庵の息子茶渓（一八一六—八四、文化一三—明治一七）は、侗庵の後を継いで昌平坂学問所の御儒者となったが、御儒者見習のころから、学問所構内の役宅で蘭学を学びはじめ、さらに幕府の洋学所（洋書の翻訳と洋学研究を専門的に行う機関）設立に尽力し、安政二年（一八五五）にはその初代頭取になっていた。洋学所は、安政三年（一八五六）に蕃書調所と改められたが、「授業は、昌平校や漢学塾などと同じような形式でおこなわれた。朝八時から午後四時までが開講時間で、会読や輪講といった演習の形式、読み方を学ぶ素読が中心であった。教科書としては、箕作阮甫翻訳の「グラマティカ」と「セインタキス」が用いられた」（前掲『日本近代教育百年史』）という。適塾で使用されていたテキストとまったく同じである。付け加えておけば、「グラマティカ」を翻訳した幕末の代表的な蘭学者箕作阮甫（一七九九—一八六三、寛政一一—文久三）は、昌平坂学問所で古賀侗庵に学び、魏源『海国図志』に訓点をつけ、蕃書調所の教授となっていた。

箕作阮甫の孫の箕作麟祥（一八四六—九七、弘化三—明治三〇）も会読や輪講をしていた。蕃書調所は洋書調所をへて、文久三年（一八六三）には開成所と改名したが、麟祥はその開成所の教授見習となった。彼はその職にありながら、自宅でも私的に塾（亀井南冥のところで述べた「家塾」の範疇にはいる）を開いていた。麟祥は「朝出て三時から四時まで、［開成所で］教授をなすって、それから、御宅へ帰って来られて、直ぐに、二三時間、会読なり、輪講なりされる、其中に、読んで貰いに来る弟子がある、それに教へる、それから、塾に居る人に教」えていたという（大槻文彦『箕作麟祥君伝』）。ちなみに、フランス学者箕作麟祥は、明治五年（一八七二）の「学制」草案の起草をした文部省の学制取調掛の一人として任命されていた。

福沢諭吉の慶応義塾でも、会読は行われていた。慶応四年（一八六八）四月の「日課表」によると、一週間の課業は次のように定められていた（海原徹『近世私塾の研究』）。

日課

一、ウェーランド氏経済書講義　福沢諭吉
（火・木・土曜日、朝一〇時より）

一、クエッケンボス氏合衆国歴史講義　小幡篤次郎
（月・水・金曜日、朝一〇時より）

一、クエッケンボス氏窮理書講義　村上辰次郎
（月・木曜日、午後一時より）

一、パルレイ氏歴史会読　小幡甚三郎
（火・金曜日、午後一時より四時まで）

一、クエッケンボス氏窮理書会読　永島貞次郎

（水・土曜日、午後一時より四時まで）

一、コヲミング氏人身窮理書会読　松山棟庵
（月・木曜日、午後一時より四時まで）

一、コルネル氏地理書素読　小幡篤次郎
（日曜外の毎日、朝九時より一〇時まで）

一、パルレイ氏万国歴史素読　永島貞次郎
（日曜外の毎日、朝九時より一〇時まで）

一、スミス氏窮理初歩　村上辰次郎
（日曜外の毎日、朝九時より一〇時まで）

一、文典素読　小幡甚三郎・松山棟庵・小泉信吉
（日曜外の毎日、朝九時より一〇時まで）

幕末の慶応義塾も素読・講義（講釈）・会読の三つの学習方法であったことに変わりはなかったのである。このように会読＝輪講は漢学塾や洋学塾では、明治になっても、一般的な読書・学習方法だった。

文明開化のパフォーマンス

この会読全盛の時代ともいえる明治初期には、会読の有益性がより積極的に主張されてもいた。たとえば会読の勧めでいえば、『開化問答』（一八七四年）の著者として知られる小川為治の『学問之法』（西山堂刊、一八七四年）という著作がある。『開化問答』は、保守派の旧平と開化派の開次郎との議論を通して、福沢諭吉の『学問のすゝめ』の内容を講釈体で面白おかしく伝えている書である。小川は『学問之法』のなかで「会読ノ益」という項目を立て、「三四人社ヲ結ビテ、ミナ同一ノ書ヲ読ミ、予《アラカジ》メ約セシ会日ニ於テ集会シ、各々我思フ所ノ議論ヲ出シ、互ニ参互シテ討究スレバ、各々ミナ広大ナル利益ヲ受得ラルベシ」（第三冊）と、共同読書の効用を説いている。小川は言う。

「百聞ハ一見ニ如《シカ》ズ」ト云《イヘ》リ。予ハマタ曰《イハ》ン、「読書百遍一ノ討論ニ如ズ」ト。蓋シ一室ニ閑居シテ、書籍ニノミ耽《フケル》籍スル者ハ、其ノ識見孤陋ニシテ、決シテ実際ノ益ヲ為サザルモノナリ。モシ読書上ヨリ得タル事ヲ以テ、師友ノ間ニ質問シ、其ノ真偽可否ヲ確定シタランニハ、其ノ議論実着ニシテ、適トシテ用ニ当《アタラ》ザルコトナシ。人試ニ思ヘ、今読ミシ所ノ書中ノ意味ヲ以テ、直ニ人ニ向テ、コレヲ講説スルコトヲ得ルヤ、否。是レ決シテ能ハザルコトナリ。サレドモ此ノ意味ヲ以テ、一旦人ト討論ヲ経タランニハ、何地、如何ナル人ニ向テモ、明断ニコレヲ縷述スルコトヲ得ベシ。

（同右）

一八世紀中ごろの江村北海の『授業編』のなかでは、独りで読むのと、共同で読むのとの優劣を問われて、「所謂読書百遍義自通」という金言が引用されて、独りでテキストに向かい熟読することが勧められていた。ところが、小川は「読書百遍一ノ討論ニ如ズ」と、会読の討論の効用を説いている。小川によれば、書籍を一室で独り読みふけっても、その「識見孤陋ニシテ、決シテ実際ノ益」を得ることができない。しかし、読書で得た知識を「師友ノ間」で質問し、その真偽を確定して、「人ト討論」をへることによって、どんな場所、どんな人にも明晰に述べることができるようになる、「実際ノ益」があるのだという。さらに注目すべきは、小川が異説にたいする「虚心」、すなわち寛容の精神をも唱えていた点である。

凡ソ人、何事ニ限ラズ、己ガ説ニ固執シテ、他人ノ言ヲ納《イ》レズ、驕傲ニシテ、自ヲ是トシ、他人ヲ卑《イヤシ》ミ視ル者ハ、極愚極獃《オホバカ》ト云ベクシテ、此等ノ徒ハ、其ノ事ノ真面目ヲ見ルコト能ハザルト知ルベシ。抑《ソモソ》モ学問上乗ノ工夫ハ、ヨク他人ノ議論異見ヲ聴キ、虚心ニコレヲ斟酌商量スルコトナリ。モシ果シテ此ノ如クナラバ、他人ノ議論異見、恒《ツネ》ニ我及ザル所ヲ助ケ、遂ニ我見識ヲシテ完善全美ナルモノトナスコトヲ得ベシ。是ヲ以テ観レバ、他人ノ議論己と異ナルモノヲ聴ト雖ドモ、妄《ミダリ》ニ吾一己ノ見ヲ以テ、コレヲ駁スベカラズ。容忍シテ、又容忍スベシ。且人ニ対シ、己ガ議論ヲ述べ、異見ヲ語ルニハ、極テ温和、極テ柔軟《ヨクシアン》ナルベシ。決シテ悪言ヲ出シ、激談ヲ肆《ホシイママ》ニスベカラズ。口舌ノ争、時トシテハ拳《コブシ》ヲ以テ相戦フヨリ甚シ。拳打ノ傷ハ痊《イ》エヤスシ。言語ノ痍《キズ》ハ、愈《イ》エガタシ。慎《ツツシマ》ザル可ンヤ。抑我ニ客気争心アリテ、他人ノ議論ヲ聞トキハ、タダ其ノ異ナルヲ見テ、其ノ同キヲ覚ズ。苟《イヤシク》モヨク虚心ニシテ、コレニ附近《チカヅキ》シ、体貼《シアンスル》スレバ、始相異ナリト思フモノモ、次第ニ我ト同キヲ覚ベキナリ。（同右）

ここでは、昌平坂学問所の朱子学者や中村敬宇の翻訳した『自由之理』と同様の、「己ガ説ニ固執シテ他人ノ言ヲ納レ」ない「驕傲」が批判され、異説への「容認」「虚心」、すなわち「生活様式の民主主義の徳」（J・ガウアンロック）が、そのまま祖述されている。今や、会読の場での「討論」「議論」は、開化派の開次郎が行うような、文明開化の象徴的なパフォーマンスとしてとらえられるようになった。

こうした明治初期の会読全盛の時代に、会読はどのような展開をするのであろうか。以下、明治時代の会読を教育と政治の世界のなかで見てみよう。具体的には、明治の「学制」と自由民権運動のなかで、会読がどのような位置を占めていたのかを見ていこう。

2　学制と輪講

近代日本の学校制度の出発点となった明治五年（一八七二）の「学制」は、本書の会読という観点から注目すべきである。「学制」の教育理念は、その公布にあたって発せられた「被仰出書」に示されている。その冒頭、次のように宣言されていた。

人々自ラ其身ヲ立テ其産ヲ治メ其業ヲ昌《サカン》ニシテ以テ其生ヲ遂《トグ》ル所以ノモノハ、他ナシ、身ヲ修メ智ヲ開キ才芸ヲ長ズルニヨルナリ。而《シカシ》テ其身ヲ修メ智ヲ開キ才芸ヲ長ズルハ学ニアラザレバ能ハズ。（「学制につき被仰出書」）

教育の目的は、「身ヲ立テ其産ヲ治メ其業ヲ昌ニシテ以テ其生ヲ遂ル」という個々人の一身独立・治産昌業のためであるとされた。学問は端的に「身ヲ立ルノ財本」だと、個人の立身出世の実利的な目的のための手段とされた。その意味で、江戸時代の「聖人」＝完璧な人格者になるための道徳的な教育目的ばかりか、一八世紀中ごろの熊本藩の時習館に始まる藩（国家）に有用な「人材」育成のための教育目的とも明確に一線を画している。実質的には、明治政府の意図が国家のための人材育成であったにしても、目指すべき理念として、こうした個人の「身ヲ修メ智ヲ開キ才芸ヲ長ズル」目的のために教育があると宣言された思想史的な意義は大きい。

さらに教育内容においても、「詞章記誦ノ末ニ趨《ハシ》リ空理虚談ノ途ニ陥リ、其論高尚ニ似タリト雖ドモ之ヲ身ニ行ヒ事ヲ施スコト能ハザルモノ少カラズ」とされて、詩歌・文章を暗誦したりする儒学や国学的な学問は、無用な学問として否定された。ここに、「実に遠くして日用に間に合わぬ」「実なき学問」を否定して、「人間普通日用に近き実学」を求めた福沢諭吉の『学問のすゝめ』の影響があることは見やすい。

「学制」のもとでの輪講

しかし、注目せねばならないことは、この「学制」発布時点では、たしかに儒学や国学のような「実なき学問」は批判されたが、会読＝輪講という学び方は否定されてはいなかったという点である。この点、教育史家中内敏夫は、「七二年の「学制」は、これに対して、全く新しい全国一元の小学校像をうちだしたが、その方法をあらわすに、「口授」とか「輪講」といった藩校・郷学のもっていた方法を採用したことについては周知のところである」(「近世日本の人間形成論と民衆心性」、著作集Ⅳ)と指摘していた。素読・会読の場での試験や等級制は、すでに藩校のなかで行われていて、「幕末の藩校は、多くの点で欧米近代国家の学校のそれと大差のないところまできていた」(勝田守一・中内敏夫『日本の学校』、岩波書店、一九六四年)からである。

事実、明治五年の「学制」には、教則に関する規則(第二七章)が定められている。それによると、小学校の教科は、下等小学教科と上等小学教科に二分され、各科の教科目が列挙されている。下等小学(六歳から九歳までの四年)では、綴字・習字・単語・会話・読本・修身・

書牘・文法・算術・養生法・地学大意・理学大意・体術・唱歌の一四科目、上等小学（一〇歳から一三歳までの四年）では下等小学の諸科目のほかに、史学大意・幾何学罫画大意・博物学大意・化学大意の四科を加え、さらに選択科目として外国語学・記簿法・画学・天球学をおくとした。この「学制」の規定を受けて、明治五年九月に公布された文部省の「小学教則」には、教科目を各学年にどのように配当するのか、また、教科書は何を使用すべきか、どのように教授するかの方法について記載されている。そこには、「輪講」によるテキスト読解が例示されているのである。

具体的にいえば、読本・地学・理学・史学の下等・上等の教科で「輪講」が指示されている。下等四級の読本輪講で、「既ニ学ヒシ所ヲ諳誦シ来リ一人ツ、直立シ所ヲ変ヘテ其意義ヲ講述ス」とあるのが最初の輪講で、以下、上等一級まで毎学級に輪講がかかげられている。各級の輪講をあげると、次の通りである。

下等四級　読本輪講「既ニ学ヒシ所ヲ諳誦シ来リ一人ツ、直立シ所ヲ変ヘテ其意義ヲ講述ス。」

三級　読本輪講「前級ノ如シ。」

地学輪講「日本国尽ヲ講述セシムルコト読本輪講ノ如シ。兼《カネ》テ日本地図ノ用法ヲ示ス。」

理学輪講「窮理図解等ノ書ヲ講述セシム。」
二級　読本輪講「道理図解西洋新書ノ書ヲ授ケ講述セシム。」
地学輪講「既ニ学フ所ノ世界国尽ヲ順次ニ講述セシメ、兼テ世界地図ノ用法ヲ示ス。」
理学輪講「前級ノ如シ。」
一級　読本輪講「前級ノ如シ。」
地学輪講「前書或ハ地学事始等ヲ以テ世界地図ノ用法ヲ講述セシム。」
理学輪講「前級ノ如シ。」
上等八級　読本輪講「西洋事情等ノ類ヲ独見シ来テ輪流講述セシム。」
理学輪講「博物新編和解・同補遺・格物入門和解《ワゲ》・気海観瀾広義ノ類ヲ独見シ来テ輪講セシメ教師兼テ器械ヲ用テ其説ヲ実ニス。」
地学輪講「皇国地理書ヲ独見シ来リテ講述セシメ、云々。」
七級　理学輪講「前級ノ如シ。」
史学輪講「王代一覧等ヲ独見輪講セシム。」
地学輪講「輿地誌略ヲ用ヒテ前級ノ如クス。但《タダシ》兼テ地球儀ヲ用ユ。」
六級　理学輪講「前級ノ如シ。」

史学輪講「国史略等ヲ独見シ来テ解説セシム。」

五級

地学輪講「前級ノ如シ。」
理学輪講「前級ノ如シ。」
史学輪講「前級ノ如シ。」

四級

地学輪講「前級ノ如シ。」
理学輪講「前級ノ如シ。」
史学輪講「万国史略ノ類ヲ以テ独見輪講スルコト前級ノ如シ。」

三級

地学輪講「前級ノ如シ。」
理学輪講「前級ノ如シ。」
史学輪講「五洲記事等ヲ独見輪講スルコト前級ノ如シ。」

二級

地学輪講「前級ノ如シ。」
理学輪講「前級ノ如シ。」
史学輪講「前級ノ如シ。」

一級

地学輪講「前級ノ如シ。」
理学輪講「前級ノ如シ。」
史学輪講「前級ノ如シ。」

地学輪講「前級ノ如シ。」

下等四級以上には、三科目の輪講がある。ただ、上等八級までは読本（国語）・地理）・理学（理科）の三科目であるが、上等七級から一級までは、読本がなくなって、史学がこれにかわり、史学・地学・理学の三科目での輪講がある。そのうえ、上等になると、「独見」すなわち一人でテキストを読み、予習させたあとに、輪講させている。上等で取りあげるテキストは、理学では上等八級、地学では上等七級、史学では上等四級まで、例示されているが、その多くが「前級ノ如シ」とあって、定まっていない。これは、「学制」創設時であるため、最初はみな下等小学校に入学するわけだから、下等小学教則に比べて、上等小学教則のもつ意義が小さかったからであろう。ともかくも、輪講が大きなウェイトを占めていることが確認できるだろう。

ただし、この明治五年九月の文部省「小学教則」は、必ずしも全国一律に実施されたわけではない。各府県の実情に応じて、教則は異なっていたからである。もちろん、文部省の教則を多少の変更を加えながらも実施し、輪講を行った府県が、多数を占めていたが、このほかにも、江戸時代以来の庶民教育の中心教科であった読み・書き・算術の三教科を基本にして小学校教則を編成している府県、あるいは、また後に述べるように、新たに設置された東京師範学校において伝習された教則に依拠していた府県もあって、明治一四年（一八八一）の小学教則綱領以後の画一性はなかった（海後宗臣『明治初期の教育』、評論社、一九七三年）。しかし、各府県で教則を異にしているにしても、輪講が教育方法の一つとして重要な位置を占めていることに変わりはなかった。たとえば、三教科式の教則を実施した小田県の教則でも、第五級以上の読書には「已ニ学ブ所ノ書ニツキ一週一度輪講セシメ」（第五級）、「講義会読ヲ主トシ」（第四級）、「独見ノ上質問講義会読等ヲ要ス」（第二級）、「各国ノ盛衰強弱政体風俗等ノコトヲ輪議論述セシム」とされている。さらに、師範学校式の教則を実施した千葉県の教則においても、一〇歳から一三歳までの上等小学校では、「輪講」「読本輪講」の時間が設けられているのである。

明治前期の教師たち

こうした輪講が成り立ちうるには、それを指導する教師の役割が重要であることはいうまでもない。ここで想起すべきは、明治前期の小学校の教師が、官吏とともに廃藩置県後に俸禄を失った武士の人気就職先であったという点である。そのため、経済的には恵まれていなかったとはいえ、「中々屈せず意気盛んなものがあり、国士肌であり、武士気質をもち、師魂は士魂に通じていた」（唐澤富太郎『教師の歴史』、創文社、一九五五年）うえに、「極めて自主性に富み、自己の教育的識見によって教育しようとしていた」（同右）と評価されている。その例として、唐澤富太郎は、士族出身の教師の多かった愛媛県の城東小学校の明治一二年（一八七九）頃までの職員会議の回想録を引照している。

度々夜分まで会議を開いた。当時職員は孰《いづ》れも侃々諤々其所信を陳述して相譲らず、舌端火を吐かん計《ばか》りの気勢であつた。時には論議半《なかば》にして自説の非なるを悟れば、忽《たちま》ち取消して一方の説も賛成することもあつた。眼中惟《ただ》公事を是れ見て敢て党同伐異の弊風はなかつた。所謂《いはゆる》和して同ぜず、君子の争であつた。……十二三年頃迄は自由教育風が行はれ、教員間にも余り資格によつて階級扱をせなかつたので、教員も頗《すこぶ》る自由に活動する事が出来た。

（『城東教育六十年』）

こうした職員会議の「惟公事を是れ見て敢て党同伐異の弊風」のない「論議」は旧藩時代の藩校の会読によって培《つちか》われたものだったといえるだろう。そして、この教師間に「余り資格によって階級扱をせなかった」平等な職員会議での「自由な活動」があったからこそ、教師たちも生徒たちに「輪講」を行わせることができたのだろう。教師間の対等性なくして、教師は生徒間の対等な「輪講」を教えることはできないからである。

対等性原理の実現

このように「学制」実施時に、それまで藩校内で行われていた会読＝輪講の学習方法が、新設された小学校に採用されたことは、思想史的にみて画期的な意義をもっている。というのは、会読の対等性の原理が、ここにいたって、ようやく実現できたからである。もともと、会読は対等性を原理にしていたとはいえ、江戸後期に会読＝輪講が採用された藩校では、会読の範囲は武士に限定されていた。藩校入学は、百姓・町人には許されていなかった（道徳的な教化のために講釈を聴聞することはできたが、武士と対等に討論することなどできなかった）。ところが、明治の四民平等の理念のもとに、「邑《ムラ》ニ不学ノ戸ナク家ニ不学ノ人ナカラシメン事ヲ期」され義務教育化した小学校では、「華士族農工商及婦女子」の「一般ノ人民」の子弟は平等に輪講の授業を受け、学力を競争し合うようになった。それが国家の教育政策として実行されたのである。実際、明治九年（一八七六）の愛知県の布達では、「貧富男女ノ差別ナク学事相競ヒ智識相磨スルノ時勢」になったと述べて、就学をうながしていた（『愛知県教育史』巻三）。伊藤仁斎、荻生徂徠に始まった会読＝輪講は、ごく限定された同志たちの間で行われたにすぎなかったが、明治の「学制」によって、士農工商の四民の子弟同士が対等な立場で会読＝輪講を行うようになった。江戸時代、武士と百姓・町人の子弟が一つのテキストを討論しながら読むなどということを、いったい誰が想像したろうか。

もちろん、輪講の制度化は、また一方で、生徒間の競争を導入することであった点は、留意すべきである。「学制」の規定「生徒及試業」によれば、生徒は必ず等級を踏んで進級することが必要であり、一級（六ヶ月）ごとに試験をうけ、合格書が渡され、これがなければ進級できないとしている。逆にいえば、試験に合格しなければ、いつまでも原級に留まらなくてはならなかった。「学制」のもとでは、ただぼんやり在学しただけで自動的に進級できるわけではなかったのである。しかし、そうだとしても、「自分の能力をためす、開かれた実力競争の場」であった試験によって、「昨日まで机をならべて勉強することのできなかった農民や町人の子どもが、武士の子弟と対等に学力を競いあい、かれらを打ち負かすこともできる。学校はまさに、「四民平等」の理念が、最初に実現されたところであった」（天野郁夫『増補 試験の社会史』）ことは間違いない。競争と試験を導入した「学制」は、先に見た金沢藩明倫堂のような身分制度のもとでの藩校では、抑えられ、ゆがめられ、妥協せざるをえなかった会読＝輪講の場での「実力」原理を徹底し、会読の対等性の原理を実現したという意味で、大きな飛躍だったのである。

ちなみに、明治初期の大ベストセラー、福沢諭吉の『学問のすゝめ』（初編、一八七二年刊）と、サミュエル・スマイルズの『セルフ・ヘルプ』を翻訳した中村敬宇の『西国立志編』（第一冊、一八七〇年刊）の二冊は、こうした「実力競争」に飛び込み、立身出世をめざす人々を動機づけるものであった。この二人が、これまで見てきたように、幕末期の会読のなかで鍛えられたことは偶然ではない。中津藩の大坂蔵屋敷の役人の次男福沢は、白石照山の塾と緒方洪庵の適塾で、京都二条城交番同心の子中村敬宇は昌平坂学問所で、それぞれ会読の場で学び、そこで実力を認められ、才能を開花させた人物であった。彼らは自分の成功経験をふまえて、自分と同じように奮起努力して学問すれば、きっと立身出世できる、「天は自ら助くる者を助く」（『西国立志編』）と確信をこめて鼓舞した人たちだったのである（前田愛『近代読者の成立』）。

「学制」反対の理由

しかし、「学制」のプランは、そのすべてが実現されたわけではなかった。近代国家フランスの中央集権的学制を模倣した明治の「学制」は、全国を八の大学区、大学区のうちに三二の中学区、さらに中学区のうちに二一〇の小学区に分けることを定め、合計、五万三七六〇もの小学校を設置することを想定していた。しかし、全国各地で、そうした小学校の設置を強力に進める文部省への反対騒動が起こったのである。反対の最大の理由は、学校の設立維持の経費や授業料などの教育費の受益者負担にあったが、教育内容と方法に関することもあるだろう。「学制」で採用された、欧米文化・思想を紹介する啓蒙書や翻訳書のテキスト内容の難しさはもちろんだが、その教え方にも問題があったろう。端的にいえば、小学生に輪講を行うことの難しさである。もともと藩校でも、会読＝輪講は素読・講釈の階梯を経た（これだけでも、相当の時間がかかった）上級者によってのみ行われていた。それを小学生にも行えというのであるから、その非現実性は明らかである。小学生に川本幸民『気海観瀾広義』（一八五一―五八年刊）のような、初級とはいえ物理学書を読ませ、天文学・運動体の力学・静力学・流体力学・

大気・熱現象・電気・磁石・光学の内容を「独見」予習させ、その内容を生徒に講義させ、生徒たちから質問を出させて、講義した生徒がそれに答えてゆくというのは、絵に描いた餅であったろうことは容易に想像できる。

そのうえ、討論の難しさもあったろう。武士たちは、強制就学させられた藩校のなかで、会読＝輪講を経験する機会はあったが、百姓や町人の寺子屋では、読み書き算盤で会読はなかったし、先にも述べたように、親たちも村の寄合での話し合いをするだけで、反対意見を述べ、討論するなどという経験はなかったろう。宮本常一が対馬の寄合を事例に報告していたように、村の寄合では、できるだけ対立を避けるようにしていたからである。

「教授」と「自学自習」

実は輪講が小学校の教室から消えていった理由は、もっとほかにもあった。端的にいえば、文明開化のもとでの西欧教授法の摂取である。生徒間で討論しながら学び合う輪講は、西欧教育法を摂取するなかで、捨てられてゆくのである。その大きな契機となったのは、師範学校の教授法の導入だった。小学校教員を養成する官立師範学校は、明治五年（一八七二）五月に東京に創設された。同年八月に公布された「学制」には、師範学校では「小学ニ教《ヲシュ》ル所ノ教則及其教授ノ方法ヲ教授ス。当今ニ在リテ極メテ要急ナルモノトス。此校成就スルニ非サレハ、小学ト雖モ完備スルコト能ハス」（三九章）と定められ、その整備は緊急の課題とされた。明治六年（一八七三）には大阪・宮城、翌年には愛知・広島・長崎に設立された。この「教授方法ヲ教授スル」師範学校の開設は、会読の存続問題にとって大きな意味をもっている。

というのは、そもそも、これまで見てきた会読は自力的な読書・学習法であって、教授法ではなかったからである。この点、中内敏夫は、「幕末にかけて藩校・郷学の開校はめざましく、その必要とする教員は客観的には次第にふえつつあった。ところが、近世日本は欧米社会からの衝撃をうけないまま学校教育に関するほとんどあらゆる制度と概念を自力で創出しえておりながら、ついにただひとつ、教員は養成されなければならないという教職の専門性についての概念を生みだしえなかった。明治国家がつくった教員養成学校である師範学校こそ、ほとんど唯一の純輸入物なのである」（「近世日本の人間形成論と民衆心性」、著作集Ⅳ）と指摘している。中内によれば、江戸時代には、学問各分野における専門学者は生まれたが、教える技にかかわる固有の意味での教育学の学者は生み出さなかった。これまで何度か取り上げてきた江村北海の『授業編』も、「いかに業を授けるかの論ではなく、いかに業を受けるかの論、つまり学習論」であるという（『教育評論の奨め』、国土社、二〇〇五年）。日本に、生徒をいかに教えるかの教授法が専門的に導入されたのは、師範学校が作られたときであって、その意味で、「師範学校＝教員養成学校こそ、近代日本の純粋の輸入品」（同右）なのである。

江戸時代には、いかに教えるかの教授方法に関する専門家がいなかったというテーゼは、ある意味、コロンブスの卵だろう。これまで見てきた儒学は、教える側がいかに教えるかではなく、学習者がいかに学ぶかを問題にしていたのである。この点、江森一郎は、日本教育史の先駆者春山作樹が、「我邦の方ではすべて被教育者に対する教訓として説かれている。故に教育といはずして学問といひ、訓育といはずして修養といひ、教授といはずして読書といふのである」(『日本教育史論』)と説き、阿部吉雄が「儒家は古来教へることは自ら学ぶことを教へると云ふ意味に於いての教学一致の説を持してゐる。即ち教育法は為学法として研究され、教育の目的を常に自発的自己陶冶に置いてゐる。従つて為学の法の発達に比して教育法の見るべきものが少く、そこに団体的組織的教育法の発達しなかつた一因を求めることが出来る」(「支那教育史に於ける朱子の小学」『東方学報』東京、第一一冊の一、一九四〇年)と説いていたことを紹介している(江森一郎『「勉強」時代の幕あけ』)。

「自発的自己陶冶」的な「自ら学ぶこと」は、明治期に西欧思想によって移入されたのではなく、むしろ「古来」からの儒学の教説だった。これまでも見てきたように、儒学では学問における「自得」を尊び、自発性を重視していた。教える者=「師」は、学習者の自発性を喚起する模範であって、あくまでも「先覚者」(『論語』憲問篇)に過ぎない。学習者はこの先に覚った「師」を見倣い、自らの意志で自ら励むことが期待されていた。徹底して学習者の立場に立っていたのである。辻本雅史が貝原益軒の教育論を述べて指摘するように、儒学では、「「師」は、学習者に面と向き合って言葉や理論で知識を「教え込む」関係の存在ではなく、よき「手本」として学習者の前を進む、いわば先行者というべき教師の姿であった。学習者はその後ろ姿を後ろ側から見て、感化影響をうけながらみずから学んでいくのが望ましいとみなされていた」（『「学び」の復権』、岩波現代文庫、二〇一二年）。つまり、自学自習が基本だった。そのため逆に、いかに教えるかという教授方法は発達しなかったのである。

欧米教授方法の摂取

東京師範学校では、アメリカ人教師スコットを招き、欧米の教授方法を採り入れた。スコットは、坪井玄道を通訳としながら、師範学校生たちを英語で教え、当時アメリカの小学校で使用していた教科書・教具・器械などはすべて注文してとりよせ、机と腰掛を並べた教室の様子もすべてアメリカの小学校と同じくして、アメリカ式の教授方法を伝授した。入学生のうち、学力の優秀なものを選んで上等生とし、これを小学児童とみなして、小学校の教科を授け、上等生は、今度はスコットにならって、ほかの生徒に伝えたのである。ここで、一斉教授方法が導入されることになる。それは、これまで見てきた藩校の個別指導方法（素読）や共同読書方法（会読）とも、また寺子屋の個別指導法とも異なる西欧教授方法だった。

その教授方法の一つに問答教授がある。これは、「教師が教材の一節をとりあげてそれにつき発問する、生徒は一人ずつ立って応答し、教師はその都度正誤を明らかにする、これが一巡したのち全生徒一斉に正答を唱和するというような方法であって、このくりかえしによって一定の教材を生徒の頭脳に銘記させようとするものであった」（佐藤秀夫「近代教育の発足」『岩波講座 現代教育学5 日本近代教育史』、一九六二年）という。形式的な「問」と「答」があらかじめ用意され、これを繰り返す注入教授法だった。さらに、この教授方法と結びついて、厳格な教室管理のルールがとられ、「教室における生徒の一挙手一投足はすべて1、2、3という教師の号令のままにおこなわれることとされたのである」（同右）。

ペスタロッチ主義の影響を受けた明治初期の授業方法は、なお生徒の自己発達をたすけるための開発主義教授理論に立っていたが、明治二〇年代以降は、形式主義的なヘルバルト主義教授理論が採用され、ますます講釈的な傾向は増したといえるだろう。それは、本質的には「記誦注入の法」（中内『教育評論の奨め』）であり、素読と講釈のリバイバルともいえる（同右）。ここでは、会読の共同読書がもっていた自発性は完全になくなってしまったのである。

松本良順・医学所の選択

実は「学制」以前、幕末すでに、日本国内で会読の歴史に終止符を打っていた学校があった。

それは、蘭学の総本山ともいうべき幕府の医学所だった。前野良沢・杉田玄白の『解体新書』以来、蘭学の主流であった医学の分野で、会読はその役割を終えていたのである。

話は幕末にさかのぼる。幕府は、西洋医学の教育機関として、文久元年（一八六一）に種痘所を改称して西洋医学所を設けた。さらに翌年、大坂から緒方洪庵を招いて頭取として、文久三年（一八六三）二月に、医学所と名を改めた。緒方洪庵の急死の後を受けて、医学所の頭取となったのが松本良順（一八三二—一九〇七、天保三—明治四〇）だった。

松本は佐倉藩藩医佐藤泰然（順天堂の創始者）の次男として生まれ、幕医松本良甫の養子となった。彼は、これより前、安政四年（一八五七）に幕命で長崎に行き、オランダ海軍三等軍医ポンペから、日本で初めて系統的・組織的な西洋医学教育を受けていた。良順はポンペから西洋医学のほかに、化学・物理学・生理学なども授けられ、基礎から臨床医学へといたる系統的な自然科学の講義を受けるばかりか、実際に刑死者の解剖も行って、医療技術を修得した。その良順が文久三年（一八六三）に江戸に戻り、緒方洪庵亡き後の医学所の頭取となったのである。

長崎帰りの良順からみれば、会読によってオランダ書読解を中心においた、医学所の教育・学習方法は飽き足らないものがあった。医学所に学んだ池田謙斎はその時代を回顧して、「会頭は黙て之を聞いて居て、先づワキから質問をさせる。いよいよ分らぬと、討論になるといふ風で、之れに負けた奴は黒点、勝た奴には白点がつくのじやつた。其の質問も先づ初めに文章の意味を問ひ、次に性や格をただし、それから前置詞だとか、接続詞だとか、間投詞だとか、段々に問ひつめるので、なかなか綿密にやつたのじや」（入沢達吉編『回顧録』、海原徹『近世私塾の研究』所引）という。まさに緒方洪庵の適塾での会読が、そのまま医学所にもちこまれていたのである。

良順によれば、緒方洪庵の塾でも、これまでいたずらに文法書を会読し、序文凡例の明文を講究することばかりに努めていた。私（良順）が監督する医学所では、文法を学び、難文を読解することを禁じて、もっぱら理化学、解剖学、生理学、病理学、薬物学、内科学、外科学の七科目を定めて、午前一回、午後二回、順次に講義をして、他の書物を禁止する。もし不服の者があれば、速やかに退校すべし、と宣告した。すると、この処置を不審に思う塾生が、「医科の事詳《つまびら》かに載せて書中にあり、もし読書を学ばざらんには、他日帰郷ののち、疑義を弁じ義理を講ずるの由なし」と論難してきたという。これにたいして、良順は「医門全科の事を勉強して暗記せば、必ず三、四年にして卒業すべし。書を読むは記憶の迷いを解くのみ、すでに講義を聴きて忘却せざらんには、書なきもまた可なり。かつそれ己れのいまだ知らざることは書を読むも決して了解すべきにあらず」と反論して、書物だけを頼りにする塾生を説諭して、ようやく納得させたという。

こうした良順の措置にたいして、医学所の俗吏たちは、会読が行われなくなって、討論の喧《やかま》しい声が聞こえなくなったために、校内の静粛さをいぶかって、「前日緒方氏の校長たるや、昼夜会読輪講あり。予等その勉強を賞し、これを長官に報じたることありしが、今日は生徒沈黙ただ机上に書を見ると、午前午後通じて三回の講義を聴くのみ。これ学問に不熱心の故ならん」と言ったという。良順はこれを聞いて笑って、「卿等は生徒の喧囂《けんごう》なると沈黙にして読書勉強するとを知らざるか。もし喧囂を欲するならば、日々青年師弟をして高歌乱舞せしむべし。それ医学校の盛んなるは、校中より大医名家を出だすことの多きにあり。見るべし数年ならずして必ず大家輩出するに至るべし。何ぞ目前の囂々を喜ぶことをなさんや」と反論し、事実によって正しさを実証したという（『蘭疇自伝』、平凡社東洋文庫『松本順自伝・長与専斎自伝』）。

体系的な知識修得

蘭方医で、明治期の医事・衛生制度の基盤を作った長与専斎（一八三八―一九〇二、天保九―明治三五）の自伝（『松香私志』、同右東洋文庫）にも、ポンペや松本良順に長崎で学んだときに、必要な知識は簡単な口語で得られるものであるとわかったという記述がある。長与専斎も適塾でオランダ原書の会読で鍛えられていたのだが、長崎での体験は衝撃的だった。

つらつら学問の仕方を観察するに、従前とは大なる相違にて、きわめて平易なる言語即文章を以て直ちに事実の正味を説明し、文字章句の穿鑿の如きは毫も歯牙にかくることなく、病症・薬物・器具その他種々の名物記号等の類、かつて冥捜暗索の中に幾多の日月を費したる疑義難題も、物に就き図に示し一目瞭然掌《たなごころ》に指すが如くなれば、字書の如きはほとんど机上のかざり物に過ぎず。日々の講義をよく理解しよく記憶すれば、日々に新たなる事を知り新たなる理を解し、また一字一章の阻礙することなく坦々として大道を履《ふ》むが如くなりき。（『松香私志』）

この伝習の事より蘭学の大勢一変して、摘句尋章の旧習を脱し、直ちに文章の大要を領してもっぱら事物の実理を研究するの目的に進み、日就月将の勢を以てついに今日文明の世運を開くの端とはなれり。前年緒方先生の蘭学一変の時節到来と宣《のたま》いしとぞ、まことに達人の知言なりしと、私《ひそ》かに深く感嘆したりき。（同右）

『解体新書』の翻訳とともに始まった、読む会読の典型であった蘭学者のオランダ書会読は、ここで止《とど》めを刺されたのである。書物ではなく、実物に即した実験・実証科学となったばかりか、系統的な教授方法が確立した。会読のように、教える者も、学ぶ者もなく、書物の難読箇所を読解することではなくなった。教える側は、あらかじめ学課を定め、体系的な知識をいかに効果的に、系統だてて教授するかを問題とするようになった。逆に学ぶ者にとっても、読書は技術（松本良順や長与専斎であれば医療技術）を修得するため、さらに精神の働きを獲得するための手段となる。

ここで『学問のすゝめ』の逸話が想起される。先に朱子学者の会読の場での討論の一端を紹介した。そこでは、明・清の疏釈《そしやく》家の書物が討論の前提となり、それを踏まえねば、討論もできなかった。しかし、そうした会読では、やみくもに知識を集積する書物の虫になる危険性がないとはいえない。福沢が、『学問のすゝめ』のなかで、「学問はただ読書の一科に非ず」、「学問の要は活用に在るのみ。活用なき学問は無学に等し」と説いて、「朱子学の書生」を揶揄したのは、そうした書物偏重の姿勢・精神にたいしてである。

在昔《ざいせき》或る朱子学の書生、多年江戸に執行《しゆぎよう》して、その学流に就き諸大家の説を写し取り、日夜怠らずして数年の間にその写本数百巻を成し、最早《もはや》学問も成業したるが故に故郷へ帰るべしとて、その身は東海道を下り、写本は葛籠《つづら》に納めて大廻しの船に積み出せしが、不幸なる哉、遠州洋において難船に及びたり。この災難に由《より》て、かの書生もその身は帰国したれども、学問は悉皆海に流れて心身に附したるものとては何一物もあることなく、いわゆる本来無一物にて、その愚は正《まさ》しく前日に異なることなかりしといふ話あり。今の洋学者にもまたこの掛念《けねん》なきに非ず。今日都会の学校に入りて読書講論の様子を見れば、これを評して学者と云わざるを得ず。されども今俄にその原書を取上げてこれを田舎に放逐することあらば、親戚朋友に逢ふて、我輩の学問は東京に残し置きたりと云訳けするなどの奇

談もあるべし。（『学問のすゝめ』第一二編）

ここでいう「今の洋学者」は、長与専斎が緒方洪庵の適塾を出た時には、「読書解文のことを修めたれ、医療のことはなお全く素人におなじく、医師たるの業務は何とて心得たることなければ」（『松香私志』）と回想していた姿である。たしかに、彼らは、「読書講論の様子を見れば」、学者といわざるをえない。彼らは会読の討論のなかで鍛えられていたからである。その点で会読は「読書解文」をするうえでは有効であったが、医療技術を修得することとは別問題であった。今や文字穿鑿のみの「洋学者」は、「朱子学の書生」とともに、揶揄の対象となったのである。

しかし一方で、基礎知識から応用技術までの学問体系を学ぶための手段化された読書には、難解な書物を読む喜び（ルドゥス）はなくなり、また、他者と討論する楽しみもなくなったといえる。異質な他者と討論する会読の場で得られた自主的な「合点」は、もう用がなくなったのである。今や授業は、一斉授業のもと、組織的に学問・科学の体系を順々に学び、覚えるばかりで、「書を読むは記憶の迷いを解く」（松本良順）ためにのみ必要とされる情報確認作業にすぎなくなった。

3　自由民権運動の学習結社と会読

洋学教育の世界で、会読が終焉を迎えつつあった明治初期は、一方で先に見たように会読の積極的な効用性が説かれていた、会読全盛の時代でもあった。この時代、会読の場でみなが討論し合いながら読み合った書物は、儒学のテキストにとどまらず、西欧の政治・経済・社会についての翻訳書にまで及んだ。さらに「広ク会議ヲ興シ万機公論ニ決スベシ」の五箇条の誓文で示された公議輿論の理念のもと、江戸時代には厳禁されていた政治的な討論も、自由に行えるようになった。とくに、翻訳西欧書籍の共同読書会の会読の場として、明治前期、自由民権期に大きな役割をはたすことになる数多くの学習結社が生まれてくる。

これまでも、明治前期には、各地に学習結社が叢生したことは知られている。弘前の東奥義塾、盛岡の求我社、福島石川の石陽館、相州厚木の相愛社、信州松本の奨匡社、宮津の天橋義塾、高知の立志学舎。そのいくつかは漢学塾が発展してできたもの（東奥義塾、天橋義塾、立志学舎）であるが、そこでは、漢籍にとどまらず、政治・経済・法律の翻訳西欧書籍を読む会読が行われていた。先に幕末の慶応義塾の一週間の課業のなかでの会読を紹介したが、明治三、四年頃にもなお、慶応義塾では会読を行っていた（深谷昌志『学歴主義の系譜』、黎明書房、一九六九年)。また、明治一四年(一八八一)ごろに発足した、「自由ノ真理ヲ闡《ヒラ》キ、人権ノ通義ヲ暢《ノ》フル」ことを会の目的とした湘南講学会という学習結社では、その規約に「毎水土両曜日ニ於テハ、午前第十時ヨリ第十二時マテヲ、原書輪講ノ時間トシ、午後第一時ヨリ第三時マテヲ訳書輪講ノ時間トス」と定めていた(野崎昭雄「政治結社と学習活動――自由民権期における湘南社」『東海大学課程資格教育センター論集』一号、二〇〇二年)。こうした会読=輪講する学習結社の一つとしてここでは、本書冒頭に触れた窪田次郎の主宰した蛙鳴群をみてみたい。

窪田次郎と蛙鳴群

岡山県の窪田次郎(一八三五—一九〇二、天保六—明治三五)は備後国安那郡粟根村の医師の家に生まれ、京坂で蘭方医学を学ぶとともに、嘉永元年(一八四八)一四歳のとき、朱子学者阪谷朗廬に素読を受け、後に福山の江木鰐水(阪谷朗廬とともに古賀侗庵門人)門に入っている。その意味で、窪田は古賀侗庵の孫弟子にあたるわけである。そのころ、江木鰐水は福山の藩校誠之館の教官であったが、窪田は誠之館に入ったわけではなく、鰐水が自宅を開放して主宰していた私塾で学んだろうといわれている(『日本近代教育百年史』)。ちょうど、それは、かつて広瀬淡窓が、福岡藩校甘棠館(西学問所)教授であった亀井南冥の私塾に学んだのと同じである(この藩校と私塾の二重性が、南冥の処分事件の原因をなしていたことについてはすでに述べた）。また、蘭方医学については、緒方洪庵の適塾で学んだ村上代三郎の弟子であった。

窪田は、明治以後は地域の医療活動・民政活動に積極的にかかわるとともに、居村粟根村の代議人制度（一種の公選民会）のもと、積極的な政治活動を行った。なかでも、明治五年（一八七二）九月に建白された民選議院の構想案は、「国民の意向を徹底して国政に反映させようとする独自の「下議院」（民選議院）の構想」として高い評価を受けているものである。窪田は、「上ヨリ降」る「為政」＝国家権力の行使と「下ヨリ昇」る「議政」＝民意の反映とは、「天下ヲ御スル」政治の「聖術」であるととらえ、後者の「議政」の制度として、小区会↔大区会↔県会↔天朝下議院が上下連環した民選議院の構想を提示したのである。小区会・大区会のメンバーは輪番制をとり、県会と天朝下議院では選挙制をとり、小区会の代表者が大区会を構成し、大区会のそれが県会を構成するという形で「相連環」することが求められ、「地域住民の意見が反映されるように規定されて」（『憲法構想』、日本近代思想大系9、岩波書店、一九八九年）いた。この窪田の民選議院構想は、幕末期に「合議の法」による政治構想を説いていた師の阪谷朗廬との関連で興味あるが（河野有理『明六雑誌の政治思想——阪谷素と「道理」の挑戦』参照）、ここでは会読に関連して、窪田が、明治七年（一八七四）に創設した法律書を会読する学習結社、蛙鳴群をみてみよう。その規約の第七条には次のように記されていた。

蛙鳴会ハ一月一度ニシテ早朝ヨリ初メ日暮ニ至ラズシテ一同退散ス可シ、尤《モツトモ》午前十時ヨ

リ正午十二時迄二時間法律会読余ハ雑鳴ス可キ事、

この蛙鳴会の参加メンバーは二〇人で、「一、二の豪農層を含むとはいえ、多くは安那郡内の小豪農層と神官・僧侶・医師などのプチブル・インテリ層で、さきの民選議院において、自らの要求とともに、自作農・小作貧農層の要求をも代弁し、士族層や豪農（商）層・特権的インテリ層と対立した層」であった（有元正雄ほか『明治期地方啓蒙思想家の研究――窪田次郎の思想と行動』、淡水社、一九八一年）。この蛙鳴会が会読する読書会であったことは、たんに「明治新政に対抗しうる理論の確立に向かって、新たに学習結社を結成」（同右）するからであったとはいえまい。もっと積極的な教育的な意図があったろう。

その序文には、「官」のため、「私」のためばかりか、より高次の「愛国」のために鳴くことを宣言している。ただ、これまで「蛙児」であった自分たちは、「古来手ヲ下ゲ、腰ヲ屈シ、膝行匍匐シテ、長上ヲ仰」ぎ、その「習慣ノ久キ、遂ニ蛙性トナレリ」と、卑屈な精神が習い性となっている。そのため、「今ヤ維新ノ春田ニ遭ヒ、春陽ノ風光ヲ帯ビ、俄《ニハカ》ニ独立幷行シテ、盛時ヲ鳴ラサント欲ス」るのだが、「蛙ノ行列殆ンド、其方向ヲ失」いかねない。しかし、今や、「其鬱屈ヲ悲鳴スルモ、衆口金ヲ鎖《ト》サスニ至ラズ、利害ヲ討論スルモ蛙戦相噬《アヒカ》ムニ至ラズ」、「謹恭、其素志ヲ守」り、農業の閑暇に「和鳴」すれば、「狂夫ノ言モ、聖人之ヲ察シ、柳条ノ飛蛙モ神筆ノ輔《タスケ》トナルコト有リト、相議シテ約束」するのだという。ここには、「各小田ノ蛙タルコトヲ忘レズ」（第一条）、自分たちの卑小さを認め、お互い「独立并行」しつつ、「鬱屈ヲ悲鳴」したり、「利害ヲ討論」しながら、「愛国」のために意見を述べようとすることが宣言されている。

各小田ノ蛙タルコトヲ忘レズ、県庁ヲ初メ区長戸長学区取締諸締等総《スベ》テ吾輩ヲ保護スル人達ヲ尊敬シ決テ其言行ノ是非ヲ談ゼズ、只群蛙一般ノ甘苦利害上ニ就《ツ》キ愛国ヲ主トシテ鳴キ立ツ可シ、夫《ソレ》殿堂ノ壮麗ハ倉廩ノ充満ニ如《シ》カズ言論ノ文華ハ行績ノ忠実ニ如カズ奇偉ノ浮名ヲ貪ルハ凡庸ノ実行ヲ勉励スルニ如カズ、天下ノ信ヲ取ラントスル者ハ夫婦親子ノ交際ヨリ慎ミ四海ノ富ヲ致サントスル者ハ衣食住ノ資本ヨリ勤ム、故ニ吾群ニ入ル者事ノ細大ニ関セズ作文口述ノ巧拙ヲ分《ワカ》タズ審問慎思委議究論ス可シ、礼節ヲ守リテ慠慢罵詈ノ語ヲ出サズ剛毅ニシテ和寛和鳴シテ雷同セズ、従容決定ノ上其説ノ異同ヲ点検シ浄書姓名ヲ録シ蛙鳴群中ノ印章ヲ押シ日報社ヘ投シ、四方有識者ノ評論ヲ乞ヒ幸ニ評論アル時ハ各自ラ省ミ益《マスマス》勉強シテ烟艸《タバコ》ノ脂《ヤニ》ヲ嘗《ナ》ムルモ決シテ蛙面ノ水ト為ル可ラザル事、（第一条）

第一条冒頭に「各小田ノ蛙タルコトヲ忘レズ」の一句があるように、「無智無識ノ卑野人タルヲ忘レ、過《アヤマツ》テ天地ノ小主宰ヲ以テ自ラ任シ敢テ地方官ノ細事ヲ問ハズ事頗《スコブ》ル高遠ニ馳《ハ》セ語殆《ホト》ント不敬ニ渉」った失敗経験を述懐して、議員の傲慢を戒めている。どこまでも「小田ノ蛙」であることを忘れない謙虚さが求められているのである。それは何より議論・討論の前提となるものであったからである。

　こうした窪田の考えは、これまで見てきたように、幕末の安井息軒や窪田の師である阪谷朗廬の「虚心」の精神だった。その意味では、窪田は幕末の会読の伝統を継承していたといえるだろう。しかも、窪田は、議論・討論の成果をたんに狭いグループのみにとどめず、雑誌・新聞に投稿して、広く意見を求めようとした。ここには、明治以降の政治的公共圏の成立が背景にあるだろう。会読という狭い読書空間ではなく、新しいメディアである雑誌や新聞が今や、公開の議論の場として成立していたのである。

　よく知られているように、明六社は集会の討論の成果を新聞や雑誌に刊行して、公開するという方法をとった。森有礼（一八四七―一八八九、弘化四―明治二二）が提案した明六社は、明治六年（一八七三）に設立された。「明六社制規」が制定され、本格的に活動をはじめたのは、翌年、明治七年二月からである。そうだとすれば、ほぼ同時期に、岡山の一地方に蛙鳴群が設立し、雑誌に投稿して、自分たちの意見を公開しようとした窪田次郎の先駆的な意義は明らかだろう。逆にいえば、『明六雑誌』が全国的な郵便制度を利用して、地方に頒布され、地方にも多くの読者を獲得することができたのも、蛙鳴群のような学習結社が全国に叢生していたことが背景にあったといえるだろう。

　明治七年（一八七四）の板垣退助らの民選議院設立の建白書をきっかけに起こった自由民権

運動を主導した民権結社は、たんに国会開設要求の政治活動のほかにも、学習運動や相互扶助、勧業・勧農、愉楽・享受、交流懇親の機能を果たしていたことが指摘されている（色川大吉『自由民権』）。このうち、民権結社の学習運動、具体的には政談演説会、新聞・雑誌縦覧所、子弟の塾教育などの教育活動と、自学自習、相互討論、都市民権家からの学習、定例会などの自習活動に、会読の問題がかかわっている。ただ、民権結社においては会読の相互討論以上に演説が重視されるようになる。というより、これが中心となる。この点について、色川大吉らによって発見された自由民権思想家の千葉卓三郎を取り上げてみよう。

千葉卓三郎と「五日市学術討論会」

もともと多摩地域は自由民権運動の盛んな土地で、多くの民権学習結社が作られていたが、千葉卓三郎は、深沢村の名主深沢権八らとともに私擬憲法『日本帝国憲法』、いわゆる「五日市憲法草案」を起草したことで有名である（色川大吉『明治の文化』、岩波書店、一九七〇年）。

千葉卓三郎（一八五二―八三、嘉永五―明治一六）は、仙台藩の下級武士の生れで、一二歳から一七歳まで藩校養賢堂の学頭副役であった大槻磐渓に学んだ。慶応四年（一八六八）の戊辰戦争に従軍し、明治維新後は東京に出て、ロシア正教の宣教師ニコライから洗礼を受けたり、安井息軒に入門したりして、精神的遍歴を重ねた。明治一三年（一八八〇）には、五日市の小学校である勧能学校に赴任し、翌年には、千葉と同じく、養賢堂で大槻磐渓に学んでいた仙台藩出身の永沼織之丞の後を受けて、勧能学校の校長になった。この勧能学校が没落士族を集めていたことは、利光鶴松によって伝えられている。そこでは、先に見た愛媛の城東小学校のような自由闊達な職員会議が開かれていたのであろう。

まず、千葉卓三郎の思想遍歴について、本書の視点からみて指摘しておかねばならないのは、彼が、仙台藩の大槻磐渓と安井息軒のもとで会読を経験してきただろうことである。大槻磐渓は大槻玄沢の子で、先に見た金沢藩明倫堂の大島桃年と昌平坂学問所以来の交流をもち、一方、息軒の三計塾については、土佐藩の谷干城が伝えていた会読風景を先に見た。息軒の出席する表会と、弟子たちが自発的に行う内会があって、後者のほうが自由活発な討論が行われたという。といって、息軒はこれを禁止したわけではなく、会読の有益性を主張していた。こうした三計塾での会読は、最初に紹介した利光鶴松の漢学塾の輪講であって、車座の討論会だったろう。

おそらくは、千葉は車座の討論会を経験し、さらに多摩地域で西欧の法律・経済・政治などについての翻訳書を会読しただろう。というのは、多摩地域の学習結社では、会読が行われていたからである。学習結社の一つである多摩講学会創立書の講学会規則には、「本会ハ政事法律経済等ノ学課ヲ修ムルヲ以テ主旨トシ若クハ右書類ニ因リ会読質疑ヲナシ且学術上ノ演舌討論ヲナス等トス」（明治一六年秋一〇月一〇日）とあった。こうした民権結社の学習会の結晶が、私擬憲法草案だったといえる。

明治一三年（一八八〇）の国会期成同盟の大会において、憲法草案の準備・決議がなされ、全国に草案が起草された。現在、その私擬憲法草案は四〇数種発見されているが、千葉の『日本帝国憲法』（通称「五日市憲法草案」）は、人権規定の精細周到さにおいて、植木枝盛起草の『東洋大日本国国憲案』と双璧をなすものと評価されている。たとえば、第二篇「公法」第一章「国民ノ権利」には、「凡ソ日本国民ハ族籍位階ノ別ヲ問ハス法律上ノ前ニ対シテハ平等ノ権利タル可シ」（四七）、「凡ソ日本国民ハ日本全国ニ於テ同一ノ法典ヲ準用シ同一ノ保護ヲ受ク可シ地方及門閥若《モシ》クハ一人一族ニ与フルノ時権［特権］アルコトナシ」（四八）。「凡ソ日本国民ハ法律ヲ遵守スルニ於テハ万事ニ就テ予メ検閲ヲ受クルコトナク自由ニ其思想意見論説図絵ヲ著述シ之ヲ出版頒行シ或ハ公衆ニ対シ講談討論演説シ以テ之ヲ公ニスルコトヲ得ヘシ」（五一）、「凡ソ日本国民ハ結社集会ノ目的若クハ其会社ノ使用スル方法ニ於テ国禁ヲ犯シ若クハ国難ヲ醸スヘキノ状ナク又戎器ヲ携フルニ非ズシテ平穏ニ結社集会スルノ権ヲ有ス」（五八）とある。ここでは、会読の三つの原理（相互コミュニケーション性・対等性・結社性）は、「討論演説」「平等」「結社集会」の「国民ノ権利」として主張されている。

この私擬憲法草案の作成にはまた、「五日市学術討論会」が支えとなっていたことが指摘されている。それは、後にのべる演説中心の学芸講談会のレベルに飽き足らなくなった少数精鋭のメンバーが作った討論主体の学習結社である（新井勝紘「自由民権と結社」、福田アジオ編『結衆・結社の日本史』）。新井勝紘によれば、そこでは、「政治、法律、経済其他百般ノ学術上意義深遠ニシテ容易ニ解シ能ハサルモノ」が討論のテーマとされた。「すぐに白黒がついてしまうような単純なテーマではなく、議論が伯仲し賛否相半ばするようなテーマをわざわざ選んで徹底討議する。最初に発議した者は反対論者に呼応するような答弁をしてはならず、あくまで自分が最初にあげた論旨を貫いて答弁すべしという。一種のディベートといえる形式である。ここでも会員資格には厳しい条件を付している。「専ラ虚心平意ヲ旨トシ、決シテ暴慢ノ行為アル可カラズ」と自制を求め、それが守れない者は、会員の過半数の同意で退去させられる」（同右）という。この「五日市学術討論会」が、後に勧能学校の教員となった利光鶴松のいう「車座の討論会」であった会読＝輪講の討論形式と等しいことは明らかである。ここで求められている「虚心」の重要性は会読の場において説かれ、明治以降も、J・S・ミルの『自由之理』における異説への寛容の精神として求められていたことだった。

千葉卓三郎にとってみれば、こうした討論は藩校養賢堂や三計塾で経験してきたことだった。その経験のなかで、討論する同志は町人や百姓であっても構わないという意識は、「駕籠かき人夫や佐渡の鉱夫や「漂流民の供述書」などから物を学ぶ態度」（藤田省三）をもっていた吉田松陰を想起すれば、すでに幕末には存在しただろう。だから、豪農たちと一緒に憲法論議をすることができたのである。しかし、「一種のディベートといえる形式」である会読は、多摩地方の豪農にとってみれば、まったく斬新なものだったろう。先に宮本常一の『忘れられた日本人』にふれて見たように、対立・討論を避け、同調圧力の強い村の寄合の話し合いが一般的であったからである。その意味で、革新的だったことは間違いない。ただ、それを指導したのが、藩校・漢学塾で会読を経験してきた千葉らの没落士族だったことを看過してはならない。

さらに、それを受けいれる豪農たちの素養にも目を向けねばならない。先に見たように、「学制」の輪講は、小学生が行うには、たしかに要求が高すぎたといえるかもしれない。ただ、幕末以降、一定の教養を積んでいた豪農子弟には、十分、修得できるだけの下地はあった。彼らは、千葉卓三郎のような藩校や私塾の討論で鍛えられた士族たちの指導のもとで、未知の相互コミュニケーションの討論を学ぶことができたのである。もちろん、それが容易でなかったことは想像がつく。最大の問題は、昌平坂学問所の書生寮のような、「縁を離れて論」じあう理性的な討論ができたかどうかである。この点をもっとも危惧していたのは、ほかならぬ千葉自身だった。千葉は次のような討論の戒めを友人に書き送っている。

討論ハ順論毎《ツネ》ニ敗レテ逆論勝ヲ占メ、衆偶(愚)挙《コゾツ》テ論者ノ顔色ニ目ヲ注《ソソ》キ、正理ヲ棄テ不理ヲ取リ、理ニ党セズシテ人ニ党シ、理ニ賛セズシテ人ニ賛シ、理非其地位ヲ転倒シ、理ハ非ニ決シ、非ハ理ニ決スルニ至ル可シ、蓋シ、土勘ヲ除ク外ハ悉ク逆論ヲ好ムノ士多ケレハナリ、況ヤ君御親子〔深沢名主《なおまる》・権八親子〕カ揃テ率先シテ、不理ヲ賛成シ、或ハ動議ヲ起スニ於テオヤ、仰キ冀《ネガハ》クハ反対論者ニ乞ヲ憂エス、必ス君御親子カ率先シテ正理ヲ賛成シ、或ハ動議ヲ起シ、以テ後進者ノ先入ヲシテ誤ラシメサランコトヲ（深沢権八宛書簡、『三多摩自由民権史料集』上巻）

「理」ではなく、「人」に左右されるな、と注意すること自体、「正理」に基づいた成熟した「討論」の難しさを示唆しているだろう。それは、同調圧力の高まりつつある現代においても同様である。その意味で、道理をもとに異説を容認しながら議論しようとした江戸時代の会読は、現代なお評価すべきものなのである。

会読／演説会の連続と非連続

この「衆偶《(愚)》挙テ論者ノ顔色ニ目ヲ注キ」、「理」ではなく「人」に左右される危険性は、自由民権期に流行した演説会ではより大きくなったろう。この時期の学習結社は会読や討論会ばかりではなく、演説会を活動の中心とした（稲田雅洋『自由民権の文化史——新しい政治文化の誕生』、筑摩書房、二〇〇〇年）。演説会は、明六社の演説会がはじまりとされるが、その前史として、われわれは吉田松陰の会読のなかに演説会のルーツを見てきた。が、明治一〇年代になると、各地で演説会が開かれるようになっていた。なかでも多摩地方は、演説会が盛んだった。たとえば「五日市学芸講談会」では、盟約の第二条に、「本会ハ万般ノ学芸上ニ就テ講談演説或ハ討論シ、以テ各自ノ知識ヲ交換シ気力ヲ興奮センコトヲ要ス」とかかげられ、毎月五の日（五、一五、二五）の月三回（会読の定式と同じ）の定例の演説会や学習集会が開かれ、さまざまの論題が討論された。

学芸講談会には、多摩地域の一四ヶ村という広範囲から参加した七〇〜八〇名を越える会員がいた。そのなかには、県会議員をはじめ村政の要職者、神官、酒造業、米穀商、質屋、材木商など村の産業の中枢を握っていた在地の有力者が名をつらね、永沼織之丞や千葉卓三郎のような仙台藩出身の勧能学校の教員のほかにも、さらに福岡、秋田、横浜などの他県出身の特異な個性の持ち主も加わっていたという（『三多摩自由民権史料集』巻上）。色川大吉は、この五日市学芸講談会が「開かれた結社」であると評したが（『自由民権』、岩波新書）、これは、もともと会読がもっていた、身分や土地を越えた参加者の結社性が完全に実現した形態だといえるだろう。演説会は、「聴衆二、三里の遠方より山野を越えて来会せし者二百余人に及び、議論妙所に達するや手を拍ち声を揚げて賛成を表し、僻地に稀れなる盛会なりし」（『朝野新聞』明治一五年四月二九日）と報道された。

先に述べたように、演説は「吾輩―諸君」の関係で成立する（稲田前掲書）。稲田雅洋は、演説が聴衆に呼びかけるときに「吾輩」とはっきりと一人称を使っていることについて、「自己表現の苦手な日本人にとって、明治の初めに、〝自分は……であると思う〟という形の言語表現が澎湃として起きて広まったということは、日本の文化史上においても、まさに画期的な出来事であった」（稲田前掲書）と評している。もちろん、このことを認めたうえで、あらためて「諸君」という二人称複数代名詞に注目しておきたい。というのは、これまで見てきたように、それが、上下尊卑の人間関係を含意する「貴様」とか「あなた」とも、また親族や職業とも異なる、対等な二人称だったからである。徂徠に端を発し、松陰が獄中の輪講で呼びかけた「諸君」は、今や、「熱狂の空間」（稲田前掲書）である演説会のなかで広く使われるようになったのである。「諸君」と呼びかけられた聴衆は、弁士に共感した時には「ヒヤヒヤ」と叫び、不満や怒りを示す時には「ノウノウ」と声を上げた。

色川大吉が指摘するように、こうした演説会が魅力的なのは、「演説は読書と違って識字力を要しない。そのうえ、演説家の情熱がじかに伝わってくるし、会場での熱気と警官の横暴がまた娯楽の少ない村では楽しみでもあった」（『自由民権』）からだろう。読むことから語ることへの変化は、吉田松陰に見られたように会読との連続面をもっていたが、また会読との非連続面もあることを看過してはならないだろう。というのは、演説弁士が聴衆、とくに「ミルやスペンサーの訳書」を読むことはもちろん、「自分の名前さえ満足に書けなかった人びと」（同右）

を対等な「諸君」と呼びかけ、薩長藩閥政府の圧制を指弾し、「自由」と「民権」を叫ぶ時、情念・感情を煽《あお》るものに陥りやすかっただろうからである。このとき、会読の場での「正理」にもとづく討論という理性的な側面は消えてしまう。その意味では、演者のパフォーマンスや語り口が正否の決め手となった演説会は、会読というより、むしろ江戸期の講釈（荻生徂徠のいう僧侶の説法）、さらにいえば講談や演芸に限りなく近づくだろう。ここでも、理性的な会読の伝統は消えてしまったのである。

会読の原理と民権結社

それにしても会読という観点からみて、民権結社の果たした意義は大きい。色川大吉によれば、民権結社は、「たいがい学習結社を核としているが、その前に、それは生活結社でもあった」のであり、「血縁同族集団や、地縁的、運命的な共同体組織からはいったん切れたところで、あらためて意識的、自覚的につくられた組織」、ボランタリー・アソシエーション（自発的結社）であったために、「ある新鮮さや解放感をあたえ」たという（『自由民権』）。その例証として、色川は、河野広中や吉田光一らによって設立された福島の石陽社の趣意書のなかに、「財産の多少を問わず、本社に入るを許すべし、又入社の上は尊卑の別なく同等の権利を有す」と記されていたことをあげている。これまで見てきたように、こうした民権結社の「作為的に選択された組織」性（同右）と会員間の平等性、そして内部での相互コミュニケーション性は、会読の原理そのものであった。とすれば、明治期の民権結社は江戸期の会読結社の発展形態としてとらえることができるだろう。もちろん、民権結社のメンバーは、士族に限られてはいず、豪農や農民を含んでいるが、それは「尊卑の別」がない会読結社の原理の現実化ととらえられるのである。言い換えれば、民権結社は明治になって突如として噴出したものではなく、長い江戸時代の会読の歴史のうえに位置づけられるだろう。自由民権運動の民主主義は、江戸時代の会読の内発的な発展のうえに創り出されたものなのである。

4　立身出世主義と会読の終焉

会読全盛時代ともいえる明治初期、学校や社会のなかで、すでに会読は消滅してゆく徴候があった。その要因として、師範学校の教授法と演説の流行といった現象を見てきた。この他にも、その要因として考えるべきものがある。というより、もっと根源的な要因だともいえるかもしれない。それは、端的にいえば、学問が立身出世に直結したことである。その結果、江戸時代の学問のもっていた遊戯性、あの『解体新書』翻訳に挑戦するような学問研究それ自体を楽しむ「遊び」がなくなってしまったのである。

「学制」冒頭に、学問は「身ヲ立ルノ財本」だと掲げられ、学問が個人の立身出世の実利的な目的のための手段となった時、会読の遊びの性格はなくなったといえる。皮肉にも、「学制」のもとで会読＝輪講を採用した時、会読がもっていた三つの原理（討論による相互コミュニケーション性、対等性、結社性）を失ったのである。学問（会読）のなかの競争は、経済的利害とかかわらないアゴーン（競争）としての遊びだったがゆえに、相互に討論し、勝ち負けを争うことができた。しかし、学問によって立身出世ができる道が開かれ、中国宋代の皇帝の勧学文にあったように、社会的権勢と経済的利益を獲得することができるようになったとき、換言すれば、お互いの利益にかかわらない遊びでなくなったとき、競争は熾烈《しれつ》となる。個々人は立身出世のため、より序列の上位をめざし、競争するようになるのである（竹内洋『立身出世主義〔増補版〕』、世界思想社、二〇〇五年）。そこでは、お互い「道理」を探究して対等に討論することも、同志の意識をもつこともなくなり、自分一人の立身出世を遂げるために、競争相手を出し抜く、秘かな読書に励むようになる。いわば科挙に合格するための受験勉強となるのである。

道徳教育からの討論排除

このように学問が立身出世と結びついたことが、明治政府の圧力と表裏一体だったことを看過してはならない。明治政府（文教政策を担った文部省）は、高官を派遣して「学制」実施以後の全国各地の現状を巡視した。その高官の一人、九鬼隆一は、明治一〇年（一八七七）五月から七月にかけて、関西諸府県の巡回視察を行い、報告書を提出した。九鬼によれば、今の普通教育の現状は、「地ニ城市村落、山間海浜等ノ別ナク、産ニ農、工、商、樵、漁等ノ差無ク、家ニ貧富、饒歉《ジヨウケン》等ノ異ナル無ク」、中央の師範学校の付属小学校に「模倣」するばかりで画一的であると批判し、とくに地方の貧しい者の子弟にまで教育を普及させようとするならば、適宜、教育内容と方法の「教則」を斟酌折衷せねばならないと報告した。なかでも、興味深いのは「修身学」にたいする見解である。

修身学ハ、少年子弟ヲシテ感発セシメンコトヲ要ス。故ニ漸《ゼン》ヲ逐《オヒ》テ其根拠タルベキ書籍ヲ定メ、其主意ヲ拡充シ、宜《ヨロシ》キヲ料《ハカリ》テ、或ハ談話ヲ用ヰ、或ハ講説ヲ為シ、畢竟少年ヲシテ悚然《シヨウゼン》感発セシムルノ道ナレバ、教育上ニ在テハ固《モト》ヨリ緊要ノ者タリト雖《イヘドモ》、従前ノ輪講会読等ノ如ク、文義ノ差異ト意義ノ蘊奥《ウンノウ》トヲ討論弁議スルニ止《トド》マルハ、却テ其精神ヲ発起スルニ足ラズシテ、啻《タダニ》道徳上ニ補ナキノミナラズ、有用ノ時日ヲ費シ至重ノ脳力ヲ消耗スル者有ラン。故ニ此学ヲ講ゼンニハ、厳シク此防ギ無カルベカラズ。

（九鬼隆一「第三大学区巡視報告」、明治一〇年）

ここでは、「輪講会読」のような「文義ノ差異ト意義ノ蘊奥トヲ討論弁議」することが生徒の修身＝道徳教育に有効なのか、という疑問が提示されている。「道徳」を教える教科としての修身の必要性とその方法の問題が浮かび上がっているのである。九鬼によれば、「少年子女講習ノ間、討論ヲ専ラニスルコトナカラシムベシ。徒ラニ弁ヲ好ンデ論ズルハ、唯其言語ヲ飾リ勝ン事ヲ勉メテ、却テ記憶ヲ損ズレバナリ」（同右）と、「討論」が修身＝道徳教育には役立たないとされる。この点、同時期に四書・五経を勧める西村茂樹の報告もまた、同じ問題意識であろう。こうした修身道徳復活の動向のなかで、教科内容として儒学の三綱五常が再評価されるだけではなく、会読（輪講）よりも前段階の素読的な暗誦の注入主義が取り上げられることになってゆくのである。会読（輪講）は、ここでも葬られた。

生徒たちの「政談」と「工芸技術百科ノ学」

こうした「弁ヲ好ンデ論ズル」「討論」への明治政府の忌避の背景に、自由民権運動の高揚のなかで、そうした「討論」が「修身学」にとどまらず、政治的なテーマに向っていた現状があったことは見やすい。事実、明治一三年（一八八〇）をすぎると、わずか一二、三歳の少年が、行動の自由、言論の自由、憲法にもとづく国会を要求する論説を投稿雑誌に発表するようになっていた。明治一〇年代の少年（主に上等小学校の生徒）が投稿した雑誌『穎才《えいさい》新誌』でも、はじめは富貴のための学校というテーマが中心であったが、このころには、自由民権運動の影響で、政治的なテーマが主流になっていた。一四歳の少年が、日本は外国との兌換《だかん》レートや負債の問題を抱え、条約改正には進展がないので、この状態を改善するためには、国会の開設と愛国心が必要だという論説を投稿していたのである（E・H・キンモンス『立身出世の社会史』、玉川大学出版部、一九九五年）。また、明治期の社会評論家田岡嶺雲は、小学校在学中の一二、三歳（明治一四、五年）のころに、生まれ故郷の高知の民権結社に入り、「好んで弁論を練習した。進んで演壇にもたった」という。「学校の生徒は政談演説を禁ぜられているので、学術演説の名をかり、小学校の習字教室で定期的に会を開き、机の上に御用提灯をならべて演説を筆記する三名位の臨監警官を前に、演説を試みるのであった。最年少の嶺雲は、演壇に立てば首のみがテーブルの上に出ているというありさまで、聞き覚えの「三尺の童子も亦之《またこれ》を知る」という語を得意になって述べたてては、自分が三尺の童子じゃないか、と冷かされたこともあった」（家永三郎『数奇なる思想家の生涯――田岡嶺雲の人と思想』、岩波新書、一九五五年）という。先にみたように、こうした生徒たちを教える教員たちも、活発に政治論議をしていたことはいうまでもない。千葉卓三郎は、「自由民権の牙城」（色川大吉『明治の文化』）勧能学校の校長だった。自由民権運動に走る生徒・教員たちの「政談」への危機感は、伊藤博文の「教育議」にあらわである。

政談ノ徒過多ナルハ、国民ノ幸福ニ非ズ。今ノ勢ニ因《ヨ》ルトキハ、士人年少稍《ヤ》ヤ才気アル者ハ、相競フテ政談ノ徒トナラントス。蓋シ現今ノ書生ハ、大抵漢学生徒ノ種子ニ出ヅ。漢学生徒往々口ヲ開ケバ輒《スナハ》チ政理ヲ説キ、臂《ヒヂ》ヲ攘《カカ》ゲテ天下ノ事ヲ論ズ。故ニ其《ソレ》転ジテ洋書ヲ読ムニ及テ、亦静心研磨、節ヲ屈シテ百科ニ従事スルコト能《アタ》ハズ、却テ欧州政学ノ余流ニ投ジ、転《ウタ》タ空論ヲ喜ビ、滔々風ヲ成シ、政談ノ徒都鄙《トヒ》ニ充《ミチ》ルニ至ル。

（伊藤博文「教育議」、明治一二年九月）

明治政府の立場からすれば、「討論」する会読（輪講）の学習方法は過激な「臂ヲ攘ゲテ天下ノ事ヲ論ズ」る「政談」をもたらすものである、それゆえに、否定されたのである。またこの「教育議」のなかで、伊藤が、こうした「政談」流行という「其弊ヲ矯正スルニハ、宜シク工芸技術百科ノ学ヲ広メ、子弟タル者ヲシテ高等ノ学ニ就カント欲スル者ハ、専ラ実用ヲ期シ、精微密察歳月ヲ積久シ、志嚮ヲ専一ニシ、而シテ浮薄激昂ノ習ヲ暗消セシムベシ」（「教育議」）と説いて、「工芸技術百科ノ学」を広めようとしたことは、先に見た、松本良順の会読批判と関係づけることもできるだろう。つまり、「教育議」における伊藤の趣旨は、学校の場からの政治的な議論の排斥にあったことは明らかであるが、それ以上の意味をもっていたのである。会読（輪講）における「討論」よりも、体系的な知識と理論を覚え込むことの緊要性を優位におく松本良順の方向性と等しいという意味である。西洋科学と技術を習得するためには、拾い読みの断片的な知識ではなく、体系的な知識と理論の一斉授業が必要だった。伊藤からすれば、

「政談」などに入れ込まず、西洋科学を学ぶことに「精微密察歳月ヲ積久シ、志嚮ヲ専一」にすることによって、「実用」的な西洋科学を習得できるとともに、「政談」の熱に浮かされている「浮薄激昂ノ習ヲ暗消」することができる、まさに一石二鳥だったのである。

俄か勉強のために「会読相催度」

明治政府は自由民権運動の進展のなかで、教育現場から政治的活動が生まれる可能性を排除するために、教員への締め付けを強めていった。この時期、例えば、自由民権運動がさかんだったとはいえないような秋田県でも、秋田県師範学校の教員が中心となって北溟社という結社を作り、演説会を開き、民衆の文化・教養的な啓蒙を図るとともに、「国会の成否」「条約改正の困難」などの政治的なテーマを演説する教員がいたからである（片桐芳雄『自由民権期教育史研究』、東京大学出版会、一九九〇年）。明治政府は、明治一三年（一八八〇）四月の集会条例において、教員の政治集会・演説会への参加を禁止し、さらに翌一四年、教員は生徒たちに「人倫ノ大道」を教えるために「常ニ己ガ身ヲ以テ之ガ模範」となるようにと「小学校教員心得」を説き、明治一九年（一八八六）「師範学校令」で、文部大臣森有礼は師範学校に軍隊式教育を導入して、学校教育の場から政治的な討論を行うような可能性を完全に断ち切ったのである。

こうして学校から政治的な討論への可能性は摘み取られ、ただひたすらに、生徒たちは立身出世のための学問へと駆り立てられることになる。そこでは、みんなで討論しながら共同読書するよりも、個々人がせっせと試験勉強に励むようになり、わずかに残っていた会読も、出来の悪い生徒たちの試験勉強のための俄か勉強の場に転落してしまう。明治の模範文例集のなかの会読の招待状には、次のような例文が載っている。

追々長夜殊《コト》ニ試験前ニモ相成候ニ付、今晩ヨリ会読相催度《アヒモヨホシタク》、諸君御誘御来車奉レ願候

（福島順則『作文千二百題』、会読ヲ催ス文、明治一二年）

前略御免　然《しかれば》者定期試験も最早屈指に無レ暇《いとまなく》候条、此節は、書籍下調べ致し度思召も御座候は丶、明晩より拙宅へ御光来被レ下度奉レ願候　頓首

（宮本興晃『開明雅俗用文』、会読に友人を招候文、明治二二年）

明治政府は、こうした俄か勉強をせざるをえない、競争心をあおる「仕掛け」（斉藤利彦『試験と競争の学校史』、平凡社選書、一九九五年）として、試験を利用していった。すでに江戸後期の藩校で行われていた等級制や試験を国家的な規模にまで拡張し、制度化していったのである。これまで見てきたように、たしかに競争心は、江戸時代の私塾や藩校のなかで、その効用を認められていた。ただ、「属性」を原理とする身分制社会のなかでは、実力の競い合いを忌避したために、藩校内では妥協せざるを得なかった。明治になって四民平等の理念のもと、そうした桎梏《しっこく》が建前の上でなくなったとき、実力を争う競争心は学問へ向かう動機づけとして大きな

意味をもっていた。この点、「自分の能力をためす、開かれた実力競争の場」であった試験によって、「学校はまさに、「四民平等」の理念が、最初に実現されたところであった」（天野郁夫『増補 試験の社会史』）ことの思想史的な意義は限りなく大きい。

しかし、逆に「属性」を原理とする身分制度のもとでの競争だったからこそ、換言すれば、競争に勝ったとしても、たいした立身出世は望めなかったからこそ、競争は遊びとしての性格をもちえたことも看過してはならない。適塾での会読、昌平坂学問所での会読、松下村塾での会読、そこが「縁を離れ」た自由な空間だったのは、そこでの討論・競争が直截には経済的な利益や社会的な権勢と結びついたものではなかったからである。ところが、ひたすら立身出世を求め、競争に勝ち残ろうとするとき、「成功に向けてのガムシャラな努力主義」（堀尾輝久『教育入門』、岩波新書、一九八九年）がはびこることになる。

Streberを卑む思想のために

森鷗外は『当流比較言語学』のなかで、このような努力人間を次のように批判していた。

「或る国民には或る言葉が闕《か》けてゐる。何故闕けてゐるかと思つて、よくよく考へて見ると、それは或る感情が闕けてゐるからである」、鷗外はそういって、その一つとしてドイツ語の「Streber」という言葉をあげる。「Streber は努力家である。勉強家である。抗抵を排して前進する」という。ところが、「独逸語の Streber には嘲る意を帯びてゐる。生徒は学科に骨を折つてゐれば、ひとりでに一級の上位に居るやうになる。試験に高点を贏《か》ち得る。早く卒業する。併し一級の上位にゐよう、試験に高点を貰はう、早く卒業しようと心掛ける、其心掛が主になることがある。さういふ生徒は教師の心を射るやうになる。教師に迎合するやうになる。陞進をしたがる官吏も同じ事である。其外学者としては頻《しきり》に論文を書く。芸術家としては頻りに制作を出す。えらいのもえらくないのもある。Talent の有るのも無いのもある。学問界、芸術界に地位を得ようと思つて骨を折るのである。独逸人はこんな人物を Streber といふのである」という。自分はこれまで、こんな「Streber」を多く見てきた。「僕は書生をしてゐる間に、多くの Streber を仲間に持つてゐたことがある。自分が教師になつてからも、預かつてゐる生徒の中に Streber のゐたのを知つてゐる。官立学校の特待生で幅を利かしてゐる人の中には、沢山さういふのがある。官吏になつてからも、僕は随分 Streber のゐるのを見受けた。上官の御覚めでたい人物にはそれが多い。秘書官的人物の中に沢山さういふのがある。自分が上官になつて見ると、部下に Streber の多いのに驚く」。こういって、鷗外は続ける。「Streber はなまけものやいくぢなしよりはえらい。場合によつては一廉《ひとかど》の用に立つ。併し信任は出来ない。学問芸術で言へば、こんな人物は学問芸術の為めに学問芸術するのでない。学問芸術を手段にしてゐる。勤務で言へば、勤務の為めに勤務をするのでない。勤務を方便にしてゐる。いつ何どき魚を得て筌《ふせご》を忘れてしまふやら知れない。日本語に Streber に相当する詞がない。それは日本人が Streber を卑むといふ思想を有してゐないからである」(『鷗外全集』二六巻)。現代日本にはもう、こんな Streber はいなくなったのであろうか。

おわりに

本書の課題は、会読という「姿を消してしまった慣行を再発見する任務」(シャルチエ)を果たすことにあったが、これまでの叙述で、その任務は達せられたかと思う。もちろん、江戸後期には、本書では触れることのできなかった藩校や民間の人々の自発的な会読会はもっといくつもあっただろう。それは史料の発掘とともに、これからも出てくるだろう。ただ、大きな道筋だけは述べたつもりである。

そうはいうものの、本書の大前提である事実認識に問題がある。本当に明治時代、会読は「姿を消してしまった慣行」だったのだろうか。否、そうではないという反論が起こってくるかもしれない。かつて旧制高校の寮では、マルクス主義の文献を読み合っていたというではないか。そんな古い時代にさかのぼらなくとも、たとえば、すぐれた共同研究を推進してきた京都大学の人文科学研究所では、会読が今も行われているではないか、という声も起こってくるだろう。とくに、人文科学研究所の会読会は最近始まったものではなく、その前身である、一九二九年に創立した東方文化学院京都研究所の時代から行われてきたものだという。「人文科学研究所要覧」（二〇一〇年版）には、次のように記されている。

基礎的な文献資料の収集と整理、その校訂と索引作成などが着手され、それらを土台として重要文献の会読がなされた。ここでいう会読とは複数の専門家による高い水準の共同研究にほかならず、その過程において論文や研究報告がものされ、会読の結果、校訂と訳注が生まれ、場合によって索引が作られる。現在の東方学研究部の共同研究班の多くは、こうした原典会読方式のうえにたち、自由討論を加えるスタイルをとっている。

人文科学研究所では、「歴史研究室では殷代甲骨文字、難解な元代の法典・行政文書集『元典章』、彪大な量の清代の『雍正硃批諭旨』などの会読と研究が行われてきた」とあるように、「難解」な書物を選んで、「複数の専門家による高い水準の共同研究」が「共同研究の会読方式」で行われているのである。しかも、その共同研究は、「専門の枠にとらわれず、自由な共同討議を通じて新しい問題をほりおこす方法」として人文科学の共同研究の一つのモデルとなりうるものであるという。過去のものではなく、未来に開かれているのだ。

かつて、三浦國雄は人文科学研究所の『朱子語類』の会読に参加したことがあるという。参加者は、田中謙二、島田虔次、福永光司、上山春平、山田慶児、荒井健、入矢義高、柳田聖山、清水茂などの錚々《そうそう》たるメンバーである。三浦國雄は、その時の議論のなかで、「どの先生がどういう読みを提示されたか、筆者はほとんどすべての会読会での詳細な書き入れを家宝のように大切に保存している」（『「朱子語類」抄』、講談社学術文庫、二〇〇八年）という。それは三浦個人の「家宝」というよりは、文化史的な遺産といってよいものだろう。

ただ問題は、その会読の参加者たちは、自分たちの現に行っている会読が、近世日本の歴史のうえにあることを自覚していただろうか。他人ごとではない。自らを省みて、言うのである。実は、私自身、東北大学大学院の在学中、源了圓先生のもとで、三浦國雄先生や吉田公平先生たちと一緒に山崎闇斎の『文会筆録』（一六八三年刊）の読書会に参加して、そこで鍛えられてきたからである。その読書会は、「常時、参加者は十名前後。月曜日の午後五時から七時まで。時に議論沸騰して、［中略］実に楽しい読書会であった」（源了圓編『江戸の儒学――『大学』受容の歴史』、吉田公平「あとがき」）。小さな演習室で、諸先生とわれわれ学生が、一つのテーブルを囲み、闇斎が抜き出した『朱子語類』や『朱子文集』の一節を読み合う。担当者がその一節の書き下し文を作り、その出典を明らかにしながら講述する。まさに会読であった。しかも、なんとも皮肉なことに、会読とは対極的な講釈を近世日本に流行させた山崎闇斎の著書をである。闇斎の名誉のために付け加えておけば、『文会筆録』は、朱子の真意を体現しようとした闇斎が、『小学』や四書の朱子の注釈を理解するために、『朱子語類』や『朱子文集』を抜き書きしたものである。その膨大な著作（二〇巻二八冊）は、闇斎の手堅い学問の一端を伝えてあますところがない。吉田公平先生が、その『文会筆録』研究会の成果の一端をまとめた『江戸の儒学』のあとがきで述べているように、その時の議論のなかで、「朱子一人を先生と仰いで流れを亜《つ》いだ闇斎の卓越した洞察力と強靭な思索力に感心すること一再ではなかった」。そのなかで、朱子の真意を探りだそうとする闇斎にならって、われわれもまた闇斎の朱子学理解を共同研究したのである。

しかし繰り返すが、その当時、このような会読形式の読書会が近世日本のなかで培われてきたものであることを、どれほど自覚していただろうか。私を含めてみな、自覚のないままに、読書会を行ってきたのではないか。恩師源先生は、先に述べたように、横井小楠の学校論・講学論の公共性の意義をもっとも早くに指摘していた。源先生がそのような着想をえることができたのも、ご自身が多くの共同研究に参加し、学ばれてきた体験があったからだろう。異分野の研究者が集まり、同じテキストを読み合う時、思いもかけない意見が飛び出し、自らの偏見・独断に気づくことは、しばしば経験するところである。私もそうだった。

こうした研究者間の専門的な会読会にかぎらず、もっと広く言えば、現代日本でも読書会は行われている。インターネット上には、早朝の読書会の案内があふれている。職場に行く前のフレッシュな頭で行う読書会は、全国各地で行われている。一種のブームだとさえいえる。そこでも、読書会が江戸時代以来の長い歴史をもっていることを意識しているだろうか。

それにしても、自らの歴史を意識していない、この奇妙さは一体、何なのだろうか。専門家たちの会読会や同好の士の集まる読書会の参加者は、江戸時代、こうした自発的な会読会が開かれていたと意識することはない。歴史が断絶しているのだ。それほどに、会読を葬った明治政府の教育・政治政策の力が大きかったのか、それとももっと奥深くにある、歴史を伝統化せず、絶えず新しいもの（しかも、決まって外からくるもの）に飛びつく、日本人の悪弊なのか。その理由はいくつもあるかもしれないし、また複雑にからまっているのかもしれない。それはともかくも、本書で明らかにした会読の歴史からも、なぜ今、読書会が盛んになっているか、さらに、これからの方向性も見えてくるだろう。本書の観点から三つの点を指摘しておきたい。

一つは、今、読書会が各地で生まれている理由は、学校での勉強とは異なる自由な学問、もっと砕いて言えば、面白く、楽しく学びたいという思いがあるからであろう。江戸時代の人々もそうであった。学問は立身出世の手段ではなく、また強制されたものではない、自由に楽しめるものであったから、人々はあえて難しい書物に挑戦しようとした。ところが、強制され拘束されたとき、その遊びの面白さはなくなる。

そもそも、学校での勉強の方法は、近代日本以降の一斉授業による画一的な方法であった。それは近代化を進めるためには、一定の科学理論・技術を取得する必要から、体系的にしかも効果的に行う必要があったので、そうした方法をとらざるを得なかったことは、それなりに理解できる。長崎から帰ってきた松本良順が、福沢諭吉が学んだ適塾式の会読を医学所のなかで廃止したことは、ある意味で、歴史の必然だったともいえる。しかし、それによって、みなが討論する会読の面白さも失われてしまったということも、事の一面であった。

われわれはこの近代以降の教育方法によって教育を受けてきた。それゆえに、寺子屋での個別指導、学力や個性に応じた教育方法に、現代にはないものを見出して、憧れをいだくのである。しかし、本書で明らかにしたように、個別指導とは異なるが、寺子屋とは別系統の藩校のなかで、討論する読書会が行われていた。それは、読み・書き・算盤だけを習得するために、数年間しか在学しない寺子屋ではできない高度な学習であった。素読段階の就学をへたうえで行うものであったが、否、それゆえに、ルールを守る、活発な討論を可能にする素地ができたのである。

今、この会読のような討論主体の読書会は、すでに学校で強制的にせよ一定程度の学力を学んだものであれば、できないことではないのではないか。寺子屋の個別指導や個性教育とは異なる、面白い、遊びとしての可能性をもっているのではないか。

第二に、会読はこれからの読書会の一つの可能性を示している。それは、そうした討論主体の読書会がテキストの討論にとどまらず、政治的なテーマを討論する場となる可能性である。

自由民権期のはつらつとした読書会は、自らの国を作ろうとして、私擬憲法を作成するほどの活気に満ちたものであった。今、それを取りもどすことはできないだろうか。この点、現代日本の優れた思想史家山室信一が、日本列島の空を蓋のように覆う閉塞感をほぐすために、「徒党を組む」ことを勧めていることが参考になるだろう（朝日新聞、二〇〇九年四月一日）。「民主主義や社会の基本は、人が集まることだ」と考える山室は、「大きな理想や解決策が見えないからこそ、明治の結社がそうだったように、最初は私的な強い興味や関心でいいのです。それを同じくするものが、集まって徒党を組んでみる。そんな私的な関心の集まりが、どこかで公的なものに転化すればいい。そして、問題が起これば、また、初発の意思にもどって、結び直してみる」、「だって、社会が変わるということは、徒党の組み方が変わるということですから」と説いている。われわれは、徒党の禁止の近世国家のなかで、徒党を組むことの価値の転換をはかった水戸学、そして、徒党をすすめた吉田松陰、自発的な結社としての民権結社を見てきた。この伝統を継承することは、現代の閉塞状態を打破することにつながるのではないか。

第三に、会読の場が異質な他者の意見を聞き、受け容れることによって、自らの独善的な偏見を自覚する場でもあったことは見直されるべきだろう。遊びとしての競争であっても、また政治的な討論の場であっても、そこは自分とは異なる意見が飛び出し、自らの限界を悟り、視野を広げる場であったために、自己の「心術錬磨の工夫」の場となりうるものであった。そうした寛容の精神をもった者同士の「縁を離れた」討論であるかぎり、余裕を失うことはないだろう。そこには、自らを笑うユーモアも生まれる。

かつて丸山眞男は福沢諭吉の哲学を論じて、「福沢の独立自尊主義が、「事物の一方に凝り固まり……遂には其事柄の軽重を視るの明を失ふ」ところの人間精神の惑溺傾向にたいするたかいである」ことを指摘したうえで、惑溺を相対化しえたのは、「人生を戯と観じ、内心の底に之を軽く見ることによって、かえって「能く決断して能く活発なるを得」、同時に自己の偏執を不断に超越する余裕も生れて来る」(「福沢諭吉の哲学」、岩波文庫『福沢諭吉の哲学』)ところにあったと説いていた。福沢諭吉は次のように言っていた。

人生本来戯《たわむれ》と知りながら、此一場の戯を戯とせずして恰《あたか》も真面目に勤め、貧苦を去て富楽に志し、同類の邪魔せずして自から安楽を求め、五十七十の寿命も永きものと思ふて、父母に事《つか》へ、夫婦相親しみ、子孫の計を為し、又戸外の公益を謀り、生涯一点の過失なからんことに心掛るこそ、蛆虫の本分なれ。否な蛆虫の事に非ず、万物の霊として人間の独り誇る所以のものなり。唯戯と知りつゝ戯るれば、心安くして戯の極端に走ることなきのみか、時に或は俗界百戯の中に雑居して、独り戯れざるも亦可なり。人間の安心法は凡そ此辺に在て大なる過なかる可し。(『福翁百話』7)

人生を戯と認めながら、其戯を本気に勤めて倦《う》まず、倦まざるが故に能《よ》く社会の秩序を成すと同時に、本来戯と認るが故に、大節に臨んで、動くことなく、憂《うれふ》ることなく、後悔することなく、悲しむことなくして、安心するを得るものなり。（『福翁百話』10）
人間の心掛けは、兎角浮世を軽《かろ》く視て、熱心に過ぎざるに在り。斯《か》く申せば、天下の人心を冷淡に導き、万事に力を尽す者なかる可きやに思はるれども、決して然らず。浮世を軽く視るは心の本体なり。軽く視る其浮世を渡るに、活発なるは心の働なり。内心の底に之を軽く視るが故に、能く決断して能く活発なるを得べし。（『福翁百話』13）
事物の一方に凝《こ》り固まりて念々忘るゝこと能はず、遂には其事柄の軽重を視るの明を失ひて、唯一筋に我重んずる所を重んじ、果して意の如くならざれば、則ち人を怨み世を憤り、怨恨憤怒の気、内に熱して顔色に現はれ言行に発し、大事に臨んで方向を誤る者多し。独り本人の為めのみならず、天下の為めに不幸なりと云ふ可し。（『福翁百話』13）

遊びを遊びとして真面目に行う所から、精神的余裕が生まれるという丸山の福沢理解は、「遊び―真面目という対照関係は、いつも流動的である。遊びの劣等性は、それに対応する真面目の優越性と絶えず境を接していて、遊びは真面目に転換し、真面目は遊びに変化する。遊びが真面目を俗界に置き去りにして、美と聖の遥かな高みに翔けのぼってゆくことさえありえないわけではない」（『ホモ・ルーデンス』）とするホイジンガの遊び論と等しいものであるとともに、会読の精神だったともいえるだろう。そういえば、窪田次郎は自らの学習結社を「蛙鳴群」と名付け、千葉卓三郎は自分の名を「ジャパネス国法学大博士タクロン・チーバー氏」と署名し、住所を西多摩郡五日市町ではなく、「自由権（県）下、不羈郡浩然気村貴重番地」だとしていた。このユーモア精神、これこそが、精神的な余裕だった。政治的な対立・衝突のなかでも、このユーモアの精神を失うことがなければ、血で血を争う党争も起こらないだろう。また、立身出世のための競争が自己目的化して、努力人間がはびこることにもならないだろう。読書会の場でこうした精神を身につけることができたら、なんとも素晴らしいではないか。

付論　江戸期の漢文教育法の思想的可能性――会読と訓読をめぐって

幕末志士の上書・建白書

明治期のジャーナリストとして有名な福地桜痴（源一郎）は、『幕府衰亡論』（明治二五年刊）という本を書いています。もともと幕臣であった福地が幕府衰亡の原因を、幕府の内側から解き明かそうとしたものです。福地によれば、徳川家康以来、外交政策は幕府の専権事項であって、朝廷や諸大名が口出しすることはできなかった。ところが、ペリー来航に際して、老中阿部正弘は権現様以来の慣例を破って、「国家の一大事」であるからという理由で、大名たちにペリーの書簡を公開して、意見を求めた。そのため、逆説的ですが、幕府は大名たちの「会議政体」の端緒を開いてしまったという意味で、「幕府は進取の為に亡びたるものと明言」しています。

今日の話のテーマとの関連で注目すべきは、福地が、阿部正弘が意見を求めた原因について、幕府の「漢学」保護にあったと見ていた点です。福地は、ペリー来航後に、昌平黌（昌平坂学問所）出身の「学者連中」が幕府の政治に介入してきたことを問題にするのです。幕末には、幕府ばかりか、諸藩でも、藩校出身の「学者連中」が上書・建白書を提出して、藩政に大きな影響力をもってゆきます。「学者連中」が、ペリー来航をきっかけに、「平素読書上より感得したる智識才略を発露するは此時《このとき》」とばかりに心得て、活躍の場を広げていったのです。彼らは世襲身分制社会の壁を超えるばかりか、諸藩の「学者連中」とネットワークを結び、地域的割拠を飛び越えていったのです。長州藩の吉田松陰はその代表者でした。まさに、孟子のいう「処士横議」という現象がペリー来航後、全国に沸き起こったわけです。今日の話のテーマとかかわることは、そうした昌平黌や藩校で学んだ「学者連中」に、漢文教育が果たした役割です。

こうした問題を提出すると、すぐに頭に浮かぶのは、朱子学の大義名分論にもとづく尊王思想です。明治維新の思想的要因が尊王思想にあるという解釈は、ごく常識的なものです。福地にしても、「程朱宗門の正統論」と述べているように、朝廷と将軍の関係を大義名分論のもとで論じています。しかし、今日の話では、尊王論のような朱子学の思想内容ではなく、朱子学を学んだ教育方法に着目してみたいと思います。何を学んだかではなく、どのように学んだのかに注目するわけです。これが、今日の話の副題に掲げた「会読」の問題です。

それから、副題のもう一つの「訓読」の問題は、ペリー来航時の「学者連中」の上書・建白書の文体にかかわっています。よく知られているように、江戸時代の公用文書は候文体で書かれていました。ところが、幕末維新期には、上書・建白書は漢文訓読体で書かれることが一般的になってゆきます。福地桜痴はこの文体上の変化について、昌平黌出身者の台頭と関連づけながら、非難していました（「言文一致」、明治三四年）。

福地によれば、上書・建白書の「書生風」の漢文訓読体は、「武士詞、又は役人用語とも名《なづ》けられたる荘重の言語」、「官府の礼節言語」とは別の異様な文体でした。この漢文訓読体が幕末維新期の「今日言文」となったのです。それは、たとえば、明治初年の五箇条の誓文の「広く会議を興し、万機公論に決すべし」という文体です。今日はこの漢文訓読体が幕末維新期に果たした役割についても、お話ししてみたいと思います。

身分社会と学問＝読書

福地は、「徳川氏が当初より養成したる漢学」が幕府衰亡の原因と見ていたわけですが、もう少し内容を検討する必要があります。そもそも江戸時代、漢学、儒学が学ばれたのは、なぜだったのでしょうか。

江戸時代、学問とはイコール書物を読むことでした。儒学は『論語』や『孟子』などの儒学の経書（四書・五経）、『史記』や『資治通鑑』などの歴史書を読む学問でした。ここで強調しておきたいことは、江戸時代には、こうした学問＝読書をすることが、必ずしも奨励されてはいなかったという事実です。江戸時代全体を通じてみれば、読書は、どこまでも家業の余暇に行う嗜みに過ぎませんでした。とくに、町人や百姓の場合、読書に励んでばかりいて、家業をそっちのけにしてしまうことは、何より戒められました。論語には、「汎《ひろ》く衆を愛して仁に親しみ、行ひて余力有れば、則ち以て文を学ぶ」（学而篇）という言葉があります。読書は余力で行うことであって、家業の邪魔にならない限り、容認されるものだったのです。

しかし、面白いことには、学問＝読書が必ずしも喜ばれなかった江戸時代に、個性的で多様な思想が生まれています。たとえば、儒学では、伊藤仁斎や荻生徂徠のような独創的な儒学者が生まれ、一八世紀になると、国学や蘭学のような新しい学問も生まれてきます。何とも不思議なことです。一体、江戸時代、なぜ人々は読書をして、かくも個性的で多様な学問を生みだすことができたのでしょうか。

この問題は、江戸時代の思想を考えるうえで重要です。とくに、東アジア世界のなかの中国や朝鮮と比較すると、その違いは明らかだからです。朱子学を国教としていた中国や朝鮮であれば、立身出世するために読書をしました。儒学では、「身を立て道を行ひ、名を後世に揚げ、以て父母を顕すは、孝の終りなり」（『孝経』）とあるように、立身出世は自分の名誉のみならず、両親の名誉であって、親孝行を成し遂げるものだ、と称揚されていました。科挙＝高級官僚採用試験は、そのための国家制度でした。人々は科挙に合格するために、四書・五経を丸暗記したのです。中国では、皇帝自らがあからさまに権勢と富裕の効用をあげて学問を勧めていました。北宋の第三代皇帝真宗は、学問を勧める文章のなかで（『古文真宝前集』巻一、勧学文）、勉強すれば、富も、豪邸も、身分も、美女も、すべて手に入る。立身出世の志を果たそうとするならば、ひたすら経書の勉強をしろ、と述べています。まさに立身出世こそが、学問の大きな目標でした。

ところが、江戸時代には、四書・五経や日本の古典の読書は、立身出世と結びついていませんでした。生まれながらにして身分・家業が定まっていた身分制社会のなかで、家業に律義に励み、高望みなどせずに、お上の命令に逆らわずに生きること、すわなち「知足安分」が模範的な生き方だったのです。そのような社会環境のなかで、なぜ人々は読書をしたのでしょうか。学問・読書をした人は、なぜ、直接には家業にも役立たない学問に志したのでしょうか。

学問を志す者たちは、周囲の白眼視にもかかわらず、それだけ強い意志の持ち主だったといえます。彼らは学問によって、自らの名前を残そうとする鬱勃《うつぼつ》たる名誉心を持った個人でした。「草木と共に朽」ちたくないという彼らの常套句は、家業に励むだけの凡庸な一生を拒否する意志を示していました。江戸時代、『大和俗訓』や『養生訓』などのいわゆる益軒十訓を残した貝原益軒は、次のように諭していました。

もし聖人の道をまなばずして、道をしらずんば、此世にいける時は禽獣と同じくして、人とむまれたるかひなく、死して後は草木とおなじくくちはて丶、人のほむべき佳名を残すことなく、後生にいたりてしる人なかるべし。（『大和俗訓』巻二）

こうした、「草木と共に朽」ちず、自己の名を残したいという強い意志が、儒学を学ぶものたち、さらには国学や蘭学に志した者たちに共通するエートスだったのです。彼らは学問＝読書を通じて、凡庸な生を拒否して、「草木と共に朽」ち果てることのない、生きた痕跡を残そうとしたのです。

漢文教育の方法

先ほど述べたように、今日の話では、尊王論、あるいは朱子学や徂徠学のような儒学の思想内容にかかわらずに、その教育方法について注目してみたいと思います。

江戸時代、漢文教育の方法には三つありました。素読、講釈、会読です。このうち、素読と講釈については、ご存じかと思いますので省きます。江戸時代には、素読と講釈のほかに、会読という日本独特の読書方法がありました。

会読は、一五歳ごろから講釈と併行して、あるいは、その後に行われた上級者の教育方法です。素読を終了し、ある同程度の学力のついた上級者が、「一室に集つて、所定の経典の、所定の章句を中心として、互いに問題を持ち出したり、意見を闘わせたりして、集団研究をする共同学習の方式」（石川謙『学校の発達』）です。会読には、未知のテキストを読解する読む会読と、四書・五経のような既知のテキストの理解度を試すための講ずる会読があるのですが、今は、藩校で一般的に行われていた、講ずる会読である輪講について述べてみましょう。

輪講は七、八人、多くて一〇人弱の生徒が一グループとなり、籤などで、その日の順番を決めて、前から決められていたテキストの当該箇所を読んで、講義をします。その後に、他の者がその読みや講述について疑問をだしたり、問題点を質問したりします。講者はそれらに答えて、積極的な討論を行う。これを順次、講義する箇所と人を代えて繰り返していくもので、先生は討論の間、終始、黙っていて、意見が対立したり、疑問がどうしても解決しなかったりしたときに、判定をくだすにすぎません。基本的に生徒同士の切磋琢磨が求められているのです。この会読は、いわば車座の討論会でした。

車座の討論会という言葉は、小田急電鉄の創始者である利光鶴松が、明治初期の漢学塾での修業時代を回想したところに出てきます（『利光鶴松翁手記』、一九五七年）。会読は明治時代にも、全国各地の漢学塾では続けられていました。江戸時代の藩校では、この討論の方法が事細かに規定されていました。なかでも最も詳細な規定をしている、加賀藩明倫堂の「入学生学的」（天保年間）の一節を紹介しましょう。

会読之法は畢竟道理を論し明白の処に落着いたし候ために、互に虚心を以可レ致二討論一義に候処、中には彼我をさしはさみ、可レ致二勝劣一之心盛に相成、弁舌の末を争ひ審問慎思の工夫も無レ之、妄に己を是とし人を非とする心有レ之候事、見苦敷事に候、且又自分一得有レ之候とて、矜誇の色をあらはし候事。他人疎漏の誤りを妄に非笑致し候事。自分の非を飾り他説に雷同致し候事。鹵莽に会得の顔をなし他説をうはへに聞なし候事　大抵に自分を是として疑ひを不レ発事。疑敷義ありとも自分にまかせてやすんする事。人の煩を憚り不レ致二質問一事。未熟なるを恥て言を不レ出事。此等之類一事も有レ之候ては上達の道は無レ之候間自分を省察いたし堅く慎み可レ申候事。

この「入学生学的」の一節は、普遍的な「道理」を探究して「討論」する会読の場が、「勝劣」を争う競争の場になりやすかったこと、そうならないために、自分の意見をかたくなに主張することなく、異説をも受け容れる「虚心」が求められていることなど、会読の原理的な問題にかかわる点を説いています。ここで押さえておきたいことは、会読とは、活発な「討論」の場、まさに「輪講トハ、討論会ノ如キモノ」（『利光鶴松翁手記』）だった点です。

会読には、三つの原理がありました。第一の原理は、加賀藩の規則に見られるような、参加者お互いの「討論」を積極的に奨励するという相互コミュニケーション性です。江戸時代の社会では、一方向的な上意下達を基本にしていましたが、会読の場では、沈黙せずに、むしろ口を開いて討論することを勧めていました。通説的には「討論」は明治になって西欧から移入された外来のコミュニケーション形式とされていますが（丸山眞男「開国」、『忠誠と反逆』所収）、会読という「討論」の場があったのです。

会読の第二の原理は、「討論」においては、参加者の貴賤尊卑の別なく、平等な関係のもとで行うという対等性です。「車座」は、対等性の象徴的な具現であったといえるでしょう。生徒は円くなって座って、お互い対等な立場から相互批判をするのです。対等な討論は生徒間ばかりではなく、先生と弟子の間でも同様でした。講ずる会読＝輪講では、先生は判定者の位置にいて、生徒相互の討論を見守って、最後に判定をくだしましたが、読む会読では、師弟の関係そのものもなくなって、参加者全員が対等でした。

会読の場は、対等な者同士の実力だけが試される場でした。会読で取りあげられた書物は、儒学ばかりか、オランダ書物もありました。たとえば、福沢諭吉が学んだ緒方洪庵の適塾では、会読が行われていました。福沢はそこで頭角を現したのですが、そのようなことが可能だったのは、会読の場では、オランダ語原書の読解力のみが競われ、身分や年齢に関わりなく、「正味の実力」（『福翁自伝』）のみによって評価されたからです。そこは、「門閥制度」の上下の身分制社会とは別次元の異空間だったのです。

会読の第三の原理は、読書を目的として、期日を定め、一定の場所で、複数の人々が自発的に集会するという結社性です。結社とは規則を守る自発的な集団です。会読に参加する自分たちの集団を「社中」と呼びました。たとえば、荻生徂徠の門人同士は、「蘐園《けんえん》社中」と呼びました。

このような三つの原理（相互コミュニケーション性・対等性・結社性）をもつ会読が、江戸時代、広く行われるようになった理由には、会読の場が「門閥制度」の身分制社会のなかで異空間であったからだといえるでしょう。そこは、凡庸な生を拒否して、何かこの世の中に生きた痕跡を残そうとした者たちが、車座になって、対等な関係のもとで、「討論」し合い、同志的なつながりを持てる場だったのです。

もう一つ、会読流行の理由として強調しておきたいことは、会読の場が一種の遊びの場だったという点です。一冊のテキストを共同して討論しながら読むということ自体、大人の遊びではなかったかと思われます。ホイジンガは『ホモ・ルーデンス』のなかで、遊びは「いかなる物質的利害も、いかなる効用」もない「自由な活動」であると指摘しています。この指摘には、会読を理解する糸口があるように思われます。前野良沢や杉田玄白らの『解体新書』の翻訳についても理解できるからです。彼らは、オランダ書を翻訳すること自体に、クイズを解くような喜びを見出していたのです。そこは、まさに遊びの空間だったといえるのではないでしょうか。

この遊びという点でいえば、会読が日本独特だったことが重要です。科挙の国である中国や朝鮮には、こうした討論し合いながら共同で書物を読み合う、会読の方法はありませんでした。江戸時代の日本は、読書が立身出世につながる中国や朝鮮と異なって、立身出世の望めない身分制社会だったからこそ、成果とはかかわらずに、あたかもスポーツのゲームのように楽しむことができたのです。物質的・社会的な利益がなかったからこそ、逆説的ですが、会読は成立できたのです。そして、遊びの会読だったからこそ、朱子学一尊主義の中国や朝鮮と異なって、この会読の場から個性的で多様な学問も生まれることができたといえるのではないでしょうか。

会読の場と維新の精神

一八世紀後半になると、全国各地に藩校がつくられます。身分制社会のなかで、腐敗・堕落した武士たちに学問、儒学を学ぶことを奨励していったのです。面白いことに、その際、丸暗記の素読や講釈のみならず、会読が藩校の漢文教育方法として広く採り入れられていきます。藩士たちの学問への動機づけを行うために、会読は必須の教育方法となっていったのです。講釈では「大半睡眠」していた生徒たちが、会読の場では「口頭ニ勝ヲ争」（長岡藩）ったと言われているように、やる気を出したのです。会読は対等な関係での競争をともなうもので、もともと上下の身分制社会を否定する可能性をもっていたのですが、それ以上に、武士の腐敗・堕落が進んでいたといえるのでしょう。

幕府の昌平黌もその例に漏れませんでした。幕府は、一八世紀後半にそれまで林家の私塾であった昌平黌を官立化し、尾藤二洲や古賀精里などの民間の儒者を登用して、御儒者に引き立てました。昌平黌内では朱子学以外の学問を禁じ（寛政異学の禁）、さらに会読を採り入れたのです。昌平黌は、もともと幕臣子弟のための教育機関でしたが、享和元年（一八〇一）に書生寮ができて、幕臣以外でも入学できるようになりました。諸藩の藩士、浪人、場合によっては庶民までも、御儒者の門弟という資格で入ることができました。

書生寮に入寮した佐賀藩の久米邦武は江戸遊学について、名士たちと議論することが遊学の大きな目的であった、と回想しています。久米によれば、江戸では、「外出すると有名な人物に紹介を求めて訪問し、面会し、談論し、遊学の主要目的は課程よりは大家先生の訪問にあり、読書よりも名士の談話によつて学問は進むもの」と考え、さらに「大家先生」「名士」を求めて、江戸ばかりか、遊学の名目で全国を「遊歴」して、各地の「大家先生」「名士」との談論「議論」をしたといいます。また「寮内でも申し合せて会読をして議論を闘はすを有益とし、優秀な学友の卓抜な議論は人を啓発する力が強いと信じて居た」（『久米博士九十年回顧録』上巻）

といいます。

江戸教育史の古典的な著書『江戸時代の教育』を著した、ドーアはこの久米の回想を引照して、「諸藩間のこのように広範囲な学生交流がもたらした一つの重要な効果はもちろん、全国的規模の知的共同社会の形成を助けコミュニケーションの接点と経路を確立したことだった」と指摘しています。こうした「全国的規模の知的共同社会の形成」するコミュニケーションの発生の場こそが、相互コミュニケーションを原理とする書生寮での会読だったのです。

遊学先での「大家先生」「名士」との談論「議論」の実践者が、政治思想史家、藤田省三が「幕末日本における政治社会の「横議・横行」の先駆者」と評する吉田松陰だったといえるでしょう。書生寮の遊学生もまた、松陰と同様の「横議・横行」の精神をもっていたのです。それは、藤田省三のいう「維新の精神」(『維新の精神』)でした。冒頭に紹介した『幕府衰亡論』の福地桜痴が批判していた、昌平黌や諸藩の藩校で学んだ「学者連中」の「処士横議」とは、まさにこうした会読の場から生まれたといえるのです。

訓読文体の意義

福地桜痴はまた、「書生風」の漢文訓読体についても批判していました。福地によれば、江戸時代のもっとも一般的な文語文体、福地のいう「武士詞、又は役人用語とも名《なづけ》られたる荘重の言語」は、現代であれば「ございます」「ます」などにあたるところに「候」という補助動詞を使う「候文《そうろうぶん》」でした。候文は、江戸時代には、私的な書簡ばかりか、幕府の御触書のような公的文章にまで用いられていました。もともと書簡に用いられていた候文では、敬語の役割が大きくならざるをえません。

候文と漢文訓読体の違いを考えるうえで、この敬語の存在が重要です。一般的に漢文訓読においては、敬語の語彙とその使用数はきわめて少ないと言われています。たとえば、「曰」字を「イハク」と訓じるのか、「ノタマハク」と訓じるのかが、問題となるにすぎません。敬語の稀少さは、もともと漢文自体が、皇帝に関する語であれば、「御」「天」「龍」という語を添えたり、闕字などの表記によって敬意を表したりすることはありますが、総じて敬語表現に乏しかったことに規定されていたといえましょう。

福地桜痴が批判していた幕末維新期の書生たちは、敬語のない漢文訓読によって、幼い頃から教育を受けてきました。そのために、「官府の礼節言語」とは異なる漢文訓読体の上書・建白書を書くようになったわけです。もちろん、幕末の建白書がすべて漢文訓読体で書かれていたわけではありません。候文で書かれていたものも、数多くありました。漢文訓読体か候文かの文体上の違いは、たんに便宜的なものではなく、もっと書く主体のあり方にかかわるのではないかと思われます。

もともと、候文で書かれた上書は、基本的には、主君個人に向けて書かれた書簡でした。だから冒頭には、「恐れながら申し上げます」式の常套句が付いていました。主君に対して最上級の敬語を使い、主君にお仕えする家臣として、どこまでも謙《へりくだ》った文体でした。しかし、候文体の上書は、私的なものに堕してしまう危険性を持っていたことに注意しなくてはなりません。上書は本来、政治向きの公的な事柄を論ずるものであるはずなのに、主君と家臣とのパーソナルな関係にもとづいた個人的な忠告・諫言となってしまうのです。

候文が主君と家臣とのパーソナルな関係において書かれたものであるとすれば、敬語を排除した漢文訓読体の建白は、主君のみならず、地域や身分を超えて、だれもが読むことのできるものとして、公開性を獲得しているともいえるでしょう。建白を行う者も、特定の主君に向けているのではなく、広い世界＝「江湖」に向けて、自己の意見を表明しようとしていたのです。そのため、幕末維新期の上書・建白書の漢文訓読体は明治政府の公用文体になるとともに、自由民権期の民間からの建白書の文体に繋がっていったのです。

最後にまとめたいと思います。今日、お話ししたかったことは、江戸時代の漢文教育方法である会読と訓読法は、幕末から明治にかけて、身分制社会を超える可能性をもっていた、革新的で、清新なものだったという点です。漢文教育というと、忌憚なく申しますと、どこか古めかしいイメージがつきまといます。ところが、今日、お話ししてきたように、福沢諭吉のいう親の仇だと非難された「門閥制度」の江戸時代のなかで、儒学、広く漢文を学ぶことは、「草木と同じく朽ち」たくはないと願う、強い意志をもった者たちの生きがいであり、対等な立場で討論し合う会読の場は、そうした者たちの才能を発揮する、遊びの場でした。遊びというと少し語弊があるかもしれませんが、物質的・社会的な利益とは無縁な場で、自らを高める自己啓発の場だったと言い換えることができるでしょう。身分の違い、地域の違いを超えて、対等な立場で学び合う会読と、身分の尊卑を意識させる敬語を排除した訓読文体は、幕末から明治にかけて四民平等の理念を体現する、きわめて清新で革新的なものだったのです。

われわれは、もっと時代と社会の中で、漢文教育の思想的な可能性を考えるべきではないでしょうか。

（初出：『新しい漢字漢文教育』六一号、全国漢文教育学会、二〇一五年一一月）

平凡社ライブラリー版 あとがき

『江戸の読書会』(平凡社選書、二〇一二年)は刊行直後から、さまざまなメディアで反響があった。思いもかけず、多くの新聞や雑誌に取り上げられた。なかでも、『プレジデント』や『週刊エコノミスト』といった、ビジネスマンをターゲットにする雑誌にまで取り上げられたことには、びっくりした。大学研究室の住人である私にとって企業人の世界は、なじみがなかったからである。刊行数か月後には、韓国の出版社から翻訳の申し出があって、二〇一六年六月に、趙寅熙・金福順両氏訳の韓国語版が刊行された(『에도의 독서회 - 회독(會讀)의 사상사ー』、韓国소명출판)。さらに、これまでまったくご縁もなかった金沢市や佐賀市の公開講演会、福沢諭吉が提唱した社交クラブ交詢社で行われた福澤諭吉協会土曜セミナーにも呼ばれ、多くの方々とお話しすることができた。

今回、平凡社ライブラリーで再刊されるにあたって収めた付論は、そうした本書をきっかけに与えられた機会の一つである全国漢文教育学会の講演会で、しゃべったものを活字化したものである。ごく短いものであるが、本書のエッセンスを簡潔にまとめていると同時に、幕末維新期において漢文訓読体は、当時の「新しい」文体であって、政治的・思想的に革新的な意味をもっていることを論じたものである。とくに、敬語を排した漢文訓読体は、参加者の対等性を原理とする会読と密接に関係している問題なので、付論として収録した。

あらためて、本書に国内外からの反響があったのは、思うに現代社会に生きる人々が職場や地域・家族とは異なる場で、人と人とのつながりを求めているからなのだろう。書物を媒介にした交流の場である読書会が、そうした期待に応える場であることは間違いない。もし本書にメリットがあるとすれば、それは、江戸時代に、この読書会が会読という共同読書法によって盛んに行われていた事実を再発見したことである。本書で縷々論じたように、江戸時代は上下のタテの身分制社会だった。そのなかで、身分や年齢を不問にして、対等な立場で討論し合いながら共同読書する読書会が、一八世紀以降、全国各地、至る所で行われていた。会読による読書会は、身分制社会のなかにあって、自由で平等な空間だったからである。しかし、会読は身分制社会のなかに生まれたがゆえに、四民平等を標榜し、学問による立身出世が可能となった明治時代になると、自由民権運動の学習結社の最後の輝きはあったが、急速に滅びていった。

明治以降の近代日本社会は立身出世主義のはびこる競争社会であり、現代もなおそこから逃れることはできない。だが、競争社会に息苦しさを感ずる現代人にとって、参加者が自由に語り合える読書会は、日常生活とは別次元の社交の場であることで、積極的な意味を持っている。江戸時代の会読がこの現代の読書会に蘇ることになれば、私にとって、これ以上の喜びはない。

私事ではあるが、大学時代のサークルの仲間が新聞の書評を見て、本書を読んでくれた。その一人は、三〇年以上も、職場の同僚たちと定例の読書会を続けていて、その読書会で本書を取り上げて、ワイワイ議論したそうである。有り難いことである。

今回、保科孝夫さんにこのライブラリーを担当していただいた。保科さんには、『先哲叢談』（源了圓・前田勉訳注、平凡社東洋文庫、一九九四年）以来、随分長い間、お世話になってきた。もともより『江戸の読書会』も、保科さんの激励と助言があって、何とかまとめることができた。その保科さんが、本年六月末日にご退職なされたという。さぞや、片付けなどで忙しかったかと想像する。そのなかで一緒に仕事ができたことは幸せだった。あらためて感謝申し上げます。

二〇一八年七月

前田勉

[著者]
前田勉（まえだ・つとむ）
1956年、埼玉県生まれ。東北大学大学院博士後期課程単位取得退学。愛知教育大学名誉教授。博士（文学）。専攻、日本思想史。著書に、『近世日本の儒学と兵学』、『近世神道と国学』、『江戸後期の思想空間』（以上、ぺりかん社）、『兵学と朱子学・蘭学・国学』（平凡社選書）、『江戸教育思想史研究』、『江戸思想史の再構築』（以上、思文閣出版）、原念斎『先哲叢談』（源了圓と共訳注）、村岡典嗣『新編 日本思想史研究』（編）、村岡典嗣『増補 本居宣長』全2巻（校訂。以上、平凡社東洋文庫）などがある。

平凡社ライブラリー 871
江戸《えど》の読書会《どくしょかい》 会読の思想史

発行日…………2018年9月10日 初版第1刷
2024年9月6日 初版第2刷

著者……………前田勉
発行者…………下中順平
発行所…………株式会社平凡社
〒101-0051 東京都千代田区神田神保町3-29
電話 (03)3230-6579[編集]
(03)3230-6573[営業]
振替 00180-0-29639

印刷・製本……藤原印刷株式会社
DTP…………平凡社制作
装幀……………中垣信夫

ISBN978-4-582-76871-8
NDC分類番号121.02 B6変型判(16.0cm) 総ページ448

平凡社ホームページ https://www.heibonsha.co.jp/